Guia da Arbitragem Tributária

Guia da Arbitragem Tributária

2017 • Revisto e Atualizado

Coordenadores:
Nuno Villa-Lobos
Tânia Carvalhais Pereira

Comentário ao Regime Jurídico da Arbitragem Tributária:
Jorge Lopes de Sousa

Prefácio:
Manuel Fernando dos Santos Serra

ALMEDINA

GUIA DA ARBITRAGEM TRIBUTÁRIA
COORDENADORES
Nuno Villa-Lobos
Tânia Carvalhais Pereira
EDITOR
EDIÇÕES ALMEDINA, S.A.
Rua Fernandes Tomás, nºs 76-80
3000-167 Coimbra
Tel.: 239 851 904 · Fax: 239 851 901
www.almedina.net · editora@almedina.net
DESIGN DE CAPA
FBA.
PRÉ-IMPRESSÃO
João Jegundo
IMPRESSÃO E ACABAMENTO
ACD Print, S.A.
Dezembro, 2017
DEPÓSITO LEGAL
435796/17

ALMEDINA | GRUPOALMEDINA

BIBLIOTECA NACIONAL DE PORTUGAL – CATALOGAÇÃO NA PUBLICAÇÃO

PORTUGAL. Leis, decretos, etc.

Guia da arbitragem tributária / coord. Nuno Villa-Lobos, Tânia Carvalhais Pereira. – 3ª ed. rev. e atualizada - (Guias práticos)
ISBN 978-972-40- 7315-6

I – VILA-LOBOS, Nuno de
II – PEREIRA, Tânia Carvalhais

CDU 34

PREFÁCIO DA TERCEIRA EDIÇÃO

No sexto ano de implementação do regime jurídico da arbitragem em matéria tributária, é com enorme honra, e toda a alegria, que me associo a esta obra do Centro de Arbitragem Administrativa (CAAD), a convite do meu Caro Amigo e Presidente do CAAD, Senhor Dr. Nuno Villa-Lobos.

Com a publicação de mais uma obra plural, o CAAD dá perfeito cumprimento ao desígnio que assumiu como seu desde a sua implementação – divulgar e promover o estudo e o debate informado em torno do instituto da arbitragem tributária. É inquestionável a importância do tema proposto e a reconhecida qualidade técnica e saber dos autores.

No debate público sobre a Justiça Fiscal em Portugal, tem faltado assumir um facto que me parece, hoje, incontornável: não é mais possível resolver, em tempo útil, todos os litígios judicializáveis. Com a maior consciencialização social dos direitos e a transformação de quase todas as relações sociais e institucionais em relações juridicamente determinadas (o chamado fenómeno da "juridificação"), a necessidade de recurso aos serviços de justiça tem-se multiplicado, entre nós, a um tal ritmo, que deixou de ser expectável encontrar resposta tempestiva para todos os litígios por recurso exclusivo aos tribunais do Estado. Se os tribunais – tal como acontece, de resto, com todas as instituições, públicas ou privadas – conhecem limites, largamente ultrapassados no nosso país, há que tomar essa evidência não como indício de derrota, mas antes como estímulo para repensar criativamente o nosso modelo tradicional de administração da justiça.

É tempo de agir.

A arbitragem tributária enquadra-se num novo modo de pensar o sistema de justiça fiscal, que articula os tribunais estaduais com uma rede mais ampla de mecanismos de composição de litígios, de natureza jurisdicional e não jurisdicional, complementar e nunca substitutiva dos primeiros.

A delimitação, num sentido mais restrito, da área exclusiva de intervenção dos tribunais é condição essencial à sua dignificação, enquanto órgãos de soberania. Isto porque a eficácia da tutela jurisdicional prestada pelos tribunais, que se encontra hoje seriamente comprometida pela inexistência de mecanismos de filtragem de conflitos, é, sem dúvida, o fator determinante da sua legitimação aos olhos dos cidadãos.

A Justiça Pública, e em particular a Justiça Fiscal, debate-se há décadas com uma crónica falta de recursos, o que, associado à ineficácia da via graciosa e à contínua atribuição de novas competências aos Tribunais Administrativos e Fiscais, resultou num bloqueio sistemático, virtualmente inultrapassável, pelo menos com recurso a estratégias e medidas transitórias, pontuais, de mero remendo.

Sem preconceitos, a arbitragem tributária pode, efetivamente, contribuir, à sua escala, para o que deverá ser um desígnio nacional de combate às pendências. Será, certamente, uma gota no oceano das pendências, mas será uma gota que não irá mais ser acrescentada a esse oceano. A celeridade da decisão arbitral e a sua pronta publicação pode ainda contribuir para a prevenção de litígios, permitindo a alteração de procedimentos e práticas julgadas desconformes com o Direito aplicável, tanto por parte dos contribuintes como da Autoridade Tributária e Aduaneira. Isto porque o melhor sistema de justiça não é, necessariamente, aquele que mais litígios resolve, mas antes aquele em que um maior número de litígios se consegue, preventivamente, desincentivar – "mais vale prevenir do que remediar".

Mas se a solução preliminar será a de resolver uma grande fatia dos litígios no âmbito da própria Administração, o que pressupõe uma aposta na credibilização dos mecanismos de reclamação graciosa, nem todos os litígios fiscais podem ser resolvidos, a contento das partes, em sede administrativa. O contingente de litígios remanescente terá de encontrar outras formas de composição de natureza jurisdicional, seja nos Tribunais Administrativos e Fiscais, seja por recurso à arbitragem tributária, neste último caso, dentro do respetivo âmbito de competência. Âmbito de competência esse que está limitado não apenas em termos materiais, como em termos de valor, não sendo arbitráveis quaisquer matérias que não sejam impugnáveis judicialmente, assim como aquelas cujo valor da utilidade económica exceda 10 milhões de euros.

A arbitragem tributária é, assim, um meio jurisdicional de resolução de litígios parcialmente alternativo à impugnação judicial, que não a substitui, antes complementa.

Na minha qualidade de Presidente do Conselho Deontológico do CAAD, e com a experiência de mais de uma década como Presidente do Supremo Tribunal Administrativo, compete-me garantir o escrupuloso cumprimento das regras deontológicas previstas no Regime Jurídico da Arbitragem e densificadas no Código Deontológico do CAAD.

A existência de um Código, articulando as regras ético-deontológicas que devem presidir à conduta dos árbitros que exercem funções nos tribunais arbitrais do CAAD, tem-se revelado da maior importância para estabelecer os parâmetros da intervenção do Conselho Deontológico do Centro na sua função de designação, supervisão e eventual substituição dos árbitros, mas da maior importância também para promover a confiança das partes e de terceiros na arbitragem como meio idóneo, justo e expedito para a resolução de litígios em matéria sensível, como é a matéria tributária. O Código Deontológico do CAAD não pretende ser uma recolha exaustiva das regras de conduta do árbitro, nem tão pouco substituir-se ao carácter dos árbitros designados, enquanto sustentáculo principal e último do seu comportamento ético. No entanto, as instituições necessitam de dar aos seus agentes linhas de orientação claras, sinalizando-lhes, através de um quadro valorativo de referência, qual a direção que a sua atuação deve tomar, para que os objetivos da própria instituição – neste caso, fazer justiça arbitral – sejam servidos. É isso mesmo o que o Código Deontológico do CAAD pretende fazer, ao conferir visibilidade e a sistematicidade possível aos fundamentais princípios e práticas que devem estruturar a conduta dos árbitros do Centro. Uma estrutura por cuja conservação o Conselho Deontológico ciosamente vela, para que a mesma se mantenha intocada na arbitragem tributária.

Resta-me então fazer votos de que esta obra – "Guia da Arbitragem Tributária" – contribua para a promoção do estudo e um debate vivo em torno da Justiça Fiscal, de que a arbitragem tributária faz parte integrante.

Aos coordenadores e autores desta obra – meus estimados Amigos, Dr. Nuno Villa-Lobos, Dra. Tânia Carvalhais Pereira e Conselheiro Jorge Lopes de Sousa – que constituem a força motriz da empreitada, em que também participo, por uma Melhor Justiça Fiscal, deixo um abraço de profunda admiração e consideração, com palavras de felicitação pelo trabalho já realizado e de encorajamento para mais iniciativas em ordem à plenitude de um verdadeiro Estado de direito.

MANUEL FERNANDO DOS SANTOS SERRA
Presidente do Conselho Deontológico do CAAD

ABREVIATURAS

AT – Autoridade Tributária e Aduaneira
CAAD – Centro de Arbitragem Administrativa
CAC – Código Aduaneiro Comunitário
CAM – Código Aduaneiro Modernizado
CIRC – Código de IRC
CIRS – Código de IRS
CIUC – Código do Imposto único de Circulação
CPA – Código de Procedimento Administrativo
CPPT – Código de Procedimento e de Processo Tributário
CPTA – Código de Processo nos Tribunais Administrativos
CRP – Constituição da República Portuguesa
LAV – Lei da Arbitragem Tributária
LFL – lei das Finanças Locais
LGT – Lei Geral Tributária
LOE 2010 – Leio que aprovou o Orçamento de Estado para 2010
LOE 2012 – Leio que aprovou o Orçamento de Estado para 2012
NIF – Número de Identificação Fiscal
IEC's – Impostos Especiais sobre o Consumo
IMI – Imposto Municipal sobre Imóveis
IMT – Imposto sobre as Transações Onerosas de Imóveis
IRC – Imposto sobre o rendimento das Pessoas Coletivas
IRS – Imposto sobre o rendimento das Pessoas Singulares
IVA – Imposto sobre o Valor Acrescentado
PAC – Política Agrícola Comum
RJAT – Regime Jurídico da Arbitragem Tributária
SCA – Secção do Contencioso Administrativo
SCT – Secção do Contencioso Tributário

NOTA INTRODUTÓRIA

Mais do que um centro de arbitragem, o CAAD apresenta-se, desde a sua constituição, como um centro de estudo, investigação e formação em matéria de arbitragem, ao serviço do Estado, dos cidadãos e das empresas, uma instituição percursora de um tipo de arbitragem inovadora, que vem merecendo grande atenção a nível nacional e internacional. A sublinhá-lo está a visita ao CAAD de delegações de vários países europeus, assim como de mestrandos e doutorandos no âmbito da preparação das suas teses e a decisão do Tribunal de Justiça da União Europeia, no processo Ascendi, que reconheceu aos tribunais arbitrais tributários que funcionam no CAAD a qualidade de interlocutores diretos do Tribunal de Justiça, ao abrigo do mecanismo do reenvio prejudicial.

A aposta consistente no estudo e divulgação do instituto da arbitragem administrativa e tributária é hoje uma das imagens do CAAD, que tem vindo a promover, por conta própria ou em parceria com diversas Instituições do Ensino Superior nacionais e estrangeiras, várias iniciativas de divulgação e de discussão do instituto da arbitragem, de que são exemplo as newsletters e os ciclos de formação e debate do CAAD, assim como as obras "Mais Justiça Administrativa e Fiscal" , "The Portuguese Tax Arbitration Regime", a "Revista Arbitragem Tributária" e a "Revista Arbitragem Administrativa".

O Guia da Arbitragem Tributária prossegue, igualmente, este desiderato. Na primeira edição, em 2013, o Guia da Arbitragem Tributária assumiu como objetivo essencial a resposta às questões práticas mais comuns de todos aqueles que pretendessem aceder à arbitragem tributária e apresentar uma análise transversal de um regime inovador e sem paralelo a nível mundial. Uma tarefa hercúlea que só poderia ser cometida ao autor de referência ao nível do contencioso tributário – o Conselheiro Jorge Lopes de Sousa, a quem se deve, em grande medida, o sucesso da obra. Após várias reedições esgotadas e a profusão de novas e desafiantes questões práticas, o Guia da Arbitragem Tributária de 2013 carecia de revisão e atualização.

Uma oportunidade para o CAAD e os autores reverem, atualizarem e melhorarem uma obra que se espera possa contribuir para a promoção do debate alargado e informado em torno do instituto da arbitragem tributária.

Nuno Villa-Lobos
Tânia Carvalhais Pereira

Capítulo I
Legislação

1. AUTORIZAÇÃO LEGISLATIVA NO SENTIDO DE INSTITUIR A ARBITRAGEM COMO FORMA ALTERNATIVA DE RESOLUÇÃO JURISDICIONAL DE CONFLITOS EM MATÉRIA TRIBUTÁRIA

Lei nº 3-B/2010, de 28 de Abril [Orçamento do Estado para 2010]

[...]

Artigo 124º – Arbitragem em matéria tributária

1 – Fica o Governo autorizado a legislar no sentido de instituir a arbitragem como forma alternativa de resolução jurisdicional de conflitos em matéria tributária.

2 – O processo arbitral tributário deve constituir um meio processual alternativo ao processo de impugnação judicial e à ação para o reconhecimento de um direito ou interesse legítimo em matéria tributária.

3 – A arbitragem tributária visa reforçar a tutela eficaz e efetiva dos direitos e interesses legalmente protegidos dos contribuintes, devendo ser instituída de modo a constituir um direito potestativo dos contribuintes.

4 – O âmbito da autorização prevista no presente artigo compreende, nomeadamente, as seguintes matérias:

a) A delimitação do objeto do processo arbitral tributário, nele podendo incluir-se os atos de liquidação de tributos, incluindo os de autoliquidação, de retenção na fonte e os pagamentos por conta, de fixação da matéria tributável, quando não deem lugar a liquidação, de indeferimento total ou parcial de reclamações graciosas ou de pedidos de revisão de atos tributários, os atos administrativos que comportem a apreciação da legalidade de atos de liquidação, os atos de fixação de valores patrimoniais e os direitos ou interesses legítimos em matéria tributária;

b) A definição, como fundamento do processo arbitral tributário, da ilegalidade ou da lesão ou o risco de lesão de direitos ou interesses legítimos, e como efeitos da sentença proferida a final pelo Tribunal Arbitral, da anulação, da declaração de nulidade ou de inexistência do ato recorrido ou do reconhecimento do direito ou do interesse legalmente protegido dos contribuintes;

c) A determinação de que o julgamento do Tribunal Arbitral é feito segundo o direito constituído, ficando vedado o recurso à equidade;

d) A definição dos efeitos da instauração do processo arbitral tributário, harmonizando-os com os previstos para a dedução de impugnação judicial, designadamente em termos de suspensão do processo de execução fiscal e de interrupção da prescrição das dívidas tributárias;

e) A definição do modo de constituição do Tribunal Arbitral, subordinando-o aos princípios da independência e da imparcialidade e prevendo, como regra, a existência de três árbitros, cabendo a cada parte a designação de um deles e aos árbitros assim escolhidos a designação do árbitro-presidente e a definição do regime de impedimento, afastamento e substituição dos árbitros;

f) A fixação dos princípios e das regras do processo arbitral tributário, em obediência ao princípio do inquisitório, do contraditório e da igualdade das partes e com dispensa de formalidades essenciais, de acordo com o princípio da autonomia dos árbitros na condução do processo;

g) A fixação, como limite temporal para a prolação da sentença arbitral e subsequente notificação às partes, do prazo de seis meses a contar do início do processo arbitral tributário, com possibilidade de prorrogação, devidamente fundamentada, por idêntico período;

h) A consagração, como regra, da irrecorribilidade da sentença proferida pelo Tribunal Arbitral, prevendo a possibilidade de recurso, para o Tribunal Constitucional, apenas nos casos e na parte em que a sentença arbitral recuse a aplicação de qualquer norma com fundamento na sua inconstitucionalidade ou aplique norma cuja inconstitucionalidade tenha sido suscitada;

i) A definição dos efeitos da apresentação do recurso da sentença do Tribunal Arbitral, em particular quanto à manutenção da garantia prestada e ao regime da suspensão do processo de execução fiscal;

j) A definição do regime de anulação da sentença arbitral com fundamento, designadamente, na não especificação dos fundamentos de facto e de direito da decisão, na oposição dos fundamentos com a decisão e na falta de pronúncia sobre questões que devessem ser apreciadas ou na pronúncia de questões que não devessem ser apreciadas pelo Tribunal Arbitral;

l) A atribuição à sentença arbitral, que não tenha sido objeto de recurso ou de anulação, da mesma força executiva que é atribuída às sentenças judiciais transitadas em julgado;

m) A definição dos montantes e do modo de pagamento dos honorários e das despesas dos árbitros, fixando os critérios de determinação dos honorários em função do valor atribuído ao processo e da efetiva complexidade do mesmo e estabelecendo valores mínimos que ofereçam garantias qualitativas na composição do Tribunal Arbitral, podendo ainda prever-se a possibilidade de redução de honorários, fixando os respetivos pressupostos e montantes, nas situações de incumprimento dos deveres dos árbitros;

n) A consagração da responsabilidade da parte vencida pela totalidade dos honorários e despesas dos árbitros, podendo ser estabelecidos critérios de limitação da responsabilidade da administração tributária, designadamente o do montante das custas judiciais e dos encargos que seriam devidos se o contribuinte tivesse optado pelo processo de impugnação judicial ou pela ação para o reconhecimento de um direito ou interesse legítimo em matéria tributária;

o) A aplicação adaptada, para efeitos da nomeação dos árbitros, mediadores ou conciliadores do regime dos centros de arbitragem previsto no Código de Processo nos Tribunais Administrativos;

p) A revisão da legislação tributária cuja necessidade de modificação decorra da presente autorização legislativa;

q) A consagração de um regime transitório que preveja a possibilidade de os contribuintes submeterem ao Tribunal Arbitral a apreciação dos atos objeto dos processos de impugnação judicial que se encontrem pendentes de decisão, em primeira instância, nos tribunais judiciais tributários, com dispensa de pagamento de custas judiciais.

Artigo 176º – Entrada em vigor

A presente lei entra em vigor no dia seguinte ao da sua publicação.

Aprovada em 12 de Março de 2010.

O Presidente da Assembleia da República, *Jaime Gama.*

Promulgada em 22 de Abril de 2010.

Publique-se.

O Presidente da República, ANÍBAL CAVACO SILVA.

Referendada em 23 de Abril de 2010.

O Primeiro-Ministro, *José Sócrates Carvalho Pinto de Sousa.*

2. REGIME JURÍDICO DA ARBITRAGEM EM MATÉRIA TRIBUTÁRIA

Decreto-Lei nº 10/2011, de 20 de Janeiro, no uso da autorização legislativa concedida pelo artigo 124º da Lei nº 3-B/2010, de 28 de Abril [Orçamento do Estado para 2010], na versão introduzida pelos artigos 228º e 229º da Lei nº 66-B/2012, de 31 de Dezembro [Orçamento do Estado para 2013])

A introdução no ordenamento jurídico português da arbitragem em matéria tributária, como forma alternativa de resolução jurisdicional de conflitos no domínio fiscal, visa três objetivos principais: por um lado, reforçar a tutela eficaz dos direitos e interesses legalmente protegidos dos sujeitos passivos, por outro lado, imprimir uma maior celeridade na resolução de litígios que opõem a administração tributária ao sujeito passivo e, finalmente, reduzir a pendência de processos nos tribunais administrativos e fiscais.

A arbitragem constitui uma forma de resolução de um litígio através de um terceiro neutro e imparcial – o árbitro –, escolhido pelas partes ou designado pelo Centro de Arbitragem Administrativa e cuja decisão tem o mesmo valor jurídico que as sentenças judiciais. Neste sentido, e em cumprimento dos seus três objetivos principais, a arbitragem tributária é adotada pelo presente decreto-lei com contornos que procuram assegurar o seu bom funcionamento.

Assim, em primeiro lugar, tendo em vista conferir à arbitragem tributária a necessária celeridade processual, é adotado um processo sem formalidades especiais, de acordo com o princípio da autonomia dos árbitros na condução do processo, e é estabelecido um limite temporal de seis meses para emitir a decisão arbitral, com possibilidade de prorrogação que nunca excederá os seis meses.

Em segundo lugar, são competentes para proferir a decisão arbitral os tribunais arbitrais que funcionam sob a organização do Centro de Arbitragem Administrativa. Trata-se do único centro de arbitragem a funcionar sob a égide do Conselho Superior dos Tribunais Administrativos e Fiscais que, de resto, é competente para nomear o presidente do Conselho Deontológico do Centro de Arbitragem Administrativa. Nos casos em que o contribuinte opte por designar um árbitro, o Tribunal Arbitral funcionará sempre com um coletivo de três árbitros, cabendo a cada parte a designação de um deles e aos árbitros assim designados a designação do terceiro, que exerce as funções de árbitro-presidente. Caso o contribuinte não pretenda designar um árbitro, o Tribunal Arbitral funcionará com um árbitro singular nos casos em que o valor do pedido não ultrapasse duas vezes o valor da alçada do Tribunal Central Administrativo, ou seja, € 60 000, e com um coletivo de três árbitros nos restantes casos, cabendo a sua designação, em ambas as situações, ao Conselho Deontológico do Centro de Arbitragem Administrativa.

Em terceiro lugar, fixam -se com rigor quais as matérias sobre as quais se pode pronunciar o Tribunal Arbitral. Assim, encontram-se abrangidas pela competência dos tribunais arbitrais apreciação da declaração de ilegalidade de liquidação de tributos, de autoliquidação, de retenção na fonte e os de pagamento por conta, a declaração de ilegalidade de atos de determinação da matéria tributável, de atos de determinação da matéria coletável e de atos de fixação de valores patrimoniais e, bem assim, a apreciação de qualquer questão, de facto ou de direito, relativa ao projeto de liquidação, sempre que a lei não assegure a faculdade de deduzir a pretensão anteriormente referida.

Em quarto lugar, acolhe-se como regra geral a irrecorribilidade da decisão proferida pelos tribunais arbitrais. Esta regra não prejudica a possibilidade de recurso para o Tribunal Constitucional, nos casos em que a sentença arbitral recuse a aplicação de qualquer norma com fundamento na sua inconstitucionalidade ou aplique uma norma cuja constitucionalidade tenha sido suscitada, bem como o recurso para o Supremo Tribunal Administrativo quando a decisão arbitral esteja em oposição, quanto à mesma questão fundamental de direito, com acórdão proferido pelo Tribunal Central Administrativo ou pelo Supremo Tribunal Administrativo.

A decisão arbitral poderá ainda ser anulada pelo Tribunal Central Administrativo com fundamento na não especificação dos fundamentos de facto e de direito que justificam a decisão, na oposição dos fundamentos com a decisão, na pronúncia indevida ou na omissão de pronúncia ou na violação dos princípios do contraditório e da igualdade das partes.

Nos casos em que o Tribunal Arbitral seja a última instância de decisão de litígios tributários, a decisão é suscetível de reenvio prejudicial em cumprimento do § 3 do artigo 267º do Tratado sobre o Funcionamento da União Europeia.

Em quinto lugar, fixam-se as regras sobre quem pode exercer as funções de árbitro na arbitragem tributária. Neste âmbito, prevê-se a possibilidade de nomeação de árbitros licenciados em Economia ou Gestão nas questões de maior complexidade e que exijam um conhecimento específico de área não jurídica, devendo nesses casos o árbitro-presidente ser sempre um jurista com pelo menos 10 anos de comprovada experiência profissional na área do direito tributário.

Em sexto lugar, prevê-se a possibilidade de os contribuintes submeterem aos tribunais arbitrais a apreciação dos atos tributários que se encontrem pendentes de decisão há mais de dois anos, com um incentivo, que corresponde à dispensa de pagamento de custas judiciais.

Finalmente, note-se que a instituição da arbitragem não significa uma desjuridificação do processo tributário, na medida em que é vedado o recurso à equidade, devendo os árbitros julgar de acordo com o direito constituído.

Foram ouvidos o Conselho Superior dos Tribunais Administrativos e Fiscais, o Conselho Superior de Magistratura e a Ordem dos Advogados.

Foi promovida a audição da Procuradoria-Geral da República.

Assim:

No uso da autorização legislativa concedida pelo artigo 124º da Lei nº 3-/2010, de 28 de Abril, e nos termos da alínea *b)* do nº 1 do artigo 198º da Constituição, o Governo decreta o seguinte:

TÍTULO I – Arbitragem tributária

CAPÍTULO I – Disposições gerais

SECÇÃO I – Pressupostos

Artigo 1º – Âmbito de aplicação

O presente decreto-lei disciplina a arbitragem como meio alternativo de resolução jurisdicional de conflitos em matéria tributária.

Artigo 2º – Competência dos tribunais arbitrais e direito aplicável

1 – A competência dos tribunais arbitrais compreende a apreciação das seguintes pretensões:

a) A declaração de ilegalidade de atos de liquidação de tributos, de autoliquidação, de retenção na fonte e de pagamento por conta;

b) A declaração de ilegalidade de atos de fixação da matéria tributável quando não dê origem à liquidação de qualquer tributo, de atos de determinação da matéria coletável e de atos de fixação de valores patrimoniais; (Alterada pelo artigo 160º da Lei nº 64-B/2011, de 30 de Dezembro, em vigência desde 1 de janeiro de 2012)

(*"b) A declaração de ilegalidade de atos de determinação da matéria tributável, de atos de determinação da matéria coletável e de atos de fixação de valores patrimoniais;"* – Anterior redação dada pelo Decreto-Lei nº 10/2011, de 20 de Janeiro, em vigor até 31 de dezembro de 2011)

c) *(Revogada)*. (Revogada pelo artigo 161º da Lei nº 64-B/2011, de 30 de Dezembro, em vigência desde 1 de janeiro de 2012)

(*"c) A apreciação de qualquer questão, de facto ou de direito, relativa ao projeto de decisão de liquidação, sempre que a lei não assegure a faculdade de deduzir a pretensão referida na alínea anterior."* – Anterior redação dada pelo Decreto-Lei nº 10/2011, de 20 de Janeiro, em vigor até 31 de dezembro de 2011)

2 – Os tribunais arbitrais decidem de acordo com o direito constituído, sendo vedado o recurso à equidade.

Artigo 3º – Cumulação de pedidos, coligação de autores e impugnação judicial

1 – A cumulação de pedidos ainda que relativos a diferentes atos e a coligação de autores são admissíveis quando a procedência dos pedidos dependa essencialmente da apreciação das mesmas circunstâncias de facto e da interpretação e aplicação dos mesmos princípios ou regras de direito.

2 – É possível deduzir pedido de impugnação judicial e pedido de pronúncia arbitral relativamente a um mesmo ato tributário, desde que os respetivos factos e fundamentos sejam diversos.

Artigo 3º-A – Prazos

1 – No procedimento arbitral, os prazos contam-se nos termos do Código do Procedimento Administrativo, com as necessárias adaptações.

2 – Os prazos para a prática de atos no processo arbitral contam-se nos termos do Código de Processo Civil.

(Aditado pelo artigo 229.º da Lei n.º 66-B/2012, de 31 de dezembro, em vigência desde 1 de janeiro de 2013)

SECÇÃO II - Tribunais arbitrais

Artigo 4º - Vinculação e funcionamento

1 - A vinculação da administração tributária à jurisdição dos tribunais constituídos nos termos da presente lei depende de portaria dos membros do Governo responsáveis pelas áreas das finanças e da justiça, que estabelece, designadamente, o tipo e o valor máximo dos litígios abrangidos. (Alterado pelo artigo 160º da Lei nº 64-B/2011, de 30 de Dezembro, em vigência desde 1 de janeiro de 2012)

(*"1 - A vinculação da administração tributária à jurisdição dos tribunais constituídos nos termos da presente lei depende de portaria dos membros do Governo responsáveis pelas áreas das finanças e da justiça.* - Anterior redação dada pelo Decreto-Lei nº 10/2011, de 20 de Janeiro, em vigor até 31 de dezembro de 2011)

2 - Os tribunais arbitrais funcionam no Centro de Arbitragem Administrativa.

Artigo 5º - Composição dos tribunais arbitrais

1 - Os tribunais arbitrais funcionam com árbitro singular ou com intervenção do coletivo de três árbitros.

2 - Os tribunais arbitrais funcionam com árbitro singular quando:

a) O valor do pedido de pronúncia não ultrapasse duas vezes o valor da alçada do Tribunal Central Administrativo; e

b) O sujeito passivo opte por não designar árbitro.

3 - Os tribunais arbitrais funcionam com intervenção do coletivo de três árbitros quando:

a) O valor do pedido de pronúncia ultrapasse duas vezes o valor da alçada do Tribunal Central Administrativo; ou

b) O sujeito passivo opte por designar árbitro, independentemente do valor do pedido de pronúncia.

Artigo 6º - Designação dos árbitros

1 - Quando o Tribunal Arbitral funcione com árbitro singular, o árbitro é designado pelo Conselho Deontológico do Centro de Arbitragem Administrativa, de entre a lista dos árbitros que compõem o Centro de Arbitragem Administrativa.

2 - Quando o Tribunal Arbitral funcione com intervenção do coletivo, os árbitros são designados:

a) Pelo Conselho Deontológico do Centro de Arbitragem Administrativa, de entre a lista dos árbitros que compõem o Centro de Arbitragem Administrativa; ou

b) Pelas partes, cabendo a designação do terceiro árbitro, que exerce as funções de árbitro-presidente, aos árbitros designados ou, na falta de acordo, ao Conselho Deontológico do Centro de Arbitragem Administrativa, mediante requerimento de um ou de ambos os árbitros.

3 – No caso previsto na alínea *b)* do número anterior, os árbitros podem não constar da lista dos árbitros que compõem o Centro de Arbitragem Administrativa.

Artigo 7º – Requisitos de designação dos árbitros

1 – Os árbitros são escolhidos de entre pessoas de comprovada capacidade técnica, idoneidade moral e sentido de interesse público.

2 – Os árbitros devem ser juristas com pelo menos 10 anos de comprovada experiência profissional na área do direito tributário, designadamente através do exercício de funções públicas, da magistratura, da advocacia, da consultoria e jurisconsultoria, da docência no ensino superior ou da investigação, de serviço na administração tributária, ou de trabalhos científicos relevantes nesse domínio.

3 – Sem prejuízo do disposto no número anterior, nas questões que exijam um conhecimento especializado de outras áreas, pode ser designado como árbitro não presidente um licenciado em Economia ou Gestão, observando-se, com as necessárias adaptações, o disposto nos nºs 1 e 2.

4 – A lista dos árbitros que compõem o Centro de Arbitragem Administrativa é elaborada nos termos do presente decreto-lei e dos Estatutos e Regulamento do Centro de Arbitragem Administrativa.

5 – Os magistrados jubilados podem exercer funções de árbitro em matéria tributária, devendo, para o efeito, fazer uma declaração de renúncia à condição de jubilados ou solicitar a suspensão temporária dessa condição, por um período mínimo de um ano, renovável, aplicando-se em tais casos o regime geral da aposentação pública." (Aditado pelo artigo 14º da Lei nº 20/2012, de 14 de maio, em vigência desde 15 de maio de 2012)

Artigo 8º – Impedimentos dos árbitros

1 – Constituem casos de impedimento do exercício da função de árbitro os enunciados no nº 1 do artigo 44º do Código do Procedimento Adminis-

trativo, observadas as necessárias adaptações, bem como os casos em que, nos dois anos anteriores ao da sua indicação como árbitro:

a) A pessoa designada tenha sido dirigente, funcionário ou agente da administração tributária, membro de órgãos sociais, trabalhador, mandatário, auditor ou consultor do sujeito passivo que seja parte no processo, de entidade que se encontre com aquele em relação de domínio, tal como esta é definida no Código das Sociedades Comerciais, ou de pessoa ou entidade que tenha interesse próprio na procedência da pretensão;

b) A pessoa designada tenha sido trabalhador, colaborador, membro, associado ou sócio de entidade que tenha prestado serviços de auditoria, consultoria e jurisconsultoria ou advocacia ao sujeito passivo.

2 – A pessoa designada para exercer funções de árbitro deve rejeitar a designação quando ocorra circunstância pela qual possa razoavelmente suspeitar -se da sua imparcialidade e independência.

3 – Cabe ao Conselho Deontológico do Centro de Arbitragem Administrativa exonerar o árbitro ou árbitros em caso de incumprimento dos requisitos previstos nos números anteriores.

Artigo 9º – Deveres dos árbitros

1 – Os árbitros estão sujeitos aos princípios da imparcialidade e da independência, bem como ao dever de sigilo fiscal nos mesmos termos em que este é imposto aos dirigentes, funcionários e agentes da administração tributária.

2 – A impossibilidade superveniente do cumprimento da obrigação por causa imputável ao árbitro importa a substituição deste de acordo com as regras aplicáveis à indicação do árbitro substituído ou, ouvidos os restantes árbitros e não havendo oposição das partes, a alteração da composição do tribunal.

3 – No caso de se verificar a substituição de árbitro, o Tribunal Arbitral decide se algum ato processual deve ser repetido em face da nova composição do tribunal, tendo em conta o estado do processo.

CAPÍTULO II – Procedimento arbitral

SECÇÃO I – Constituição de Tribunal Arbitral

Artigo 10º – Pedido de constituição de Tribunal Arbitral

1 – O pedido de constituição de Tribunal Arbitral é apresentado:

a) No prazo de 90 dias, contado a partir dos factos previstos nos nºs 1 e 2 do artigo 102º do Código de Procedimento e de Processo Tributário, quanto aos atos suscetíveis de impugnação autónoma e, bem assim, da notificação da decisão ou do termo do prazo legal de decisão do recurso hierárquico;

b) No prazo de 30 dias, contado a partir da notificação dos atos previstos nas alíneas *b)* e *c)* do artigo 2º, nos restantes casos.

2 – O pedido de constituição de Tribunal Arbitral é feito mediante requerimento enviado por via eletrónica ao presidente do Centro de Arbitragem Administrativa do qual deve constar:

a) A identificação do sujeito passivo, incluindo o número de identificação fiscal, e do serviço periférico local do seu domicílio ou sede ou, no caso de coligação de sujeitos passivos, do serviço periférico local do domicílio ou sede do sujeito identificado em primeiro lugar no pedido;

b) A identificação do ato ou atos tributários objeto do pedido de pronúncia arbitral;

c) A identificação do pedido de pronúncia arbitral, constituindo fundamentos deste pedido os previstos no artigo 99º do Código de Procedimento e de Processo Tributário e, bem assim, a exposição das questões de facto e de direito objeto do referido pedido de pronúncia arbitral;

d) Os elementos de prova dos factos indicados e a indicação dos meios de prova a produzir;

e) A indicação do valor da utilidade económica do pedido;

f) O comprovativo do pagamento da taxa de arbitragem inicial, nos casos em que o sujeito passivo não tenha optado por designar árbitro ou comprovativo do pagamento da taxa de arbitragem, caso o sujeito passivo manifeste a intenção de designar o árbitro;

g) A intenção de designar árbitro nos termos da alínea *b)* do nº 2 do artigo 6º.

3 – O presidente do Centro de Arbitragem Administrativa deve, no prazo de dois dias a contar da receção do pedido de constituição de Tri-

bunal Arbitral, dar conhecimento do pedido, por via eletrónica, à administração tributária.

Artigo 11º – Procedimento de designação dos árbitros

1 – Nos casos previstos no nº 1 e na alínea *a*) do nº 2 do artigo 6º, o Conselho Deontológico do Centro de Arbitragem Administrativa:

a) Designa o árbitro ou árbitros;

b) Notifica as partes dessa designação, observado o disposto no n.º 1 do artigo 13.º;

(Alterado pelo artigo 228º da Lei nº 66-B/2012, de 31 de dezembro, em vigência desde 1 de janeiro de 2013)

c) Comunica às partes a constituição do tribunal arbitral, decorridos dez dias a contar da notificação da designação dos árbitros, se a tal designação as partes não se opuserem, designadamente nos termos do artigo 8.º e do Código Deontológico do Centro de Arbitragem Administrativa.

(Alterado pelo artigo 228º da Lei nº 66-B/2012, de 31 de dezembro, em vigência desde 1 de janeiro de 2013)

2 – Nos casos previstos na alínea *b*) do nº 2 do artigo 6º, o sujeito passivo indica o árbitro por si designado no requerimento do pedido de constituição de tribunal arbitral.

(Alterado pelo artigo 228º da Lei nº 66-B/2012, de 31 de dezembro, em vigência desde 1 de janeiro de 2013)

3 – O dirigente máximo do serviço da administração tributária indica o árbitro por si designado no prazo previsto no nº 1 do artigo 13º.

(Alterado pelo artigo 228º da Lei nº 66-B/2012, de 31 de dezembro, em vigência desde 1 de janeiro de 2013)

4 – Em caso de incumprimento do prazo referido no número anterior, o Conselho Deontológico do Centro de Arbitragem Administrativa substitui-se à administração tributária na designação de árbitro, dispondo do prazo de cinco dias para a notificar, por via electrónica, do árbitro nomeado.

(Alterado pelo artigo 228º da Lei nº 66-B/2012, de 31 de dezembro, em vigência desde 1 de janeiro de 2013)

5 – O presidente do Centro de Arbitragem Administrativa notifica o sujeito passivo do árbitro designado, no prazo de cinco dias a contar da recepção da notificação referida no n.º 3, ou da designação a que se refere o número anterior.

(Alterado pelo artigo 228º da Lei nº 66-B/2012, de 31 de dezembro, em vigência desde 1 de janeiro de 2013)

6 – Após a designação dos árbitros o presidente do Centro de Arbitragem Administrativa notifica-os, por via electrónica, para, no prazo de 10 dias, designarem o terceiro árbitro.

(Alterado pelo artigo 228º da Lei nº 66-B/2012, de 31 de dezembro, em vigência desde 1 de janeiro de 2013)

7 – Designado o terceiro árbitro, o presidente do Centro de Arbitragem Administrativa informa as partes dessa designação e notifica-as da constituição do tribunal arbitral, dez dias após a comunicação da designação, se a tal constituição as partes não se opuserem, desde que decorrido o prazo previsto no n.º 1 do artigo 13.º

(Alterado pelo artigo 228º da Lei nº 66-B/2012, de 31 de dezembro, em vigência desde 1 de janeiro de 2013)

8 – O tribunal arbitral considera-se constituído no termo do prazo referido na notificação prevista na alínea *c)* do n.º 1 ou no número anterior, consoante o caso.

(Alterado pelo artigo 228º da Lei nº 66-B/2012, de 31 de dezembro, em vigência desde 1 de janeiro de 2013)

Artigo 12º – Taxa de arbitragem

1 – Pela constituição de Tribunal Arbitral é devida taxa de arbitragem, cujo valor, fórmula de cálculo, base de incidência objetiva e montantes mínimo e máximo são definidos nos termos de Regulamento de Custas a aprovar, para o efeito, pelo Centro de Arbitragem Administrativa.

2 – Nos casos em que o sujeito passivo não designa árbitro, previstos no nº 1 e na alínea *a)* do nº 2 do artigo 6º, o sujeito passivo paga, na data do envio do pedido de constituição do Tribunal Arbitral, a taxa de arbitragem inicial, devendo a fixação do montante e a eventual repartição pelas partes das custas diretamente resultantes do processo arbitral ser efetuada na decisão arbitral que vier a ser proferida pelo Tribunal Arbitral.

3 – Nos casos em que o sujeito passivo manifesta a intenção de designar árbitro, nos termos da alínea *b)* do nº 2 do artigo 6º, o sujeito passivo paga, na data do envio do pedido de constituição do Tribunal Arbitral, a taxa de arbitragem pela totalidade.

4 – A falta de pagamento atempada da taxa de arbitragem inicial ou da taxa de arbitragem é causa impeditiva da constituição do Tribunal Arbitral.

SECÇÃO II - Efeitos da constituição de Tribunal Arbitral

Artigo 13º – Efeitos do pedido de constituição de Tribunal Arbitral

1 – Nos pedidos de pronúncia arbitral que tenham por objeto a apreciação da legalidade dos atos tributários previstos no artigo 2º, o dirigente máximo do serviço da administração tributária pode, no prazo de 30 dias a contar do conhecimento do pedido de constituição do tribunal arbitral, proceder à revogação, ratificação, reforma ou conversão do ato tributário cuja ilegalidade foi suscitada, praticando, quando necessário, ato tributário substitutivo, devendo notificar o presidente do Centro de Arbitragem Administrativa (CAAD) da sua decisão, iniciando-se então a contagem do prazo referido na alínea *c*) do nº 1 do artigo 11º.

(Alterado pelo artigo 228.º da Lei n.º 66-B/2012, de 31 de dezembro, em vigência desde 1 de janeiro de 2013)

2 – Quando o ato tributário objeto do pedido de pronúncia arbitral seja, nos termos do número anterior, total ou parcialmente, alterado ou substituído por outro, o dirigente máximo do serviço da administração tributária procede à notificação do sujeito passivo para, no prazo de 10 dias, se pronunciar, prosseguindo o procedimento relativamente a esse último ato se o sujeito passivo nada disser ou declarar que mantém o seu interesse.

3 – Findo o prazo previsto no nº 1, a administração tributária fica impossibilitada de praticar novo ato tributário relativamente ao mesmo sujeito passivo ou obrigado tributário, imposto e período de tributação, a não ser com fundamento em factos novos.

4 – A apresentação dos pedidos de constituição de Tribunal Arbitral preclude o direito de, com os mesmos fundamentos, reclamar, impugnar, requerer a revisão, incluindo a da matéria coletável, ou a promoção da revisão oficiosa, ou suscitar pronúncia arbitral sobre os atos objeto desses pedidos ou sobre os consequentes atos de liquidação, exceto quando o procedimento arbitral termine antes da data da constituição do Tribunal Arbitral ou o processo arbitral termine sem uma pronúncia sobre o mérito da causa.

5 – Salvo quando a lei dispuser de outro modo, são atribuídos à apresentação do pedido de constituição de Tribunal Arbitral os efeitos da apresentação de impugnação judicial, nomeadamente no que se refere à suspensão do processo de execução fiscal e à suspensão e interrupção dos prazos de caducidade e de prescrição da prestação tributária.

Artigo 14º – Efeito suspensivo do pedido de constituição do Tribunal Arbitral

(*Revogado*) (Revogado pelo artigo 161º da Lei nº 64-B/2011, de 30 de Dezembro, em vigência desde 1 de janeiro de 2012)

(*"Os pedidos de constituição de Tribunal Arbitral apresentados com a vista à obtenção das pronúncias previstas nas alíneas b) e c) do artigo 2º têm efeito suspensivo:*

a) Da liquidação das prestações tributárias correspondentes às questões suscitadas quanto à parte controvertida;

b) Dos prazos de caducidade do direito à liquidação e de prescrição da prestação tributária até à data da comunicação da decisão arbitral, exceto no caso de recurso interposto pelo sujeito passivo." – Anterior redação dada pelo Decreto-Lei nº 10/2011, 20 de Janeiro, em vigor até 31 de dezembro de 2011)

CAPÍTULO III – Processo arbitral

SECÇÃO I – Disposições gerais

Artigo 15º – Início do processo arbitral

O processo arbitral tem início na data da constituição do Tribunal Arbitral, nos termos do nº 8 do artigo 11º.

Artigo 16º – Princípios processuais

Constituem princípios do processo arbitral:

a) O contraditório, assegurado, designadamente, através da faculdade conferida às partes de se pronunciarem sobre quaisquer questões de facto ou de direito suscitadas no processo;

b) A igualdade das partes, concretizado pelo reconhecimento do mesmo estatuto substancial às partes, designadamente para efeitos do exercício de faculdades e do uso de meios de defesa;

c) A autonomia do Tribunal Arbitral na condução do processo e na determinação das regras a observar com vista à obtenção, em prazo razoável, de uma pronúncia de mérito sobre as pretensões formuladas;

d) A oralidade e a imediação, como princípios operativos da discussão das matérias de facto e de direito;

e) A livre apreciação dos factos e a livre determinação das diligências de produção de prova necessárias, de acordo com as regras da experiência e a livre convicção dos árbitros;

f) A cooperação e boa-fé processual, aplicável aos árbitros, às partes e aos mandatários;

g) A publicidade, assegurando -se a divulgação das decisões arbitrais devidamente expurgadas de quaisquer elementos suscetíveis de identificar a pessoa ou pessoas a que dizem respeito.

Artigo 17º – Tramitação

1 – Recebida a notificação da constituição do tribunal arbitral a enviar pelo Presidente do Conselho Deontológico no termo do prazo previsto no artigo 11º nº 8, o tribunal arbitral constituído notifica, por despacho, o dirigente máximo do serviço da administração tributária para, no prazo de 30 dias, apresentar resposta e, caso queira, solicitar a produção de prova adicional.

(Alterado pelo artigo 228º da Lei nº 66-B/2012, de 31 de dezembro, em vigência desde 1 de janeiro de 2013)

2 – A administração tributária remete ao Tribunal Arbitral cópia do processo administrativo dentro do prazo de apresentação da resposta, aplicando -se, na falta de remessa, o disposto no nº 5 do artigo 110º do Código de Procedimento e de Processo Tributário.

Artigo 17º-A – Férias judiciais

O prazo processual, estabelecido por lei ou fixado por despacho arbitral, suspende-se durante as férias judiciais, nos termos do artigo 144º do Código de Processo Civil, com as necessárias adaptações.

(Aditado pelo artigo 229º da Lei nº 66-B/2012, de 31 de dezembro, em vigência desde 1 de janeiro de 2013)

Artigo 18º – Primeira reunião do Tribunal Arbitral

1 – Apresentada a resposta, o Tribunal Arbitral promove uma primeira reunião com as partes para:

a) Definir a tramitação processual a adotar em função das circunstâncias do caso e da complexidade do processo;

b) Ouvir as partes quanto a eventuais exceções que seja necessário apreciar e decidir antes de conhecer do pedido; e *c*) Convidar as partes a corrigir as suas peças processuais, quando necessário.

2 – Na reunião referida no número anterior, deve ainda ser comunicada às partes uma data para as alegações orais, caso sejam necessárias, bem como a data para a decisão arbitral, tendo em conta o disposto no artigo 21º.

Artigo 19º – Princípio da livre condução do processo

1 – A falta de comparência de qualquer das partes a ato processual, a inexistência de defesa ou a falta de produção de qualquer prova solicitada não obstam ao prosseguimento do processo e à consequente emissão de decisão arbitral com base na prova produzida, de acordo com o princípio da livre apreciação de prova e da autonomia do Tribunal Arbitral na condução do processo.

2 – Sem prejuízo do disposto no número anterior, o Tribunal Arbitral pode permitir a prática de ato omitido ou a repetição de ato ao qual a parte não tenha comparecido, bem como o respetivo adiamento.

Artigo 20º – Modificação objetiva da instância

1 – A substituição na pendência do processo dos atos objeto de pedido de decisão arbitral com fundamento em factos novos implica a modificação objetiva da instância.

2 – No caso a que se refere o número anterior, o dirigente máximo do serviço da administração tributária notifica o Tribunal Arbitral da emissão do novo ato para que o processo possa prosseguir nesses termos, observando-se, quando aplicável, o disposto no artigo 64º do Código de Processo nos Tribunais Administrativos.

SECÇÃO II – Decisão arbitral

Artigo 21º – Prazo

1 – A decisão arbitral deve ser emitida e notificada às partes no prazo de seis meses a contar da data do início do processo arbitral.

2 – O Tribunal Arbitral pode determinar a prorrogação do prazo referido no número anterior por sucessivos períodos de dois meses, com o limite de seis meses, comunicando às partes essa prorrogação e os motivos que a fundamentam.

Artigo 22º – Deliberação, conteúdo e forma

1 – A decisão arbitral é tomada por deliberação da maioria dos seus membros, podendo esta ser decomposta para esse efeito em pronúncias parciais incidentes sobre as diversas questões suscitadas no processo, salvo nos casos de árbitro singular.

2 – É aplicável à decisão arbitral o disposto no artigo 123º, primeira parte, do Código de Procedimento e de Processo Tributário, relativamente à sentença judicial.

3 – A decisão arbitral é assinada por todos os árbitros, identificando os factos objeto de litígio, as razões de facto e de direito que motivaram a decisão, bem como a data em que foi proferida, sendo remetido um exemplar assinado da decisão a cada uma das partes.

4 – Da decisão arbitral proferida pelo Tribunal Arbitral consta a fixação do montante e a repartição pelas partes das custas diretamente resultantes do processo arbitral, quando o tribunal tenha sido constituído nos termos previstos no nº 1 e na alínea *a)* do nº 2 do artigo 6º

5 – Os árbitros podem fazer lavrar voto de vencido quanto à decisão arbitral e quanto às pronúncias parciais.

Artigo 23º – Dissolução do Tribunal Arbitral

Após a notificação da decisão arbitral, o Centro de Arbitragem Administrativa notifica as partes do arquivamento do processo, considerando-se o Tribunal Arbitral dissolvido nessa data.

Artigo 24º – Efeitos da decisão arbitral de que não caiba recurso ou impugnação

1 – A decisão arbitral sobre o mérito da pretensão de que não caiba recurso ou impugnação vincula a administração tributária a partir do termo do prazo previsto para o recurso ou impugnação, devendo esta, nos exatos termos da procedência da decisão arbitral a favor do sujeito passivo e até ao termo do prazo previsto para a execução espontânea das sentenças dos tribunais judiciais tributários, alternativa ou cumulativamente, consoante o caso:

a) Praticar o ato tributário legalmente devido em substituição do ato objeto da decisão arbitral;

b) Restabelecer a situação que existiria se o ato tributário objeto da decisão arbitral não tivesse sido praticado, adotando os atos e operações necessários para o efeito;

c) Rever os atos tributários que se encontrem numa relação de prejudicialidade ou de dependência com os atos tributários objeto da decisão arbitral, designadamente por se inscreverem no âmbito da mesma relação jurídica de imposto, ainda que correspondentes a obrigações periódicas distintas, alterando -os ou substituindo-os, total ou parcialmente;

d) Liquidar as prestações tributárias em conformidade com a decisão arbitral ou abster -se de as liquidar.

2 – Sem prejuízo dos demais efeitos previstos no Código de Procedimento e de Processo Tributário, a decisão arbitral sobre o mérito da pretensão de que não caiba recurso ou impugnação preclude o direito de, com os mesmos fundamentos, reclamar, impugnar, requerer a revisão ou a promoção da revisão oficiosa, ou suscitar pronúncia arbitral sobre os atos objeto desses pedidos ou sobre os consequentes atos de liquidação.

3 – Quando a decisão arbitral ponha termo ao processo sem conhecer do mérito da pretensão por facto não imputável ao sujeito passivo, os prazos para a reclamação, impugnação, revisão, promoção da revisão oficiosa, revisão da matéria tributável ou para suscitar nova pronúncia arbitral dos atos objeto da pretensão arbitral deduzida contam -se a partir da notificação da decisão arbitral.

4 – A decisão arbitral preclude o direito de a administração tributária praticar novo ato tributário relativamente ao mesmo sujeito passivo ou obrigado tributário e período de tributação, salvo nos casos em que este se fundamente em factos novos diferentes dos que motivaram a decisão arbitral.

5 – É devido o pagamento de juros, independentemente da sua natureza, nos termos previsto na lei geral tributária e no Código de Procedimento e de Processo Tributário.

SECÇÃO III – Recurso da decisão arbitral

Artigo 25º – Fundamento do recurso da decisão arbitral

1 – A decisão arbitral sobre o mérito da pretensão deduzida que ponha termo ao processo arbitral é suscetível de recurso para o Tribunal Constitucional na parte em que recuse a aplicação de qualquer norma com fundamento na sua inconstitucionalidade ou que aplique norma cuja inconstitucionalidade tenha sido suscitada.

2 – A decisão arbitral sobre o mérito da pretensão deduzida que ponha termo ao processo arbitral é ainda suscetível de recurso para o Supremo Tribunal Administrativo quando esteja em oposição, quanto à mesma questão fundamental de direito, com acórdão proferido pelo Tribunal Central Administrativo ou pelo Supremo Tribunal Administrativo.

3 – Ao recurso previsto no número anterior é aplicável, com as necessárias adaptações, o regime do recurso para uniformização de jurisprudência regulado no artigo 152º do Código de Processo nos Tribunais Administrativos, contando-se o prazo para o recurso a partir da notificação da decisão arbitral.

4 – Os recursos previstos nos números anteriores são apresentados, por meio de requerimento acompanhado de cópia do processo arbitral, no tribunal competente para conhecer do recurso.

5 – A interposição de recurso é obrigatoriamente comunicada ao Centro de Arbitragem Administrativa e à outra parte.

(Aditado pelo artigo 228º da Lei nº 66-B/2012, de 31 de dezembro, em vigência desde 1 de janeiro de 2013)

Artigo 26º – Efeitos do recurso da decisão arbitral

1 – O recurso tem efeito suspensivo, no todo ou em parte, da decisão arbitral recorrida, dependendo do objeto do recurso.

2 – Sem prejuízo do disposto no número anterior, o recurso interposto pela administração tributária faz caducar a garantia que tenha sido prestada para suspensão do processo de execução fiscal e o recurso interposto pelo sujeito passivo faz cessar o efeito suspensivo da liquidação, a que se refere o artigo 14º.

SECÇÃO IV – Impugnação da decisão arbitral

Artigo 27º – Impugnação da decisão arbitral

1 – A decisão arbitral pode ser anulada pelo Tribunal Central Administrativo, devendo o respetivo pedido de impugnação, acompanhado de cópia do processo arbitral, ser deduzido no prazo de 15 dias, contado da notificação da decisão arbitral ou da notificação prevista no artigo 23º, no caso de decisão arbitral emitida por tribunal coletivo cuja intervenção tenha sido requerida nos termos da alínea *b)* do nº 2 do artigo 6º

2 – Ao pedido de impugnação da decisão arbitral é aplicável, com as necessárias adaptações, o regime do recurso de apelação definido no Código do Processo dos Tribunais Administrativos.

Artigo 28º – Fundamentos e efeitos da impugnação da decisão arbitral

1 – A decisão arbitral é impugnável com fundamento na:

a) Não especificação dos fundamentos de facto e de direito que justificam a decisão;

b) Oposição dos fundamentos com a decisão;

c) Pronúncia indevida ou na omissão de pronúncia;

d) Violação dos princípios do contraditório e da igualdade das partes, nos termos em que estes são estabelecidos no artigo 16º2 – A impugnação da decisão arbitral tem os efeitos previstos no artigo 26º.

TÍTULO II – Disposições finais

Artigo 29º – Direito subsidiário

1 – São de aplicação subsidiária ao processo arbitral tributário, de acordo com a natureza dos casos omissos:

a) As normas de natureza procedimental ou processual dos códigos e demais normas tributárias;

b) As normas sobre a organização e funcionamento da administração tributária;

c) As normas sobre organização e processo nos tribunais administrativos e tributários;

d) O Código do Procedimento Administrativo;

e) O Código de Processo Civil.

2 – O disposto no número anterior não dispensa, nem prejudica, o dever de o Tribunal Arbitral definir a tramitação mais adequada a cada processo especificamente considerado, nos termos do disposto nos artigos 18º e 19º e atendendo aos princípios da celeridade, simplificação e informalidade processuais.

Artigo 30º – Normas transitórias

1 – Os sujeitos passivos podem, a partir da entrada em vigor do presente decreto-lei e até ao termo do prazo de um ano, submeter à aprecia-

ção de tribunais arbitrais constituídos nos termos do nº 1 e da alínea *a)* do nº 2 do artigo 6º, pretensões que tenham por objeto atos tributários que se encontrem pendentes de decisão em primeira instância nos tribunais judiciais tributários há mais de dois anos, com dispensa de pagamento de custas judiciais.

2 – A utilização da faculdade prevista no número anterior determina, a partir do momento em que o processo arbitral se considera iniciado, a alteração da causa de pedir ou a extinção da instância, de acordo com os fundamentos apresentados no pedido de pronúncia arbitral, impondo-se ao impugnante promovê-la no prazo de 60 dias, juntando cópia do pedido de pronúncia arbitral.

Visto e aprovado em Conselho de Ministros de 11 de Novembro de 2010. – *José Sócrates Carvalho Pinto de Sousa – Fernando Teixeira dos Santos – Alberto de Sousa Martins.*

Promulgado em 15 de Dezembro de 2010.

Publique-se.

O Presidente da República, ANÍBAL CAVACO SILVA.

Referendado em 17 de Dezembro de 2010.

O Primeiro -Ministro, *José Sócrates Carvalho Pinto de Sousa.*

3. VINCULAÇÃO DA AUTORIDADE TRIBUTÁRIA E ADUANEIRA

Portaria nº 112-A/2011, de 22 de Março

O Programa do XVIII Governo Constitucional manteve a aposta em vias alternativas de resolução alternativa de litígios, assumindo o compromisso de proporcionar meios mais expeditos, acessíveis e económicos para os cidadãos e as empresas resolverem conflitos.

O Decreto-Lei nº 10/2011, de 20 de Janeiro, introduziu no ordenamento jurídico português a arbitragem em matéria tributária, como forma alternativa de resolução jurisdicional de conflitos no domínio fiscal.

Nos termos do artigo 4º do Decreto-Lei nº 10/2011, de 20 de Janeiro, os tribunais arbitrais funcionam no CAAD – Centro de Arbitragem Administrativa, dependendo a vinculação da administração tributária à jurisdição destes tribunais de portaria dos membros do Governo responsáveis pelas áreas das finanças e da justiça.

Desde 2009 que o CAAD – Centro de Arbitragem Administrativa tem vindo a resolver por mediação e arbitragem litígios relativos a matérias muito relevantes, incluindo questões de contratos e de relações jurídicas de emprego público, encontrando-se já, entre outros, o Ministério da Justiça e o Ministério da Cultura vinculados à sua jurisdição.

Com a presente portaria, a administração tributária vincula-se também à jurisdição do CAAD nos termos do nº 1 do artigo 4º do Decreto-Lei nº 10/2011, de 20 de Janeiro, associando-se a este mecanismo de resolução alternativa de litígios e nos termos e condições aqui estabelecidos, atendendo à especificidade e valor das matérias em causa.

Assim:

Manda o Governo, pelo Ministros de Estado e das Finanças e da Justiça, ao abrigo do nº 1 do artigo 4º do Decreto-Lei nº 10/2011, de 20 de Janeiro, o seguinte:

Artigo 1º – Vinculação ao CAAD

Pela presente portaria vinculam -se à jurisdição dos tribunais arbitrais que funcionam, nos termos do Decreto –Lei nº 10/2011, de 20 de Janeiro, no CAAD – Centro de Arbitragem Administrativa os seguintes serviços do Ministério das Finanças e da Administração Pública:

a) A Direção-Geral dos Impostos (DGCI); e

b) A Direção-Geral das Alfândegas e dos Impostos Especiais sobre o Consumo (DGAIEC).

Artigo 2º – Objeto da vinculação

Os serviços e organismos referidos no artigo anterior vinculam -se à jurisdição dos tribunais arbitrais que funcionam no CAAD que tenham por objeto a apreciação das pretensões relativas a impostos cuja administração lhes esteja cometida referidas no nº 1 do artigo 2º do Decreto-Lei nº 10/2011, de 20 de Janeiro, com exceção das seguintes:

a) Pretensões relativas à declaração de ilegalidade de atos de autoliquidação, de retenção na fonte e de pagamento por conta que não tenham sido precedidos de recurso à via administrativa nos termos dos artigos 131º a 133º do Código de Procedimento e de Processo Tributário;

b) Pretensões relativas a atos de determinação da matéria coletável e atos de determinação da matéria tributável, ambos por métodos indiretos, incluindo a decisão do procedimento de revisão;

c) Pretensões relativas a direitos aduaneiros sobre a importação e demais impostos indiretos que incidam sobre mercadorias sujeitas a direitos de importação; e

d) Pretensões relativas à classificação pautal, origem e valor aduaneiro das mercadorias e a contingentes pautais, ou cuja resolução dependa de análise laboratorial ou de diligências a efetuar por outro Estado membro no âmbito da cooperação administrativa em matéria aduaneira.

Artigo 3º – Termos da vinculação

1 – A vinculação dos serviços e organismos referidos no artigo 1º está limitada a litígios de valor não superior a € 10 000 000.

2 – Sem prejuízo dos requisitos previstos no Decreto-Lei nº 10/2011, de 20 de Janeiro, a vinculação dos serviços referidos no artigo 1º está sujeita às seguintes condições:

a) Nos litígios de valor igual ou superior a € 500 000, o árbitro presidente deve ter exercido funções públicas de magistratura nos tribunais tributários ou possuir o grau de mestre em Direito Fiscal;

b) Nos litígios de valor igual ou superior a € 1 000 000, o árbitro presidente deve ter exercido funções públicas de magistratura nos tribunais tributários ou possuir o grau de doutor em Direito Fiscal.

3 – Em caso de impossibilidade de designar árbitros com as características referidas no número anterior cabe ao presidente do Conselho Deontológico do CAAD a designação do árbitro presidente.

Artigo 4º – Entrada em vigor

A presente portaria entra em vigor no dia 1 de Julho de 2011.

Em 18 de Março de 2011.

O Ministro de Estado e das Finanças, *Fernando Teixeira dos Santos.* – O Ministro da Justiça, *Alberto de Sousa Martins.*

4. REGULAMENTO DE CUSTAS NOS PROCESSOS DE ARBITRAGEM TRIBUTÁRIA

Artigo 1º – Âmbito e objecto

O presente Regulamento e as Tabelas anexas que o integram, estabelece as taxas de arbitragem aplicáveis nos processos arbitrais em matéria tributária organizados no âmbito do CAAD – Centro de Arbitragem Administrativa, em conformidade com o nº 1 do artigo 12º do Decreto-lei nº 10/2011, de 20 de Janeiro, que regula o regime jurídico da arbitragem em matéria tributária, abreviadamente denominado de "Regime Jurídico da Arbitragem".

Artigo 2º * – Definições

1 – As custas do processo arbitral, genericamente designadas como taxa de arbitragem, compreendem todas as despesas resultantes da condução do processo arbitral e os honorários dos árbitros.

2 – Os eventuais encargos decorrentes da designação de peritos, tradutores, intérpretes e outros encargos com a produção de prova são suportados diretamente pelas partes. *(*Disposição regulamentar alterada em 03-09-2012*)

Artigo 3º – Taxa de arbitragem

1 – A taxa de arbitragem é calculada em função dos seguintes critérios:

a) Valor da causa;

b) Modo de designação do árbitro.

2 – O valor da causa é determinado nos termos do artigo 97º-A do Código de Procedimento e de Processo Tributário.

3 – O valor da causa nos casos previstos nas alíneas *b)* e *c)* do nº 1 do artigo 2º do Regime Jurídico da Arbitragem o é o da liquidação a que o sujeito passivo, no todo ou em parte, pretenda obstar.

Artigo 3º-A – Devolução da taxa de arbitragem

Cessando o procedimento por qualquer motivo antes de ser constituído o Tribunal Arbitral, o requerente é reembolsado da taxa de arbitragem paga, deduzindo-se um valor para efeito da cobrança de encargos administrativos e de processamento, a fixar pelo Presidente do CAAD, dentro dos seguintes limites:

a) Nos casos do Artigo 4º:
i. Até 60.000 € – até 1 UC
ii. > 60.000 € – 1 a 2 UC

b) Nos casos do Artigo 5º:
i. Até 60.000 € – 2 UC
ii. > 60.000 € – 2 a 4 UC

Artigo 4º * – Taxa de arbitragem em caso de designação de árbitro pelo CAAD

1 – Sempre que a designação dos árbitros no processo seja feita pelo CAAD, em conformidade com o nº 1 e a alínea *a)* do nº 2 do artigo 6º do Regime Jurídico da Arbitragem, a taxa de arbitragem é determinada em função do valor da causa e está limitada ao mínimo de 306,00 € (trezentos e seis euros), nos termos da Tabela I anexa ao presente Regulamento.

2 – A taxa de arbitragem inicial corresponde a 50% da taxa de arbitragem resultante da Tabela I anexa ao presente Regulamento e é paga por transferência bancária para a conta do CAAD antes de formulado o pedido de constituição do Tribunal Arbitral previsto na alínea *f)* do nº 2 do artigo 10º do Regime Jurídico da Arbitragem.

3 – Nos casos em que seja requerida pelo sujeito passivo proteção jurídica nos termos da Lei nº 34/2004, de 29 de julho, na redação que lhe foi dada pela Lei nº 47/2007, de 28 de agosto, há lugar a dispensa de pagamento prévio da taxa de arbitragem devida pelo sujeito passivo.

4 – [anterior nº 3] O valor correspondente aos 50% remanescentes da taxa de arbitragem é pago pelo sujeito passivo por transferência bancária para a conta do CAAD antes da data fixada pelo Tribunal Arbitral, na reunião referida no artigo 18º do Regime Jurídico da Arbitragem, para a emissão da decisão arbitral.

5 – [anterior nº 4] A fixação do montante das custas finais do processo arbitral e a eventual repartição pelas partes é efetuada na decisão arbitral que vier a ser proferida pelo Tribunal Arbitral tal como disposto no nº 2 do artigo 12º do Regime Jurídico da Arbitragem, sem prejuízo do disposto no nº 2 do artigo 2º.

6 – [anterior nº 5] A conta final é enviada às partes após o trânsito em julgado da decisão e, na hipótese de não ter sido realizado pagamento prévio pela parte vencida, esta terá o prazo de 30 dias para efetuar o pagamento das custas em que foi condenada, após o que, e se for esse o caso, o CAAD reembolsará o sujeito passivo no montante que lhe for devido.

7 – [anterior nº 6] Para além dos casos expressamente previstos neste regulamento, não há lugar a reembolso, devolução ou compensação, a qualquer título.

* *(Disposição regulamentar alterada em 01-09-2017, aplicável a partir de 01-01-2018)*

Artigo 5º* – Taxa de arbitragem em caso de designação de árbitro pelo sujeito passivo

1 – Sempre que a designação de árbitro no processo seja feita pelo sujeito passivo, nos termos da alínea *b)* do nº 2 do artigo 6º do Regime Jurídico da Arbitragem, a taxa de arbitragem depende do valor da causa e está limitada ao mínimo de 6 000,00 € (seis mil euros) e ao máximo de 120 000,00 € (cento e vinte mil euros), nos termos da Tabela II anexa ao presente Regulamento.

2 – A taxa de arbitragem é integralmente suportada pelo sujeito passivo e paga, na sua totalidade, por transferência bancária para a conta do CAAD antes de formulado o pedido de constituição do Tribunal Arbitral nos termos da alínea *f)* do nº 2 do artigo 10º do Regime Jurídico da Arbitragem.

* *(Disposição regulamentar alterada em 03-09-2012)*

Artigo 5º-A* – Certidões e fotocópias simples

1 – Pela emissão de certidão é devido o pagamento de 10 euros a título de encargos.

2 – Por cada fotocópia simples é devido 0,10 euros por página.

3 – O valor devido pela emissão de certidão ou fotocópia simples é liquidado no momento da apresentação do respetivo requerimento, através de transferência bancária para a conta bancária do CAAD.

4 – O requerimento é apresentado via email, dirigido à Secretaria do CAAD e acompanhado do comprovativo de liquidação dos encargos que se mostrem devidos.

5 – As certidões e as fotocópias simples são levantadas junto da secretaria do CAAD, dentro do respetivo horário de funcionamento, por quem tenha legitimidade para as requerer, ou por quem essa pessoa designar e informar tempestivamente o CAAD.

6. – O sujeito passivo a quem tenha sido concedida proteção jurídica nos termos da Lei nº 34/2004, de 29 de julho, na redação que lhe foi dada pela Lei nº 47/2007, de 28 de agosto, fica, se aplicável, isento do pagamento dos encargos previstos nos números 1 e 2.

* *(Disposição regulamentar aditada em 01-09-2017, aplicável a partir de 01-01-2018)*

Artigo 6º * – Direito Subsidiário

São de aplicação subsidiária:

a) As normas relativas ao valor da causa constantes do Código de Procedimento e de Processo Tributário.

b) As normas relativas aos encargos decorrentes da designação de peritos, tradutores, intérpretes, consultores técnicos e outros encargos com a produção de prova, constantes do artigo 17º e da "Tabela IV" do Regulamento das Custas Processuais.

* *(Disposição regulamentar alterada em 03-09-2012)*

TABELAS ANEXAS

TABELA I
Artigo 4º do Regulamento de Custas nos Processos de Arbitragem Tributária

De	Até	**Taxa de Arbitragem Inicial**[1] (50% da Taxa de Arbitragem artigos 2.º, n.º 2.º e 4.º, nº 2 do Regulamento de Custas)	**Taxa de Arbitragem**[2] (artigo 2.º, n.º 1 do Regulamento de Custas)	**Honorários do(s) Árbitro(s)**[3] (artigo 2.º, n.º 1 do Regulamento de Custas)	**Despesas Administrativas**[3] (artigo 2.º, n.º 1 do Regulamento de Custas)
-	2 000.00 €	153.00 €	**306.00 €**	306.00 €	0.00 €
2 000.01 €	8 000.00 €	306.00 €	**612.00 €**	615.00 €	0.00 €
8 000.01 €	16 000.00 €	459.00 €	**918.00 €**	800.00 €	118.00 €

[1] A Taxa de Arbitragem Inicial corresponde a 50% da Taxa de Arbitragem, conforme o disposto no nº 2 do artigo 4º do Regulamento.

[2] A Taxa de Arbitragem corresponde ao montante devido como Custas do Processo Arbitral, conforme o disposto no nº 1 do artigo 2º do Regulamento *"As custas do processo arbitral, genericamente designadas como taxa de arbitragem, compreendem todas as despesas resultantes da condução do processo arbitral e os honorários dos árbitros."*

[3] Os Honorários dos Árbitros e as Despesas Administrativas estão incluídas na Taxa de Arbitragem, conforme o disposto no nº 1 do artigo 2º do Regulamento.

16 000.01 €	24 000.00 €	612.00 €	**1 224.00 €**	1 000.00 €	224.00 €
24 000.01 €	30 000.00 €	765.00 €	**1 530.00 €**	1 200.00 €	330.00 €
30 000.01 €	40 000.00 €	918.00 €	**1 836.00 €**	1 350.00 €	486.00 €
40 000.01 €	60 000.00 €	1 071.00 €	**2 142.00 €**	1 500.00 €	642.00 €
60 000.01 €	80 000.00 €	1 224.00 €	**2 448.00 €**	2 203.20 €	244.80 €
80 000.01 €	100 000.00 €	1 377.00 €	**2 754.00 €**	2 478.60 €	275.40 €
100 000.01 €	150 000.00 €	1 530.00 €	**3 060.00 €**	2 754.00 €	306.00 €
150 000.01 €	200 000.00 €	1 836.00 €	**3 672.00 €**	3 304.80 €	367.20 €
200 000.01 €	250 000.00 €	2 142.00 €	**4 284.00 €**	3 855.60 €	428.40 €
250 000.01 €	275 000.00 €	2 448.00 €	**4 896.00 €**	4 406.40 €	489.60 €

Para além dos 275 000.00€, ao valor da Taxa de Arbitragem, acresce, por cada 25 000.00€ ou fracção, 306.00€. Consequentemente, ao valor da Taxa de Arbitragem Inicial, acresce, por cada 25 000.00€ ou fracção, 153.00€, ou seja, 50%.

Entre 275 000.01 € e 975 000.00 €, ao valor dos honorários do árbitro presidente e dos árbitros adjuntos, acresce, por cada 25 000.00 € ou fração, 90.86 €/ 73.87 € e 79.01 €/ 64.24 € (com/ sem IVA), respetivamente.

Para além dos 975 000.00 €, ao valor dos honorários do árbitro presidente e dos árbitros adjuntos, acresce, por cada 25 000.00 € ou fração, 83.79 €/ 68.12 € e 72.86 €/ 59.23 € (com/ sem IVA), respetivamente.

TABELA II
Artigo 5º do Regulamento de Custas nos Processos de Arbitragem Tributária

De	Até	**Taxa de Arbitragem**[4] (artigo 5º, nº 2 do Regulamento de Custas)	**Honorários dos Árbitros**[5] (artigo 2º, nº 1 do Regulamento de Custas)	**Despesas Administrativas**[5] (artigo 2º, nº 1 do Regulamento de Custas)
-	60 000.00 €	**6 000.00 €**	4 500.00 €	1 500.00 €
60 000.01 €	250 000.00 €	**12 000.00 €**	9 000.00 €	3 000.00 €
250 000.01 €	500 000.00 €	**24 000.00 €**	18 000.00 €	6 000.00 €
500 000.01 €	750 000.00 €	**36 000.00 €**	27 000.00 €	9 000.00 €
750 000.01 €	1 000 000.00 €	**48 000.00 €**	36 000.00 €	12 000.00 €
1 000 000.01 €	2 500 000.00 €	**60 000.00 €**	45 000.00 €	15 000.00 €
2 500 000.01 €	5 000 000.00 €	**80 000.00 €**	60 000.00 €	20 000.00 €
5 000 000.01 €	7 500 000.00 €	**100 000.00 €**	75 000.00 €	25 000.00 €
7 500 000.01 €	10 000 000.00 €	**120 000.00 €**	90 000.00 €	30 000.00 €

Obs. Iva incluído à taxa legal em vigor

[4] *"A taxa de arbitragem é integralmente suportada pelo sujeito passivo e paga, na sua totalidade, por transferência bancária para a conta do CAAD antes de formulado o pedido de constituição do Tribunal Arbitral nos termos da alínea f) do nº 2 do artigo 10º do Regime Jurídico da Arbitragem";*

[5] Os Honorários dos Árbitros e as Despesas Administrativas estão incluídas na Taxa de Arbitragem, conforme o disposto no nº 1 do artigo 2º do Regulamento.

5. CÓDIGO DEONTOLÓGICO DO CAAD

Artigo 1º – Princípio geral

Os árbitros designados para constituir um Tribunal Arbitral que funcione sob a égide do Centro de Arbitragem Administrativa (CAAD) devem julgar com estrita independência, imparcialidade, isenção e objectividade, bem como respeitar, e fazer respeitar, o prestígio da arbitragem como meio justo e célere de resolução de litígios.

Artigo 2º – Requisitos dos árbitros

1 – Os árbitros devem ser pessoas singulares, plenamente capazes, com comprovada competência técnica, idoneidade moral e sentido de interesse público.

2 – Os árbitros devem ser independentes, imparciais, isentos e objectivos.

3 – Por regra, os árbitros devem ser escolhidos de entre juristas que, pelas suas qualificações formais e pela sua experiência profissional no domínio do direito público, ofereçam garantias de competência para o exercício das respectivas funções.

4 – O árbitro, ainda que designado pela parte, tem uma obrigação de independência, imparcialidade e isenção, não sendo nem representante, nem mandatário, da parte que o designa.

5 – Os árbitros têm um dever de lealdade para com o processo arbitral, as partes e, no caso de um tribunal colectivo, para com os co-árbitros.

6 – O árbitro não deve permitir que qualquer tipo de preconceito, interesse pessoal, pressão externa, directa ou indirecta, ou receio de crítica afecte o sentido da sua decisão.

7 – Quer durante, quer depois de concluída a arbitragem, o árbitro e os seus familiares imediatos não podem aceitar oferta, favor ou herança, provenientes, directa ou indirectamente, de qualquer uma das partes.

8 – No decurso da arbitragem, o árbitro não pode negociar ou aceitar quaisquer ofertas de emprego ou novas relações profissionais com qualquer das partes ou seu representante legal.

9 – O árbitro deve respeitar os princípios deontológicos estabelecidos neste Código, enquanto princípios inerentes ao exercício das suas funções, e deve recusar a sua designação quando ocorra circunstância pela qual se possa razoavelmente suspeitar da sua independência, imparcialidade e/ou isenção.

10 – Incumbe ao Conselho Deontológico do Centro de Arbitragem Administrativa exonerar o árbitro ou árbitros em caso de incumprimento dos requisitos previstos nos números anteriores.

Artigo 3º – Lista de árbitros

1 – Encontra-se disponível no Centro uma lista actualizada de pessoas que podem ser investidas nas funções de árbitro.

2 – Nos casos em que, nos termos da lei, lhe caiba a escolha de qualquer árbitro, o Centro pode, mediante despacho fundamentado, fazer recair a sua escolha sobre alguém não constante da lista.

3 – O Centro responsabiliza-se pela actualização da lista de árbitros, bem como dos seus dados curriculares, designadamente formação, experiência profissional e especialidade, devendo estes elementos ser facultados pelo Centro, mediante solicitação de qualquer parte interessada, e constar ainda do respectivo site.

Artigo 4º – Aceitação do encargo

1 – Ninguém pode ser obrigado a actuar como árbitro. Mas se o encargo tiver sido aceite, o árbitro assume possuir conhecimentos adequados à apreciação da matéria do litígio, bem como dispor do tempo previsivelmente necessário para a condução do processo arbitral, sendo apenas legítima escusa fundada em causa superveniente que impossibilite o designado de exercer tal encargo.

2 – O árbitro designado deve comunicar a aceitação do encargo ao Centro no prazo de 5 dias úteis.

3 – O árbitro que, tendo aceitado o encargo, se escusar injustificadamente ao exercício da sua função, pode ser excluído da lista de árbitros do Centro.

Artigo 5º – Motivos gerais para o afastamento de um árbitro

Qualquer uma das partes, mediante comunicação prévia à outra parte, ao árbitro visado e, no caso de um tribunal colectivo, aos outros árbitros, pode solicitar ao Presidente do Conselho Deontológico o afastamento de um árbitro, com fundamento:

a) Em circunstâncias que suscitem dúvidas fundadas quanto à sua independência, imparcialidade e/ou isenção;

b) No facto de o árbitro ter demonstrado não possuir as competências mínimas necessárias ao desempenho das suas funções;

c) No facto de o árbitro se mostrar física ou mentalmente incapaz de conduzir os procedimentos arbitrais ou de existirem dúvidas fundadas quanto à sua capacidade para o fazer;

d) No facto de o árbitro, por outros motivos, se ter recusado ou ter falhado na condução adequada dos procedimentos ou na sua condução diligente, dentro de prazos regulamentarmente razoáveis.

e) Em caso de litigância de má-fé, por não ter provado o fundamento de afastamento alegado, a parte pode ser condenada pelo Presidente do Conselho Deontológico ao pagamento de multa, a fixar nos termos da lei.

Artigo 6º – Fundamentos de recusa

Falta de independência e/ou competência

1 – Um árbitro pode ser recusado caso existam circunstâncias que suscitem sérias dúvidas quanto à sua independência, imparcialidade, isenção e/ou competência.

2 – Compete em exclusivo ao Conselho Deontológico do Centro declarar a admissibilidade da recusa.

3 – Os árbitros designados para constituir um Tribunal Arbitral a funcionar sob a égide do Centro devem apresentar todas as condições necessárias para julgar com imparcialidade, independência, isenção, objectividade e competência as questões submetidas à sua apreciação.

4 – Após a sua designação e antes da confirmação da aceitação do encargo, os árbitros devem informar, por escrito, o Centro, as partes e, tratando se de um tribunal colectivo, os outros árbitros, de qualquer facto, circunstância ou relação susceptível de originar dúvidas fundadas a respeito da sua independência, imparcialidade ou isenção.

5 – Entre os factos, circunstâncias e/ou relações abrangidos por este dever de revelação, incluem-se, entre outros:

a) Qualquer relação profissional ou pessoal, com as partes ou com os seus representantes legais, que possa ser potencial causa de impedimento ou de escusa;

b) Qualquer prestação anterior de serviço como árbitro, advogado, consultor, auditor, sócio, gestor de negócios, colaborador ou funcionário de uma das partes;

c) Qualquer interesse, directo ou indirecto, em questão semelhante à que deva ser decidida;

d) Qualquer interesse económico ou financeiro, directo ou indirecto, numa das partes ou no objecto da disputa;

e) Qualquer participação em associações que possa originar suspeita fundada da sua capacidade para actuar com imparcialidade e isenção, designadamente associações envolvidas na instigação e/ou na prática de discriminação com base da raça, sexo, religião, nacionalidade ou orientação sexual.

6 – Havendo dúvida quanto à relevância de qualquer facto, circunstância e/ou relação, prevalece sempre o dever de revelação.

7 – A simples revelação dos factos, circunstâncias e/ou relações previstos no nº 5 deste artigo, ou de quaisquer outros factos, circunstâncias e/ ou relações que sejam susceptíveis de suscitar dúvidas fundadas quanto à independência, imparcialidade ou isenção do árbitro, não deve ser entendida como uma declaração de que o árbitro não se considera independente, imparcial ou isento, e que, em consequência disso, não está apto a desempenhar funções.

8 – O dever de revelação mantém-se até à extinção do poder jurisdicional do árbitro, razão pela qual, no decurso de todo o processo arbitral, o árbitro designado se encontra obrigado a revelar, de imediato, ao Conselho Deontológico, às partes e, no caso de um tribunal colectivo, aos demais árbitros, quaisquer factos, circunstâncias ou relações supervenientes, ou de que só tenha tomado conhecimento depois de ter aceitado o encargo, que sejam susceptíveis de originar dúvidas fundadas quanto à sua independência, imparcialidade e/ou isenção.

9 – Uma parte só pode recusar um árbitro que haja designado ou em cuja designação haja participado com fundamento numa causa de impedimento ou escusa de que só tenha tomado conhecimento após essa mesma designação.

10 – Um árbitro só pode ser recusado se existirem circunstâncias que possam suscitar dúvidas fundadas sobre a sua imparcialidade, independência e/ou isenção ou se demonstrar não possuir as qualificações necessárias à consecução da arbitragem.

11 – Após produção sumária de prova pela parte, ou partes, que solicitem a recusa do árbitro, o Conselho Deontológico decide do mérito do pedido de impedimento ou recusa.

12 – Em caso de litigância de má-fé, aplica-se o disposto na alínea *e*) do artigo 5º

Artigo 7º* – Processo de recusa

1 – A parte que manifeste vontade de recusar a designação de um árbitro deve comunicar a sua intenção ao Conselho Deontológico, através de uma exposição escrita que especifique os factos, circunstâncias e/ou relações que fundamentam tal pedido.

2 – Sob pena de preclusão, o pedido de recusa deve ser apresentado no prazo máximo de 5 dias úteis contados a partir da data de recepção da notificação da confirmação de aceitação do encargo por parte do árbitro ou, sendo o conhecimento posterior, da data em que o requerente teve conhecimento dos factos, circunstâncias e/ou relações que fundamentam o seu pedido.

3 – O Centro deve notificar da recusa a outra parte, o árbitro recusado e, no caso de um tribunal colectivo, os outros árbitros, para que todos possam apresentar as suas alegações por escrito ao Conselho Deontológico, no decurso de um prazo não superior a 5 dias úteis, contados a partir da respectiva notificação.

4 – O Conselho Deontológico deve comunicar essas alegações às partes e aos árbitros.

5 – As decisões do Presidente do Conselho Deontológico relativamente à recusa de árbitros devem ser proferidas no prazo de 15 dias úteis, por forma fundamentada, só podendo ser impugnadas com o recurso da decisão final.

6 – O árbitro recusado pode renunciar voluntariamente ao exercício das suas funções, sem que tal implique a aceitação da validade das razões em que se funda a recusa.

* *(Disposição regulamentar alterada em 09-01-2013)*

Artigo 8º* – Inacção ou incapacidade do árbitro

1 – Quando um árbitro ficar incapacitado, de jure ou de facto, para o desempenho das suas funções, o seu mandato termina com a verificação do facto determinante dessa incapacidade, desde que reconhecido pelo Conselho Deontológico.

2 – Se um árbitro não desempenhar as suas funções em conformidade com a lei e com o Regulamento de Arbitragem do Centro, e se não respeitar os prazos neles fixados, o seu mandato cessa em resultado de uma de duas situações:

a) Quando o árbitro se demita das suas funções;

b) Quando, oficiosamente, ou a pedido de uma ou de ambas as partes, o Presidente do Conselho Deontológico decida pôr fim às funções do árbitro, sem prejuízo da responsabilidade a que possa haver lugar.

* *(Disposição regulamentar alterada em 02-10-2017)*

Artigo 9º* – Designação de um árbitro substituto

1 – Nos casos de cessação de mandato nos termos do artigo anterior, em caso de morte ou de renúncia justificada de um árbitro, ou ainda quando da aceitação pelo Presidente do Conselho Deontológico do pedido de recusa apresentado pela parte, ou partes, haverá lugar à sua substituição de acordo com as regras aplicáveis à indicação do árbitro substituído.

2 – O Tribunal Arbitral decide, tendo em conta o estado do processo, se algum acto processual tem de ser repetido face à nova composição do tribunal.

* *(Disposição regulamentar alterada em 02-10-2017)*

Artigo 10º – Proibição de comunicar com as partes

1 – Antes da constituição do Tribunal Arbitral, o árbitro da lista do Centro que seja indicado não pode comunicar em privado com as partes ou seus mandatários.

2 – No caso de árbitros não integrados na lista do Centro, se contactados preliminarmente por qualquer uma das partes para o eventual exercício de funções, podem solicitar-hes apenas uma descrição sumária do litígio, a identificação das partes, co-árbitros e mandatários, se os houver, o teor da convenção de arbitragem e a indicação do prazo previsto para a conclusão da mesma.

3 – Na pendência do processo, o árbitro deve abster-se de qualquer comunicação com as partes ou seus mandatários relativamente ao objecto do litígio, bem como de procurar aceder a fontes informais ou a informação privada sobre a questão submetida a juízo.

4 – O árbitro pode comunicar com uma parte na ausência da(s) outra(s) sobre questões administrativas, tais como a fixação da data ou local dos procedimentos, desde que tenha razões para acreditar que tal comunicação não resulta numa vantagem processual ou táctica para qualquer das partes. Sempre que tais comunicações tiverem lugar, porém, o árbitro deve informar, de imediato, as outras partes da sua ocorrência, de forma a terem oportunidade para se pronunciarem, antes da tomada de uma decisão final quanto à matéria discutida.

Artigo 11º* – Dever de diligência

1 – O árbitro deve conduzir a arbitragem da forma mais rápida, eficaz e económica que for compatível com o respeito pelas garantias processuais das partes.

2 – O árbitro deve consagrar à sua função todo o tempo e atenção que sejam necessários à cabal compreensão e julgamento dos factos objecto da lide.

3 – O Tribunal arbitra – ou, tratando-se de tribunal arbitral coletivo, o respetivo presidente – deve comunicar ao Conselho Deontológico a prorrogação do prazo a que alude ao artigo 21º do Decreto-Lei nº 10/2011, de 20 de janeiro, bem como os motivos que a fundamentaram.

* *(Disposição regulamentar alterada em 02-10-2017)*

Artigo 12º – Confidencialidade

Sem prejuízo do disposto na lei, o árbitro deve respeitar a confidencialidade do processo, não podendo utilizar informação obtida no decurso do mesmo com o objectivo de alcançar qualquer provento, benefício ou privilégio, para si ou para um terceiro, ou de lesar a pessoa ou os interesses de outrem.

Artigo 13º – Proibição de angariação de nomeações

Ninguém deve procurar activamente ser nomeado para uma arbitragem, mas qualquer pessoa pode divulgar publicamente a sua experiência em matéria arbitral, com ressalva dos seus deveres de confidencialidade referidos no artigo anterior.

Artigo 14º – Honorários e despesas dos árbitros

1 – Os honorários dos árbitros são determinados de forma a garantir o direito de acesso dos

cidadãos à justiça.

2 – Naqueles casos em que os árbitros que integram a lista do Centro não recebam um valor fixo por processo, respeita-se o princípio da proporcionalidade das custas relativamente ao valor do processo.

Capítulo II
Questões Práticas

A entrada em vigor de um regime jurídico inovador como o da arbitragem em matéria tributária, aprovado pelo Decreto-Lei nº 10/2011, de 20 de janeiro de 2011, que corresponde a um meio alternativo de resolução jurisdicional de litígios, sem paralelo nos ordenamentos jurídicos da mesma família jurídica, e a um processo integralmente desmaterializado suscita numerosas questões práticas e metodológicas, nomeadamente ao nível do procedimento de apresentação do pedido de constituição de Tribunal Arbitral e de pronúncia arbitral.

No sentido de facilitar a aplicação prática de um regime caracterizado pela celeridade e informalidade, sem conceder ao nível da aplicação estrita do Direito constituído, apresentamos um conjunto de questões, iminentemente práticas, que procuram ir ao encontro das dúvidas mais latentes dos diversos operadores jurídicos.

A lista das questões *infra* reúne um conjunto de questões que foram sendo colocadas pelos mais diversos operadores jurídicos desde a entrada em vigor do Regime Jurídico da Arbitragem Tributária (RJAT) até à data da publicação da obra em apreço, e que esperamos concorram para a afirmação da arbitragem em matéria tributária como um meio alternativo de resolução jurisdicional de litígios simples, célere e eficaz.

1. Como apresentar um pedido de constituição de Tribunal Arbitral?

O pedido de constituição de Tribunal Arbitral é feito mediante requerimento enviado por via eletrónica ao Presidente do CAAD (artigo 10º nº 2 do RJAT), a quem compete, no prazo de dois dias a contar da receção do mesmo, dar conhecimento do pedido à Administração Tributária e Aduaneira, por via eletrónica (artigo 10º nº 3 do RJAT). A aceitação do pedido pelo Presidente do CAAD não importa uma apreciação de mérito da pretensão do Requerente, nomeadamente no que refere à tempestividade do pedido ou à arbitrabilidade do litígio, estando apenas dependente da verificação do cumprimento dos requisitos previstos no artigo 10º nº 2 do RJAT. De acordo com este normativo legal, do pedido de constituição de Tribunal Arbitral devem constar os seguintes elementos:

> "*a) A identificação do sujeito passivo, incluindo o número de identificação fiscal, e do serviço periférico local do seu domicílio ou sede ou, no caso de coligação de sujeitos passivos, do serviço periférico local do domicílio ou sede do sujeito identificado em primeiro lugar no pedido;*
>
> *b) A identificação do ato ou atos tributários objeto do pedido de pronúncia arbitral;*
>
> *c) A identificação do pedido de pronúncia arbitral, constituindo fundamentos deste pedido os previstos no artigo 99º do Código de Procedimento e de Processo Tributário e, bem assim, a exposição das questões de facto e de direito objeto do referido pedido de pronúncia arbitral;*
>
> *d) Os elementos de prova dos factos indicados e a indicação dos meios de prova a produzir;*
>
> *e) A indicação do valor da utilidade económica do pedido;*
>
> *f) O comprovativo do pagamento da taxa de arbitragem inicial, nos casos em que o sujeito passivo não tenha optado por designar árbitro ou comprovativo do pagamento da taxa de arbitragem, caso o sujeito passivo manifeste a intenção de designar o árbitro;*
>
> *g) A intenção de designar árbitro nos termos da alínea b) do nº 2 do artigo 6º*".

O acesso a este requerimento pressupõe um registo prévio no site oficial do CAAD *in* www.caad.org.pt.

2. Como proceder ao registo prévio?

O pedido de constituição de Tribunal Arbitral deve ser apresentado por via eletrónica, o que importa realização de um registo prévio na página oficial do CAAD (www.caad.org.pt), separadores "Arbitragem Tributária", "Requerimento *on-line*", "entrada do pedido" (cfr. imagem *infra*).

CAAD
CENTRO DE ARBITRAGEM ADMINISTRATIVA
Pesquisar...
CAAD
ARBITRAGEM ADMINISTRATIVA
ARBITRAGEM TRIBUTÁRIA
REQUERIMENTOS ONLINE
JURISPRUDÊNCIA E DOUTRINA
LEGISLAÇÃO E REGULAMENTOS
NOTÍCIAS E PUBLICAÇÕES
CONTACTOS
Arbitragem Tributária n.º 5
JUN. 2016
COMPRE AQUI
Mais Justiça Administrativa e Fiscal
Arbitragem
Livro
Mais Justiça Administrativa e Fiscal
VANTAGENS
PERGUNTAS FREQUENTES
REGIME JURÍDICO
LISTA DE ARBITROS
REQUERIMENTO
JURISPRUDÊNCIA
DOUTRINA
Vantagens
Veja quais as vantagens do CAAD
Requerimento Online
Como dar entrada do pedido de constituição de tribunal arbitral

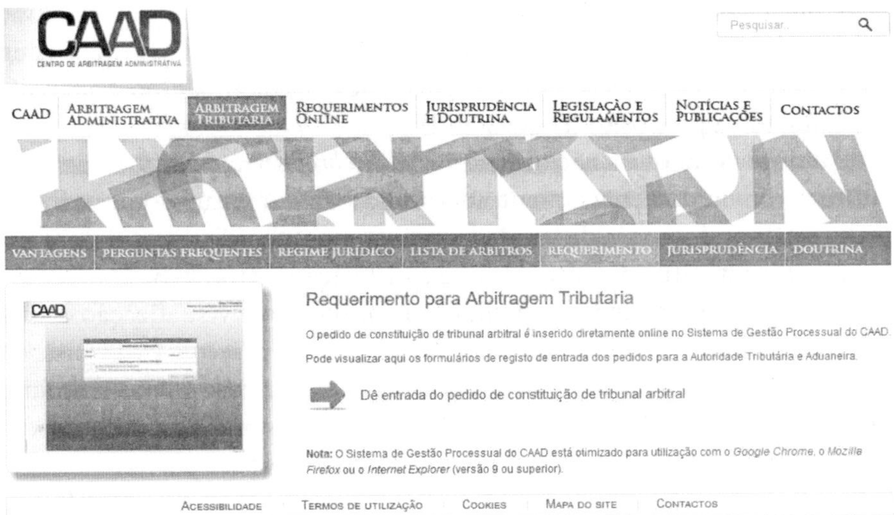
CAAD
CENTRO DE ARBITRAGEM ADMINISTRATIVA
Pesquisar...
CAAD
ARBITRAGEM ADMINISTRATIVA
ARBITRAGEM TRIBUTÁRIA
REQUERIMENTOS ONLINE
JURISPRUDÊNCIA E DOUTRINA
LEGISLAÇÃO E REGULAMENTOS
NOTÍCIAS E PUBLICAÇÕES
CONTACTOS
VANTAGENS
PERGUNTAS FREQUENTES
REGIME JURÍDICO
LISTA DE ARBITROS
REQUERIMENTO
JURISPRUDÊNCIA
DOUTRINA
Requerimento para Arbitragem Tributaria
O pedido de constituição de tribunal arbitral é inserido diretamente online no Sistema de Gestão Processual do CAAD.
Pode visualizar aqui os formulários de registo de entrada dos pedidos para a Autoridade Tributária e Aduaneira.
Dê entrada do pedido de constituição de tribunal arbitral
Nota: O Sistema de Gestão Processual do CAAD está otimizado para utilização com o Google Chrome, o Mozilla Firefox ou o Internet Explorer (versão 9 ou superior).
ACESSIBILIDADE
TERMOS DE UTILIZAÇÃO
COOKIES
MAPA DO SITE
CONTACTOS

3. Quais os *browsers* compatíveis com a aplicação informática do CAAD?

O sistema informático está otimizado para utilização com o *Google Chrome*, o *Mozilla Firefox* ou o Internet Explorer (versão 9 ou versão superior).

A indicação do *browser* compatível com a aplicação informática em apreço encontra-se claramente identificada na página cujo *print screen* reproduzido a propósito da questão 1, *supra*.

Cumpre notar que a não utilização de um *browser* adequado pode inviabilizar o envio do requerimento do pedido de constituição de Tribunal Arbitral. Esta é, aliás, a dificuldade mais frequente no preenchimento do pedido de constituição, uma vez que a utilização de um *browser* incompatível não permite o envio do pedido e a consequente visualização do respetivo resumo.

O pedido de constituição de Tribunal Arbitral apenas se considera apresentado no CAAD quando o sistema gera um resumo do pedido após a conclusão do preenchimento do requerimento *on-line*.

4. A apresentação do pedido de constituição de Tribunal Arbitral pressupõe a prévia adesão ao sistema de notificações eletrónicas Via CTT?

A apresentação do pedido de constituição de Tribunal Arbitral pressupõe a prévia adesão ao sistema de notificações eletrónicas Via CTT, apenas para efeitos de notificação dos atos do procedimento e processo arbitral tributário (cfr. questão *infra*).

5. O sistema possui ajudas específicas? E em caso afirmativo quais e onde se encontram localizadas?

O sistema possui ajudas específicas no canto superior direito, onde se encontra o símbolo (?), e indicações úteis na parte inferior de cada folha do formulário, tal como assinalado na imagem *infra*.

As ajudas contêm informação relevante, nomeadamente, quanto à dimensão dos ficheiros a anexar ou à obrigatoriedade de preenchimento de determinados campos.

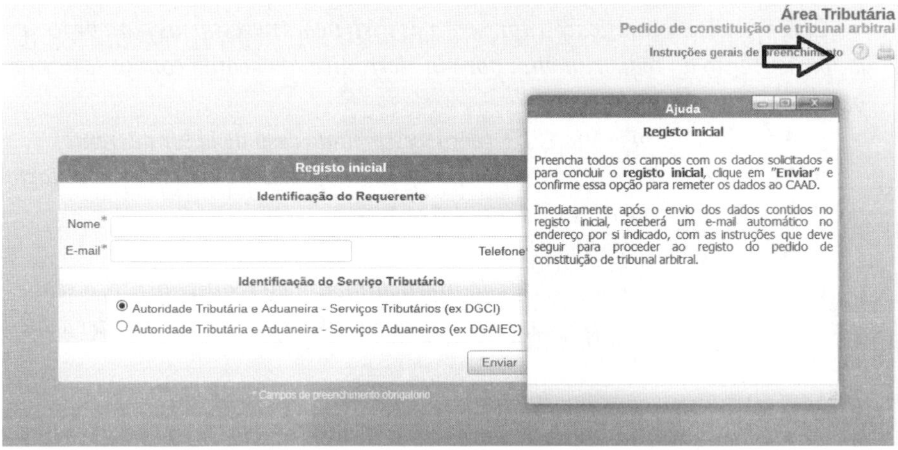

6. Realizado o registo inicial qual o passo seguinte?

Depois de confirmar os dados introduzidos no formulário do registo inicial, selecione a opção enviar.

De seguida será remetido um e-mail para o endereço indicado no registo inicial onde serão dadas todas as indicações referentes ao preenchimento do pedido de constituição de Tribunal Arbitral. O Requerente deve confirmar sempre que o e-mail é corretamente indicado no registo inicial e, estando em causa um e-mail institucional, se não tem restrições à receção de e-mails de notificação automática (ou seja, se os e-mails de notificação automática não são reencaminhados para a caixa de "*spam*").

Do e-mail acima referido constará um *link* e os códigos de acesso ao requerimento do pedido de constituição de Tribunal Arbitral. Estes códigos apenas permitem acesso ao requerimento do pedido de constituição de Tribunal Arbitral, não permitindo o acesso ao Sistema de Gestão Processual do CAAD, para o que serão atribuídos novos códigos de acesso na reunião de constituição do Tribunal Arbitral.

O passo seguinte é a ativação do *link*. Siga as indicações constantes do e-mail recebido, com o seguinte conteúdo:

> "<<...>>
>
> <<...>>
>
> *1. O pedido de constituição de Tribunal Arbitral é feito mediante requerimento enviado por via eletrónica nos termos do nº 2 do artigo 10º do Decreto-Lei nº 10/2011, de 20 de janeiro.*
>
> *2. A presente comunicação apresenta as instruções necessárias para proceder à apresentação do requerimento, por via eletrónica, de acordo com os seguintes passos:*
>
> *a. Adesão ao serviço Via CTT (desnecessário no caso de já ser aderente);*
>
> *b. Acesso ao endereço eletrónico para efeitos de preenchimento de formulário do pedido de constituição do Tribunal Arbitral.*
>
> *3. Adesão ao Serviço Via CTT*
>
> *Caso não seja aderente, antes do preenchimento do requerimento, o requerente – mandatário, sujeito passivo ou representante legal – deve proceder à adesão ao serviço Via CTT.*
>
> *Sem esta adesão, o requerimento não poderá ser apresentado.*
>
> *A adesão é gratuita e poderá ser feita por duas formas:*
>
> *a. Adesão ao serviço Via CTT através do Portal das Finanças – imediatamente ativa sem necessidade de apresentação de documentos pelo aderente (recomendado);*
>
> *b. Adesão ao serviço Via CTT – apenas ativa após o envio dos documentos que comprovem a identidade do requerente (a adesão não é imediata)*
>
> *Efetuada a adesão, a autorização do envio das notificações provenientes do CAAD é feita pelo requerente, num campo devidamente assinalado para o efeito, no formulário do pedido de constituição do Tribunal Arbitral.*
>
> *4. Acesso ao endereço eletrónico para apresentação do pedido de constituição do Tribunal Arbitral*
>
> *Para iniciar o pedido de constituição de Tribunal Arbitral deve proceder do seguinte modo:*
>
> *1. Aceder ao endereço infra indicado;*
>
> *2. Autenticar-se com os dados fornecidos neste e-mail (Utilizador e Senha)*
>
> *3. Proceder ao preenchimento dos formulários, utilizando preferencialmente o Internet Explorer (versão 9 ou superior), o Google Chrome ou o Mozilla Firefox.*

Endereço: <<ENDERECO>>
Utilizador: <<USER>>
Senha: <<PASSWORD>>

O preenchimento dos formulários pode ser interrompido e retomado em qualquer altura.

Para qualquer esclarecimento sobre o preenchimento dos formulários do pedido de constituição do Tribunal Arbitral, pode contactar o CAAD – 213 189 027 ou geral@caad.org.pt

O Centro
(E-mail automático, por favor não responda)"

Através da ativação do *link* disponibilizado, o Requerente é direcionado para o requerimento do pedido de constituição de Tribunal Arbitral. Este requerimento específico é constituído por um total de cinco páginas.

Os campos de preenchimento obrigatório estão devidamente identificados com um asterisco (*), os são campos de preenchimento facultativo pelo Requerente.

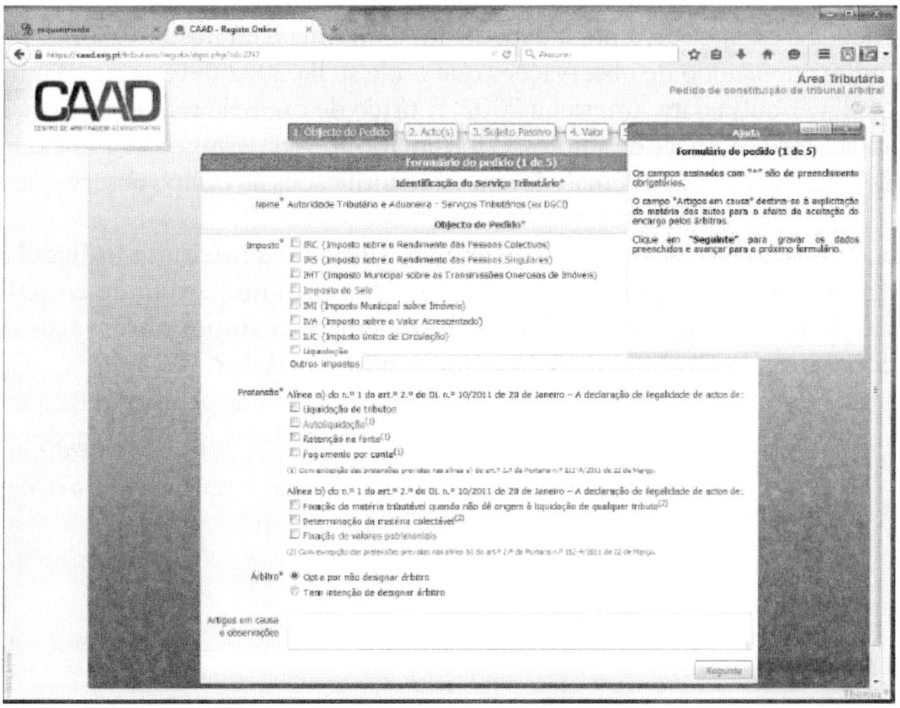

7. Qual a relevância do campo "observações" constante da página 1 de 5 do requerimento do pedido de constituição de Tribunal Arbitral?

O campo "observações", de preenchimento facultativo, permite ao Requerente identificar e suprir eventuais dificuldades práticas ou técnicas de preenchimento, assim como qualquer outro elemento que entenda por útil ou conveniente explicitar.

O requerimento eletrónico do pedido de constituição de Tribunal Arbitral foi concebido para poder conformar todas as pretensões passíveis de apreciação em sede arbitral, assumindo, todavia, por referência o caso típico da "impugnação de um ato de liquidação de imposto". Em face do exposto, não pode deixar de se admitir que, em alguns casos específicos e pontuais, possam surgir dificuldades práticas de preenchimento ou adequação do requerimento. Antevendo essas dificuldades, foi introduzido um campo específico de observações na página 1 de 5, no qual devem ser identificadas as questões ou dificuldades práticas reconhecidas pelo sujeito passivo, que serão devidamente ponderadas pelo CAAD. De referir, nomeadamente, que o sistema apenas admite a que a data do ato tributário cuja apreciação se requer seja posterior a 2002, o que no caso dos processos entrados ao abrigo do regime transitório poderia não acontecer. Neste caso, o sujeito passivo deveria preencher o campo referente à data do ato com uma data posterior a 2002 e indicar no campo de observações que onde se lia 2002 deveria ler-se uma qualquer outra data, anterior a 2002. A título de exemplo refira-se, ainda, a situação de coligação de autores. O formulário apenas permite a identificação de um dos autores, os demais devem ser identificados no campo observações.

8. A opção por designação de árbitro importa a imediata indicação do mesmo em algum campo do requerimento do pedido de constituição de Tribunal Arbitral, nomeadamente no campo "observações" constante da página 1 de 5 do respetivo formulário?

Sim. No caso de exercício da opção de designação de árbitro, o Requerente deve indicar o nome do árbitro designado no campo observações.

O procedimento de designação de árbitro pelo sujeito passivo/requerente encontra-se expressamente regulado no artigo 11º nº 5 do RJAT, na redação que lhe foi dada pela Lei nº 66-B/2012, de 31 de dezembro.

9. O que entender por "cópia da notificação" para efeitos de preenchimento de um dos campos constante da página 2 de 5?

Por "cópia da notificação" deve entender-se a cópia (*pdf*) do ato cuja apreciação arbitral se pretende (exemplo: notificação do ato de liquidação de imposto; folha de rosto do indeferimento da reclamação graciosa).

No caso do indeferimento tácito da reclamação graciosa, por exemplo, deve ser junto o comprovativo da respetiva apresentação por fax, e-mail ou correio (que não deve ser superior a uma página).

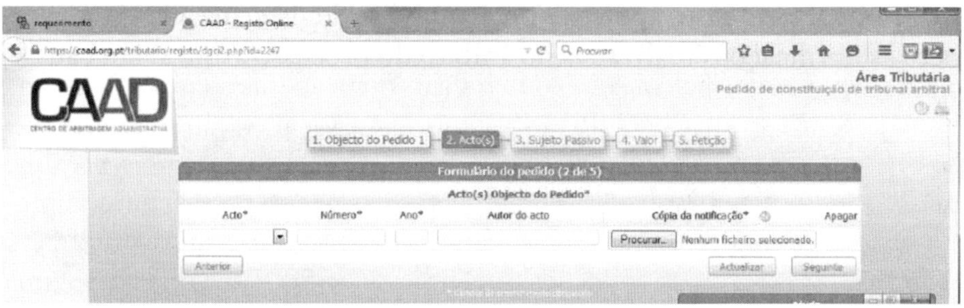

10. O que entender por "ato" para efeitos de preenchimento de um dos campos constante da página 2 de 5?

Por ato, neste âmbito, deve entender-se o ato cuja apreciação arbitral se pretende (exemplo: ato de liquidação do imposto).

11. Como inserir os elementos referentes a mais de um ato cuja apreciação arbitral se pretende?

O Requerente deve adicionar os elementos referentes a um dos atos, de seguida o sistema gera automaticamente uma nova linha, idêntica à primeira, que permite adicionar todos os atos cuja apreciação o Requerente pretenda.

12. A apresentação do pedido de constituição de Tribunal Arbitral pressupõe a prévia adesão ao sistema de notificações eletrónicas Via CTT do sujeito passivo, do representante legal e do mandatário (página 3 de 5)?

A adesão ao sistema de notificações eletrónicas Via CTT é um passo prévio necessário para o efeito de preenchimento do pedido de constituição de Tribunal Arbitral, e um dos elementos automaticamente verificados pelo sistema.

Para o efeito, e sempre que haja lugar à constituição de mandatário, apenas será necessário que este se registe na Via CTT. Não havendo lugar à constituição de mandatário, por tal não ser legalmente exigível, o registo na Via CTT poderá ser realizado pelo sujeito passivo ou seu representante legal.

Em qualquer caso, apenas a pessoa que se registar na Via CTT receberá as notificações realizadas no âmbito do processo arbitral em causa.

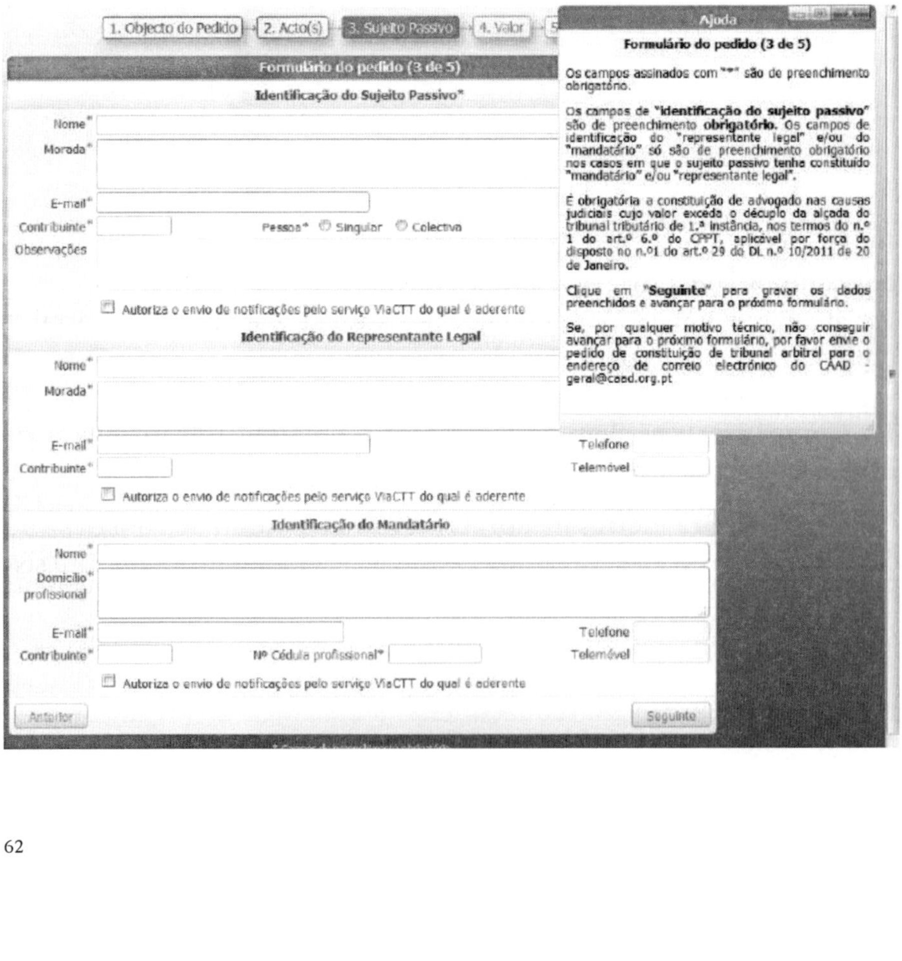

13. Constituição obrigatória de advogado

Nos termos do nº 1 do artigo 6º do CPPT, na redação da Lei nº 82-B/2014, de 31, de dezembro, "*é obrigatória a constituição de advogado nas causas judiciais cujo valor exceda o dobro da alçada do tribunal tributário de 1ª instância, bem como nos processos da competência do Tribunal Central Administrativo e do Supremo Tribunal Administrativo*".

De acordo com o disposto no artigo 150º da LGT, a "alçada dos tribunais tributários corresponde àquela que se encontra estabelecida para os tribunais judiciais de 1ª instância". E nos termos do disposto no nº 1 do artigo 44º da Lei de Organização e Funcionamento dos Tribunais Judiciais, aprovada pela Lei nº 62/2013, de 26 de agosto, na redação da Lei nº 40-A/2016, de 22 de dezembro, a alçada dos tribunais judiciais de primeira instância está atualmente fixada em € 5.000,00.

Em face do exposto, a alçada dos tribunais administrativos e fiscais (TAF's) será de € 5.000,00, pelo que será obrigatória a constituição de advogado nas causas judiciais cujo valor exceda € 10.000,00.

Tal como expressamente referido no Decreto-Lei nº 10/2011, de 20 de janeiro de 2011, o processo arbitral tributário tem natureza jurisdicional, não suscitando qualquer dúvida a aplicabilidade das regras acima descritas em sede de processo arbitral.

14. É possível aderir às notificações eletrónicas Via CTT apenas para efeitos de apresentação do pedido de constituição de Tribunal Arbitral?

Sim. Para mais informações consultar http://www.viactt.pt/website/index.html

15. É possível realizar a adesão ao sistema de notificações eletrónicas Via CTT para efeitos de apresentação do pedido de constituição de Tribunal Arbitral sem, ainda assim, ficar vinculado ao mesmo sistema para efeitos fiscais?

Sim. Para mais informações consultar http://www.viactt.pt/website/index.html

16. Na página 4 de 5 do requerimento a taxa de arbitragem é calculada automaticamente?

A taxa de arbitragem é calculada automaticamente em conformidade com o disposto no Regulamento de Custas nos Processos de Arbitragem Tributária nos Processos de Arbitragem Tributária.

O Regulamento de Custas nos Processos de Arbitragem Tributária pode ser consultado na página oficial do CAAD *in* www.caad.org.pt.

De notar que, para este efeito, as custas do processo arbitral são genericamente designadas como taxa de arbitragem e compreendem todas as despesas resultantes da condução do processo arbitral e os honorários dos árbitros (artigo 2º nº 1 do Regulamento de Custas nos Processos de Arbitragem Tributária nos Processos de Arbitragem Tributária).

Os eventuais encargos decorrentes da designação de peritos, tradutores, intérpretes e outros encargos com a produção de prova serão suportados diretamente pelas partes.

Para o efeito de uma melhor identificação do pagamento das taxas devidas, o Requerente deve confirmar que no comprovativo de pagamento se encontra devidamente identificada a data de realização do mesmo.

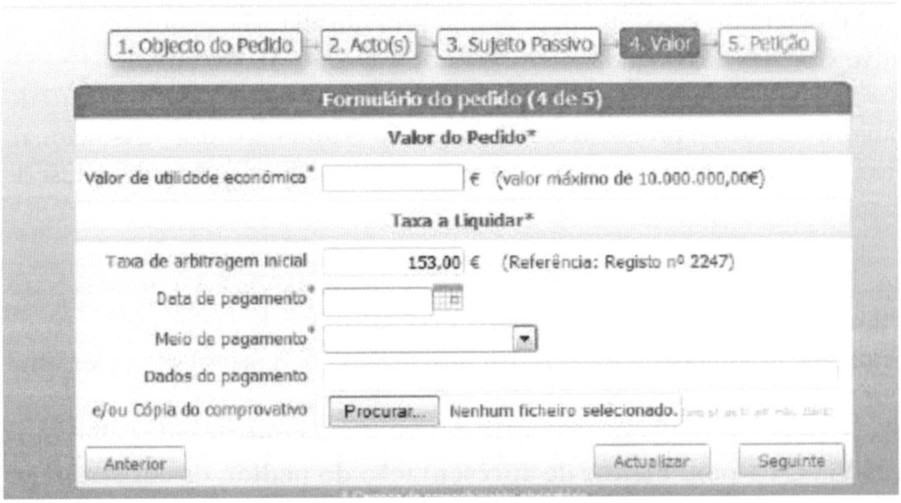

17. Como proceder ao pagamento da taxa de arbitragem aplicável?

Os pagamentos das taxas de arbitragem podem ser efetuados por:

(a) Transferência bancária para o NIB 0035 0278 00021971130 80;
(b) Depósito na conta nº 0278 021 971 130 da CGD.

Cumpre notar que, neste âmbito, que não será emitido qualquer DUC, sendo apenas necessário juntar o comprovativo da transferência ou depósito, perfeitamente legível.

18. É possível apresentar o pedido de constituição de Tribunal Arbitral sem proceder ao prévio pagamento da taxa de arbitragem devida?
O pagamento da taxa de arbitragem correspondente é um ato prévio necessário à apresentação do pedido de constituição de Tribunal de Arbitral, salvo no caso especial previsto no artigo 4º, nº 3 do Regulamento de Custas.

19. Quais os documentos que devem ser anexados ao pedido de constituição de Tribunal Arbitral?
O Requerente deve anexar, entre outros documentos que entenda relevantes e legalmente admissíveis, os seguintes:

(a) Pedido de pronúncia arbitral, devidamente assinada e carimbada;
(b) Procuração e/ou substabelecimento nos casos em que seja representado por mandatário;
(c) Todos os documentos que instruem o pedido de pronúncia arbitral; e
(d) Comprovativo de pagamento da taxa de arbitragem devida.

Todos os documentos anexados ao pedido de constituição de Tribunal Arbitral devem encontrar-se em formato *pdf*. Neste âmbito o Requerente deve ter em atenção a dimensão dos documentos indicada na parte inferior dos formulários ou nos ícones de ajuda.

20. O que entender por "petição" para efeitos de preenchimento do campo obrigatório da página 5 de 5?
Por "petição" deve entender-se o pedido de pronúncia arbitral que corresponde, materialmente, a uma petição inicial.

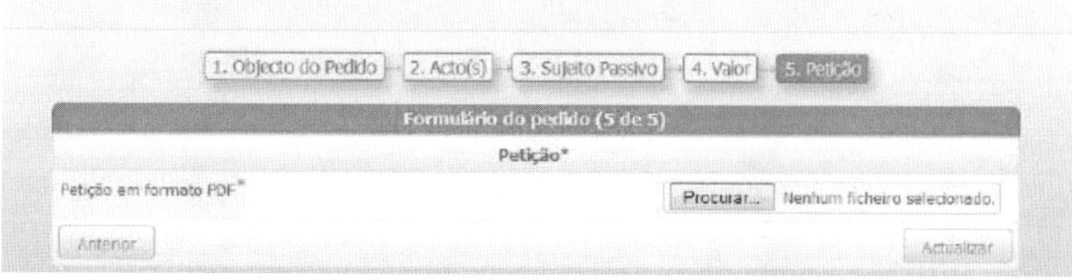

21. Qual a diferença entre o pedido de constituição de Tribunal Arbitral e de pronúncia arbitral?

O pedido de pronúncia arbitral é um dos elementos que deve acompanhar o pedido de constituição de Tribunal Arbitral, não se confundido com o mesmo. Assim, enquanto o pedido de constituição de Tribunal Arbitral se materializa no preenchimento de um requerimento eletrónico, dirigido ao presidente do CAAD, e do qual devem constar os elementos de identificação do Requerente e da respetiva pretensão, o pedido de pronúncia arbitral corresponde materialmente a uma petição inicial, dirigida ao Tribunal Arbitral, a constituir, e do qual devem constar os fundamentos de facto e de direito que sustentam a respetiva pretensão.

O pedido de pronúncia arbitral deve ser anexado, em documento autónomo, e em formato *pdf*, ao pedido de constituição de Tribunal Arbitral.

22. Uma vez iniciado o preenchimento do pedido de constituição de Tribunal Arbitral é possível interromper o registo? Em caso afirmativo, o sistema permite guardar a informação já introduzida?

Sim, é sempre possível interromper o registo sem que haja perda de informação já preenchida e devidamente guardada. Para ir guardando a informação já introduzida deve ser usada a opção "atualizar".

23. Como concluir o pedido de constituição de Tribunal Arbitral?

Preenchida última página do requerimento o Requerente deve concluir o pedido. De seguida será gerado um resumo automático do pedido que será remetido para o CAAD.

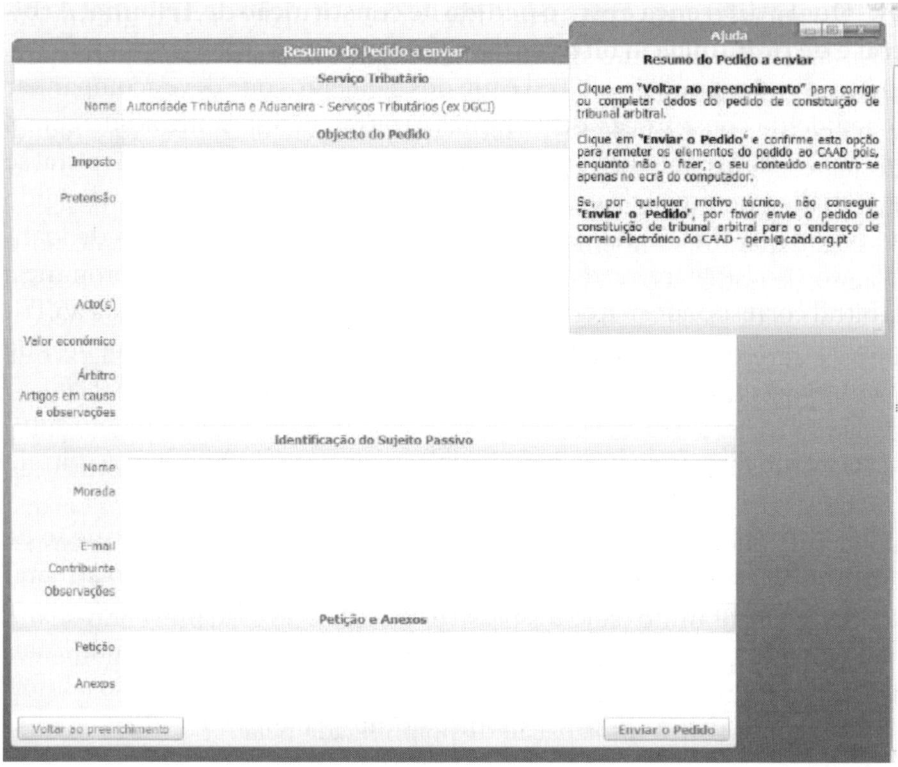

24. Estando em causa um procedimento e um processo integralmente desmaterializado, qual a plataforma que permite a consulta dos elementos procedimentais e processuais relevantes de cada processo?

A plataforma que permite a consulta de todos os elementos do procedimento e processo tributário é designada por sistema eletrónico de gestão processual (SGP), funcionando como uma plataforma eletrónica materialmente equivalente ao CITIUS ou ao SITAF.

O acesso ao SGP é feito através de códigos de acesso específicos atribuídos aos sujeitos passivos/requerentes na reunião de constituição do Tribunal Arbitral.

A cada processo corresponde um código de acesso irrepetível.

25. Estando em causa um procedimento e um processo integralmente desmaterializado como são realizadas as notificações dos sujeitos passivos/mandatários?

O procedimento e o processo arbitral tributário encontram-se totalmente desmaterializados, beneficiando do recurso às novas tecnologias de informação, sem prejuízo da confidencialidade e segurança das comunicações.

Neste quadro, também as notificações são realizadas através do novo sistema de notificações Via CTT, igualmente utilizado pela AT. A adesão ao sistema de notificações Via CTT é uma das condições prévias necessárias à apresentação do pedido de constituição de Tribunal Arbitral que não importa uma necessária adesão para qualquer outro efeito, designadamente para efeitos fiscais.

Desde dia 1 de janeiro de 2012, a AT assumiu como objetivo a notificação de todos os contribuintes por via eletrónica, através do envio das correspondentes notificações efetuadas para uma caixa postal eletrónica, conhecida por Via CTT. A notificação eletrónica passou a ser obrigatória para todos os contribuintes sujeitos passivos do IRC e do IVA, prevendo-se um alargamento progressivo aos demais contribuintes que, até ao momento, ainda não foi concretizado.

De acordo com a informação disponibilizada pela AT a todos os contribuintes, a chamada Via CTT é um serviço que permite receber correio em formato digital numa caixa postal eletrónica, com as características definidas no nº 1 do artigo 3º da Lei do Comércio Eletrónico, aprovada pelo Decreto-Lei nº 7/2004, de 7 de janeiro de 2004. O sistema Via CTT integra-se no âmbito do serviço público postal e garante a integridade e a confidencialidade dos documentos, utilizando certificados digitais de autenticação, em obediência ao disposto no Decreto-Lei nº 290-D/99, de 2 de agosto de 1999. Esta garantia consta expressamente da legislação que regula a caixa postal eletrónica e que assegura que apenas os CTT estão legalmente aptos e autorizados a depositar as notificações, citações e outras comunicações enviadas através deste sistema de comunicação e notificação.

De acordo com o regime aplicável, o correio virtual é entregue na caixa postal do destinatário até 24h após a "entrega" pela respetiva entidade expedidora à Via CTT. A data e hora de entrega do correio na caixa virtual, bem como a data e hora de abertura do mesmo, ficam devidamente registadas e associadas ao documento em causa, sendo passíveis de consulta na correspondente caixa postal.

De notar, igualmente, que em caso de ausência de acesso à caixa postal eletrónica, a notificação em causa se considera efetuada no quinto dia posterior ao respetivo envio, salvo nos casos em que o contribuinte comprove que comunicou a alteração dos dados referentes à respetiva caixa de correio, nos termos legalmente previstos, ou demonstre ter sido impossível essa comunicação. (Cfr. artigo 39º, nº 10 do CPPT na redacção do DL nº 93/2017 de 1 de Agosto).

26. A quem cabe a gestão do SGP?
A gestão do SGP compete ao CAAD.
Todos os requerimentos, e/ou documentos (para além do pedido de constituição e pronúncia arbitral, da resposta e do processo administrativo, expressamente previsto no RJAT), cuja junção aos autos se pretenda, devem ser remetidos ao CAAD via e-mail (geral@caad.org.pt).

27. Como se processa e em que momento é que o sujeito passivo tem acesso ao SGP?
O sujeito passivo tem acesso ao SGP a partir da constituição de Tribunal Arbitral, através de uma senha de acesso própria e específica para cada processo.

28. Como se processa e em que momento é que o árbitro tem acesso ao SGP?
Cada árbitro tem acesso ao SGP a partir da constituição do Tribunal Arbitral, através de uma senha de acesso própria e única, a que são associados todos os processos em que intervier na qualidade de árbitro.

29. Quais os elementos disponíveis no SGP?
Estão disponíveis no SGP todos os atos praticados pelo CAAD, pelo Tribunal Arbitral e pelas partes num dado processo, a saber:

(a) Pedido de constituição de Tribunal Arbitral;
(b) Pedido de pronúncia arbitral e documentos anexos e instrutores;
(c) Aceitação do pedido;
(d) Comunicação relativa à revogação, ratificação, reforma ou conversão do ato tributário cuja ilegalidade foi suscitada, e da prática, quando necessário, do ato tributário substitutivo;
(e) Todas as notificações e demais comunicações;
(f) Atas das reuniões do Tribunal Arbitral;

(g) Despachos arbitrais;
(h) Resposta da entidade Requerida;
(i) Qualquer requerimento das partes;
(j) Decisão arbitral; e
(k) Comunicações relativas ao arquivamento; e
(l) Quaisquer outros atos praticados no âmbito do procedimento e do processo arbitral.

30. Uma vez apresentado o pedido de constituição de Tribunal Arbitral quais os passos seguintes?

O procedimento e o processo arbitral podem ser esquematicamente representados pelo quadro seguinte:

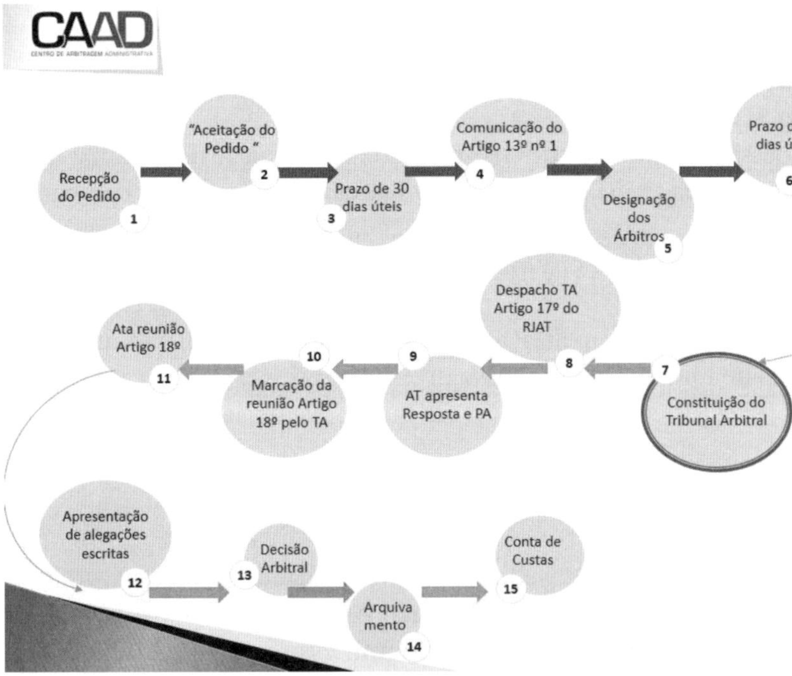

As setas a "azul escuro" identificam a tramitação da fase do procedimento arbitral, prévia à constituição do Tribunal Arbitral, enquanto as setas a "azul claro" identificam a tramitação dos atos praticados já na fase de processo arbitral. A passagem da fase de procedimento á fase de processo é marcada pela reunião de constituição do Tribunal Arbitral.

31. Com a revogação da reunião de constituição de Tribunal Arbitral, como é que se processa a constituição de Tribunal Arbitral?

De acordo com o disposto no artigo 15º do RJAT estabelece que «*o processo arbitral tem início na data da constituição do Tribunal Arbitral, nos termos do nº 8 do artigo 11º*», e o Tribunal Arbitral se considera constituído no termo do prazo referido na notificação prevista na alínea *c)* do nº 1 do artigo 11º ou do nº 7 do mesmo normativo legal. O mesmo será dizer que o Tribunal Arbitral é constituído *ope legis*, no termo do prazo para as partes se pronunciarem, querendo, sobre o árbitro ou árbitros designados.

32. Primeira reunião do Tribunal Arbitral (artigo 18º do RJAT)

Na primeira reunião do Tribunal Arbitral constituído, o Tribunal Arbitral, nos termos e para os efeitos do artigo 18º do RJAT, começa por dar a palavra às partes para se pronunciarem sobre:

(i) a tramitação processual;
(ii) eventuais exceções que devessem ser apreciadas e decididas antes do Tribunal conhecer do pedido;
(iii) a necessidade de serem feitas correções nas peças processuais apresentadas;
(iv) a necessidade de marcação de uma nova reunião para a realização de diligência de prova e realização de alegações orais.

Não havendo necessidade da marcação de uma nova reunião do Tribunal Arbitral é, desde logo, fixada a data para a prolação da decisão arbitral e advertida a Requerente para proceder ao pagamento da taxa arbitral subsequente, nos termos do nº 3 do artigo 4º do Regulamento de Custas nos Processos de Arbitragem Tributária, até à data da prolação da decisão arbitral, e comunicar o respetivo pagamento ao CAAD.

O pagamento da taxa subsequente segue o mesmo procedimento prático do pagamento da taxa arbitral inicial, ao abrigo dos princípios da autonomia do Tribunal na condução do processo e em ordem a promover a celeridade, a simplicidade e a informalidade deste (artigos 19º, nº 2, e 29º, nº 2, do RJAT). De referir que o Código de Processo Civil[1] proíbe a prática de atos inúteis. Na opinião de José Lebre de Freitas trata-se de uma norma que se impõe a todos, juiz, secretaria e partes, visando proibir

[1] Cf. artigo 130º do Código de Processo Civil, anterior artigo 137º

os atos que apenas tenham o efeito de complicar o processo, impedindo-o de rapidamente chegar a seu termo[2].

33. Notificação da decisão arbitral

A decisão arbitral é notificada às partes após o pagamento da taxa arbitral subsequente.

Cumpre igualmente notar que, salvo decisão arbitral em sentido contrário, não será realizada qualquer reunião do Tribunal Arbitral para a leitura da decisão arbitral, referindo-se a data da prolação definida na primeira reunião do Tribunal Arbitral à data de assinatura da mesma pelo(s) árbitro(s).

34. Em caso de vencimento, como se processa o reembolso das custas ao Requerente?

O reembolso é feito oficiosamente pelo CAAD (cfr. artigos 12º nº 2 e 22º nº 4 do RJAT e 4º do Regulamento de Custas nos Processos de Arbitragem Tributária).

35. As decisões dos Tribunais Arbitrais são publicadas?

Sim. Todas as decisões arbitrais são publicadas no site oficial do CAAD, *in* www.caad.org.pt

36. Quem pode ser árbitro em matéria tributária?

Podem ser árbitros em matéria tributária todos os interessados que reúnam os requisitos estabelecidos no artigo 7º do Decreto-Lei nº 10/2011, de 20 de janeiro de 2011, e no Regulamento de Seleção de Árbitros.

Os interessados devem remeter ao CAAD, dentro do período de candidatura publicado no site do CAAD, o respetivo *curriculum vitae* e o formulário disponível *in* www.caad.org.pt , devidamente preenchido.

O Regulamento de Seleção de Árbitros em matéria tributária pode ser consultado *in* www.caad.org.pt

A lista de árbitros do CAAD encontra-se publicada *in www.caad.org.pt*

37. Como é elaborada a lista de árbitros em matéria tributária?

A lista de árbitros em matéria tributária é elaborada com base em consulta pública promovida pelo CAAD e publicada no respetivo site oficial (www.

[2] José Lebre de Freitas, *Código de Processo Civil Anotado*, I, p. 240

caad.org.pt). A consulta pública é dirigida à manifestação de interesse por parte de todas as pessoas que reúnam os requisitos estabelecidos no artigo 7º do RJAT e no artigo 2º do Código Deontológico do CAAD.

38. Qual o meio preferencial de contato com o CAAD?
O meio preferencial de contato do CAAD é via e-mail, para geral@caad.org.pt, ou por telefone para o 213189027.

39. Qual o horário de atendimento ao público do CAAD?
O horário de atendimento ao público do CAAD é das 9:30h às 17:00h, fechando à hora de almoço, entre as 13h e as 14h.

40. Onde se encontra disponível a Newsletter do CAAD?
A Newsletter do CAAD pode ser consultada *in* www.caad.org.pt.
Todos os interessados poderão receber a Newsletter do CAAD, bastando, para o efeito, manifestar o seu interesse via e-mail para geral@caad.org.pt.

TÂNIA CARVALHAIS PEREIRA

Capítulo III
Comentário ao Regime Jurídico da Arbitragem Tributária

A arbitragem em matéria tributária foi inovadoramente introduzida no ordenamento jurídico nacional pelo Decreto-Lei nº 10/2011, de 20 de janeiro de 2011, que aprovou o Regime Jurídico da Arbitragem Tributária (RJAT). Este novo regime veio prever um meio alternativo de resolução jurisdicional de conflitos em matéria tributária, estabelecendo-se, desde logo, no nº 2 do artigo 3º do RJAT, que os Tribunais Arbitrais, devem decidir de acordo com o direito constituído, estando-lhes expressamente vedado o recurso à equidade. Assim, e como refere Joaquim Freitas da Rocha, o "*controlo efetuado é um controlo exclusivamente de legalidade, não sendo admissível a fiscalização ou sindicância do mérito, conveniência ou oportunidade de concretas decisões tributárias*"[1].

A admissibilidade da arbitragem em direito público foi questionada, durante longo tempo, tendo por base uma interpretação restritiva do nº 3 do artigo 212º da Constituição da República Portuguesa (CRP), e do nº 2 do artigo 30º da Lei Geral Tributária (LGT), aprovada pelo Decreto-Lei nº 398/98, de 17 de dezembro de 1998, que prevê a indisponibilidade do crédito tributário.

[1] Joaquim Freitas da Rocha, "A desestadualização do direito tributário. Em particular, a privatização do procedimento e a arbitragem", *in A arbitragem Administrativa e Tributária*, Almedina, 2012, p. 112.

1. Enquadramento constitucional e legal da criação de tribunais arbitrais para decisões em matéria tributária

O artigo 209º, nº 2, da CRP prevê a possibilidade de criação de tribunais arbitrais, sem qualquer limitação relativamente às matérias que podem ser objeto de julgamento, pelo que a criação dos tribunais arbitrais previstos no RJAT tem suporte constitucional explícito.

O regime geral da arbitragem voluntária, ao tempo em que foi publicado o RJAT, constava da Lei nº 31/86, de 29 de agosto (com as alterações, a partir de 15-09-2003, nos artigos 11º e 12º, introduzidas pelo DL nº 38/2003, de 8 de março).

O DL nº 425/86, de 27 de dezembro, veio estabelecer que as entidades que, no âmbito da Lei nº 31/86, pretendam promover, com carácter institucionalizado, a realização de arbitragens voluntárias, devem requerer ao Ministro da Justiça autorização para a criação dos respetivos centros; e o artigo 187º do CPTA estabelece que o Estado pode autorizar a instalação de centros de arbitragem permanente destinados à composição de alguns dos litígios gerados no âmbito de relações jurídicas administrativas.

Pelo Despacho nº 5097/2009 do Secretário de Estado da Justiça, publicado no *Diário da República*, II Série, de 12-02-2009, foi autorizada a criação de um centro de arbitragem de âmbito nacional a funcionar sob a égide da Associação denominada CAAD – Centro de Arbitragem Administrativa, tendo como «*objetivo promover a resolução de litígios emergentes de contratos e de relações jurídicas de emprego público, desenvolvendo para o eleito as ações adequadas a tal fim, tais como manter o regular funcionamento do Tribunal Arbitral, prestar informações de carácter técnico e administrativo, promover o contacto entre as partes e eventuais contrainteressados e realizar as diligências necessárias à instrução dos processos*». Em 2010 os estatutos do CAAD foram alterados no sentido de assumir como objetivo a promoção da resolução de litígios em matéria fiscal.

Com o RJAT estabelece-se a arbitragem como meio alternativo de resolução jurisdicional de conflitos em matéria tributária, funcionando os tribunais arbitrais no referido Centro de Arbitragem Administrativa (artigo 4º, nº 2, deste diploma).

1.1. Legislação sobre garantias dos contribuintes

O artigo 165º, nº 1, alínea *i)*, da CRP estabelece que é da exclusiva competência da Assembleia da República legislar sobre o «*sistema fiscal*», tendo vindo a entender-se generalizadamente que nesta reserva esse incluem todas as matérias que referidas no artigo 103º, nº 2, da CRP, em que se estabelece que «*os impostos são criados por lei, que determina a incidência, a taxa, os benefícios fiscais e as garantias dos contribuintes*».[2]

A criação e implementação de meios de resolução contenciosa de conflitos emergentes das relações jurídicas tributárias engloba-se entre as «*garantias dos contribuintes*», pelo que, quando estiverem em causa atos relativos a impostos, o Governo só pode legislar ao abrigo de autorização legislativa e com subordinação a ela, como resulta do disposto nos artigos 112º, nº 2, 165º, nº 2, 198º, nº 1, alínea *b)*, da CRP.

Esta matéria da criação e implementação de meios de resolução contenciosa de conflitos emergentes das relações jurídicas tributárias engloba-se entre as «*garantias dos contribuintes*», que se insere na reserva relativa de competência legislativa da Assembleia da República [artigos 103º, nº 2, e 165º, nº 1, alínea *i)*, da CRP.

No caso do RJAT, a aprovação pelo Governo baseou-se na autorização legislativa concedida pelo artigo 124º da Lei nº 3-B/2010, de 28 de Abril, em que se estabelece como objetivo que o processo arbitral tributário constitua um meio processual alternativo ao processo de impugnação judicial e à ação para o reconhecimento de um direito ou interesse legítimo em matéria tributária.

2. Princípio da indisponibilidade dos créditos tributários

As maiores dúvidas de constitucionalidade tradicionalmente levantadas sobre a possibilidade de questões de direito tributário serem submetidas à

[2] Embora no artigo 165º, nº 1, alínea *i)*, da CRP, em que se define esta reserva, se faça referência à criação de impostos e sistema fiscal, esta norma deve ser integrada com o conteúdo do nº 2 do artigo 103º da mesma, em que se refere que a lei determina a incidência, a taxa, os benefícios fiscais e as garantias dos contribuintes, que constitui uma explicitação do âmbito das matérias incluídas naquela reserva, como vem sendo uniformemente entendido pelo Tribunal Constitucional. Neste sentido, podem ver-se os seguintes acórdãos do TC: nº 29/83, de 21-12-1983, BMJ nº 338, página 201; nº 48/84, de 31-05-1984, BMJ, nº 348, página 202; nº 290/86, de 29-10-1986, ATC 8º volume, página 421; nº 205/87, de 17-06-1987, ATC 9º volume, página 209; nº 461/87, de 16-12-1987, BMJ nº 372, página 180; nº 76/88, de 07-04-1988, BMJ nº 376, página 179; nº 321/89, de 29-03-1989, BMJ nº 385, página 265. O Tribunal Constitucional tem entendido que a reserva de competência legislativa da Assembleia da República compreende tudo o que seja matéria legislativa e não apenas as restrições de direitos (neste sentido, pode ver-se o acórdão nº 161/99, de 10-03-99, processo nº 813/98, BMJ nº 485, página 81).

jurisdição de tribunais arbitrais eram relativas à sua compatibilidade com o princípio da indisponibilidade dos créditos tributários.

O princípio da indisponibilidade dos créditos tributários não está explicitamente enunciado na Constituição, embora seja um corolário dos princípios da igualdade e da legalidade, que vinculam o legislador e toda a atividade da Administração Tributária (artigos 3º, nº 2, 13º e 266º, nº 2, da CRP).

Esse princípio está enunciado no artigo 30º, nº 2, da Lei Geral Tributária, em que se estabelece que «*o crédito tributário é indisponível, só podendo fixar-se condições para a sua redução ou extinção com respeito pelo princípio da igualdade e da legalidade tributária*»[3].

A própria redação desta norma, ao falar de «***redução***» e «***extinção***» do crédito tributário, sugere logo a interpretação de que se pretende aludir a créditos cuja existência esteja assente, pois, antes de se saber se os créditos existem, não há possibilidade prática de concretizar a sua redução ou extinção.

Mas, mesmo que se considere que o crédito tributário se forma com o facto tributário e existe independentemente da sua definição através de um ato de liquidação, que terá natureza meramente declarativa, é seguro, à face da globalidade do nosso ordenamento jurídico, que isso não é obstáculo a que sejam emitidos juízos sobre a existência e legalidade dos créditos tributários por parte de órgãos diferentes dos tribunais tributários estaduais.

Na verdade, a lei admite, desde sempre, a possibilidade de os atos de liquidação, que definem as dívidas tributárias, sejam praticados pela Administração Tributária, que pode determinar o seu conteúdo quantitativo ou mesmo abster-se de os praticar, o que não pode deixar de considerar-se compatível com o princípio da indisponibilidade dos créditos tributários, já que consubstancia a essência do nosso modelo de administração executiva. Não há mesmo viabilidade prática de os milhões de atos de liquidação que são praticados anualmente deixem de ser praticados pela Administração Tributária, sendo impensável que sejam órgãos jurisdicionais estaduais a pronunciarem-se sobre a legalidade de todos eles, pelo que, se o princípio da indisponibilidade dos créditos tributários contendesse com essa

[3] Este princípio foi reforçado pela Lei nº 55-A/2010, de 31 de dezembro (Orçamento do Estado para 2011), que aditou ao artigo 30º da LGT um nº 3, estabelecendo que «*o disposto no número anterior prevalece sobre qualquer legislação especial*».

possibilidade, então a única solução, ditada pelas inexoráveis leis da praticabilidade e do possível, seria abdicar do princípio da indisponibilidade.

Para além disso, sempre se tem admitido a possibilidade de a legalidade de atos de liquidação já praticados (isto é, créditos tributários já definidos) serem objeto de meios impugnatórios a apreciar pela própria Administração Tributária (reclamações graciosas, reclamação da fixação da matéria tributável, recursos hierárquicos e revisões e revogação na fase inicial do processo de impugnação judicial, nos termos do artigo 112º do Código de Procedimento e de Processo Tributário, doravante CPPT), podendo deles resultar a anulação total ou parcial dos créditos cuja existência tinha sido previamente declarada, o que tem ínsito que esses poderes não contendem com o princípio da indisponibilidade.

Assim, numa interpretação holística, que tenha em mente a globalidade do nosso sistema de administração executiva no âmbito das relações jurídicas tributárias, o princípio da indisponibilidade dos créditos tributários só poderá reportar-se a ***créditos consolidados***, cuja existência esteja assente, depois de esgotados os meios normais de impugnação: até aí não haverá a certeza de haver direitos de crédito e, por isso, os atos que declaram a eliminação jurídica dos atos que definiram créditos tributários não implicam redução ou extinção desses créditos cuja existência na ordem jurídica ainda não está assente.

É esta, aliás, a interpretação mais razoável e que, por força do artigo 9º, nº 3 do Código Civil, deve entender-se ter sido legislativamente adotada.

Na verdade, a interpretação jurídica é indissociável de uma margem de ***incerteza***, designadamente em zonas limites (âmbito de normas de incidência, benefícios fiscais). Para além de ser subjetiva a avaliação da prova de que depende a declaração de créditos tributários.

O próprio conceito de legalidade é enformado por várias normas integrantes de um bloco em que interferem múltiplos fatores, entre os quais a justiça (cuja observância é imposta à Administração, no exercício das suas funções, pelo artigo 266º, nº 2, da CRP), ocorrendo situações em que esses vários fatores se entrechocam e se impõe optar por um deles em detrimento dos outros[4], o que, muitas vezes, torna maleável a existência de créditos tributários, com a correlativa nebulosidade da respetiva disponibilidade.

[4] Sobre este ponto, pode ver-se Diogo Leite de Campos, Benjamim Silva Rodrigues e Jorge Lopes de Sousa, *Lei Geral Tributária Comentada e Anotada*, 4ª edição, Encontro da

É por ainda não haver a certeza jurídica da existência de um crédito tributário e a apreciação da sua existência não contender com o princípio da indisponibilidade que se pode entender a possibilidade de ***revogação dos atos tributários*** (anulação administrativa) não só em impugnação administrativa, mas também na fase inicial do processo judicial (artigo 112º CPPT). A Administração Tributária deve atuar com observância do princípio da legalidade (artigos 266º, nº 2, da CRP e 55º da LGT), devendo anular (revogação anulatória) os atos cuja ilegalidade detetar e, por isso, o cumprimento deste dever legal não pode simultaneamente constituir uma atuação proibida pelo princípio da indisponibilidade dos créditos tributários.

É também a restrição do alcance do princípio da indisponibilidade a créditos tributários consolidados que explica a possibilidade de ***suspensão da execução fiscal***, nos casos de impugnação administrativa ou judicial (artigos 52º da LGT e 169º CPPT), mesmo que não seja prestada garantia (que pode ser dispensada nos termos dos artigos 52º, nº 4, da LGT e 170º do CPPT), pois, a não ser assim, a dilação da execução, o diferimento da cobrança que a suspensão consubstancia também seria uma forma mitigada de disponibilidade.

É também por não existir ainda um crédito da Administração Tributária sobre o contribuinte consolidado que não se permite a ***compensação*** enquanto houver discussão da legalidade da liquidação da dívida, como o Supremo Tribunal Administrativo vinha entendendo e hoje está consagrado no artigo 89º do CPPT: não há compensação enquanto estiver a decorrer prazo para interposição de reclamação graciosa, recurso hierárquico, impugnação judicial, recurso judicial ou oposição à execução.

Para além disso, é atribuído também à Administração Tributária, através da sua intervenção nos processos judiciais tributários, o poder de decidir se deve ou não interpor recurso de uma decisão judicial desfavorável, isto é, o poder de optar entre abdicar definitivamente da sua cobrança ou adotar o comportamento potencialmente adequado a procurar efetivá-la.

Escrita Editora, páginas 449-456. A jurisprudência do Supremo Tribunal Administrativo tem vindo a aceitar a limitação da estrita legalidade decorrente de normas tributárias específicas pelo princípio da justiça, como pode ver-se pelos acórdãos de 05-02-2003, processo nº 1648/02, AP-DR de 25-03-2004, página 217; de 02-04-2008, processo nº 807/07; de 25-06-2008, processo nº 291/08, de 28-10-2009, processo nº 477/09; de 19-05-2010, processo nº 214/07.

Assim, numa interpretação que tenha em mente a globalidade do regime procedimental e processual e a coerência valorativa exigida pelo princípio a unidade da ordem jurídica (artigo 9º, nº 1, do Código Civil), será de concluir que aquela regra da indisponibilidade só valerá em relação a créditos já (presumivelmente) consolidados, por não ser possível a discussão da sua legalidade nos prazos normais em que pode ser discutida. Até ao momento em que se puder afirmar essa consolidação, a Administração Tributária não será titular de um crédito, mas de uma expectativa de o ter, que permite utilizar vários poderes procedimentais e processuais tendentes à materialização do conteúdo do ato de liquidação, mas não obsta à possibilidade de apreciação da sua legalidade, com correlativo abandono dessa expectativa no caso de esta apreciação se vir a traduzir numa resposta negativa.

E mesmo quanto a créditos consolidados, será viável, por ser imperativo do princípio da legalidade, a revisão do ato tributário, fora dos prazos normais de impugnação, como se admite no artigo 78º da LGT, que concretiza os termos do dever de a Administração Tributária revogar atos ilegais, que é corolário dos princípios da justiça, da igualdade e da legalidade, que impõem que sejam oficiosamente corrigidos todos os erros das liquidações que tenham conduzido à arrecadação de tributo em montante superior ao que seria devido à face da lei[5].

Ao reconhecer razão ao contribuinte num procedimento de revisão do ato tributário, a Administração Tributária, ao eliminar juridicamente o crédito já consolidado, por falta de impugnação tempestiva, não está a violar o princípio da indisponibilidade dos créditos tributários porque a revisão é ditada precisamente pelos princípios da legalidade e da igualdade de aquele princípio é emanação.

Por outro lado, estas possibilidades de revogação e revisão dos atos de liquidação por via administrativa mostram que não há um monopólio dos tribunais estaduais em matéria de resolução de litígios ou superação de divergências entre o contribuinte e a Administração.

Sendo assim, não existirão obstáculos a que litígios que poderiam ser submetidos aos tribunais tributários deixem de o ser, para serem submetidos à apreciação de tribunais arbitrais: ***serão apenas mais alguns*** litígios que não são submetidos à apreciação dos tribunais tributários estaduais.

[5] Neste sentido, pode ver-se o acórdão do STA de 11-05-2005, proferido no recurso nº 319/05.

Se não implica violação do princípio da indisponibilidade a atribuição a ***entidades não jurisdicionais*** do poder para liquidar ou deixar de liquidar créditos tributários e para decidir se os atos que os definem devem ou não ser eliminados juridicamente, não se vislumbra porque é que há-de implicar violação de tal princípio a atribuição de idênticos poderes a uma ***entidade jurisdicional***, como é um Tribunal Arbitral, se até se está perante um meio para minorar o défice da concretização dos deveres estaduais de manter em funcionamento um sistema eficaz de resolução judicial atempada de litígios.

Por outro lado, não se pode olvidar que «os tribunais arbitrais decidem de acordo com o direito constituído, sendo vedado o recurso à equidade» (artigo 2º, nº 2, do RJAT), pelo que não é atribuído aos tribunais arbitrais qualquer poder de disposição no âmbito das relações jurídicas tributárias e a observância das limitações aos seus poderes de cognição é controlável pelos tribunais estaduais, através da possibilidade de impugnação das suas decisões com fundamento em «*pronúncia indevida*», nos termos dos artigos 27º e 28º, nº 1, alínea *c)*, do RJAT.

Assim, o princípio da indisponibilidade dos créditos tributários não é obstáculo, nem tem relação com a admissibilidade da resolução de litígios tributários por órgãos diferentes dos tribunais tributários estaduais.

3. Admissibilidade constitucional e conveniência da criação de tribunais arbitrais para resolução jurisdicional de conflitos em matéria tributária

Tem sido controvertida na doutrina a natureza dos tribunais arbitrais, designadamente tem-se colocado a questão de saber se tem ou não a natureza de órgãos de soberania que é reconhecida aos tribunais estaduais pelo artigo 110º, nº 1, da CRP.[6]

Os tribunais arbitrais previstos no RJAT funcionam no CAAD (artigo 4º, nº 2, do RJAT), entidade criada por impulso do Ministério da Justiça

[6] No sentido de os tribunais arbitrais não serem tribunais em sentido próprio, por não serem órgãos do Estado, pronunciavam-se J. J. Gomes Canotilho e Vital Moreira, *Constituição da República Portuguesa Anotada*, de 3ª edição, página 791. No entanto, esta posição deixou de ser defendida na 4ª edição da mesma obra. Jorge Miranda, *Manual de Direito Constitucional*, Tomo IV, 4ª edição, página 326, defende que ao Direito constitucional português é estranho um princípio do «*monopólio estadual da função jurisdicional*» ou da exclusividade da «*justiça pública*» e que os tribunais arbitrais seguem o regime dos tribunais judiciais, a ponto de se poder sustentar «*uma verdadeira assimilação material*» entre uns e outros.

e que funciona sob a sua monitorização através da Direção Geral de Política de Justiça, mas reveste natureza associativa privada, pelo que não se trata de órgãos estaduais.

De qualquer modo, resulta do teor explícito do artigo 1º do RJAT que estes tribunais arbitrais são um «*meio alternativo de resolução jurisdicional de conflitos em matéria tributária*», pelo que a sua atividade é ***de natureza jurisdicional***.[7]

É ao Estado que compete definir legislativamente os órgãos que considera adequados para exercer funções jurisdicionais, podendo constitucionalmente atribuir essas funções a tribunais arbitrais sem qualquer limitação (artigo 209º, nº 2, da CRP), pelo que não há qualquer obstáculo a que, no exercício da sua discricionariedade legislativa, atribua funções jurisdicionais a tribunais arbitrais, cuja constituição regula.

Por outro lado, não pode deixar de ter-se em conta que o Estado tem o dever de assegurar a tutela ***judicial*** efetiva dos direitos e interesses legalmente protegidos dos cidadãos, dever que lhe é constitucionalmente imposto (artigos 20º, nº 1, e 268º, nº 4, CRP).

É imperativo básico essencial de um Estado de Direito a implementação de meios eficazes de resolução jurisdicional de conflitos, inclusivamente aqueles que se geram entre entidades públicas e os cidadãos.

Se o Estado não consegue proporcionar através dos seus tribunais tributários oferta que satisfaça a procura, tendo em conta que a «*decisão em prazo razoável*» é indissociável de tal tutela (artigo 20º, nº 4, da CRP) e estão legalmente definidos os prazos adequados à satisfação desse objetivo (artigo 96º, nºs 2 e 3, do CPPT), ao menos exigir-se-lhe-á que não entrave a possibilidade de ser obtida tutela jurisdicional pelo meio alternativo que constituem os tribunais arbitrais.

Por outro lado, os princípios da igualdade e da legalidade que fundamentam o princípio da indisponibilidade dos créditos tributários não são princípios absolutos. Por isso, as dúvidas sobre a possibilidade de intervenção dos tribunais arbitrais para resolução de litígios em matéria tributária só podem justificar-se se houver dúvidas sobre a forma como estes

[7] A atividade dos tribunais arbitrais não estaduais foi qualificada como jurisdicional pelo acórdão do TC nº 230/86, de 08-07-1986, publicado no *Diário da República*, I Série, de 12-09-1986 e em ATC, 8º volume, páginas 115 e seguintes: «*O tribunal arbitral voluntário é um órgão que, embora formado caso a caso, se constitui precisamente para exercer a função jurisdicional, para em suma praticar atos jurisdicionais para que tiver sido solicitado dentro dos quadros da convenção de arbitragem*».

atuam, designadamente a nível da independência e imparcialidade dos árbitros ou da sua competência para desempenharem adequadamente a função de julgar.

O que, naturalmente, recoloca a questão a outro nível, que já não é o da admissibilidade constitucional de tribunais arbitrais em matéria tributária, mas sim a de saber se a forma como foram implementados pelo RJAT compatibiliza convenientemente os valores constitucionais em confronto, designadamente o valor da celeridade, inerente à tutela judicial efetiva, e o da concretização dos princípios da igualdade e da legalidade, no pressuposto de que a otimização de valores constitucionais conflituantes é a forma adequada de resolução dos conflitos que se possam suscitar entre eles.

Em última análise, serão relevantes para aferir da compatibilidade constitucional destes tribunais arbitrais previstos no RJAT as respostas às questões de saber se estão reunidas as condições para estes tribunais arbitrais desempenharem com imparcialidade a função de julgar (isto é, ao fim e ao cabo, se são mesmo «***tribunais***»), e se os meios de controle das suas decisões compatibilizam adequadamente o interesse da celeridade, inerente à tutela judicial efetiva, com o da garantia da correção de erros da suas decisões, exigida pelos princípios da igualdade e da legalidade.

O Estatuto dos Tribunais Administrativos e Fiscais, na redação que lhe foi dada pelo Decreto-Lei nº 214-G/2015, de 2 de outubro, após cerca de quatro anos de funcionamento dos tribunais arbitrais que funcionam no CAAD, veio atribuir ao Conselho Superior dos Tribunais Administrativos e Fiscais competência para «nomear, de entre juízes jubilados que tenham exercido funções nos tribunais superiores da jurisdição administrativa e fiscal, o presidente do órgão deontológico no âmbito da arbitragem administrativa e tributária sob a organização do Centro de Arbitragem Administrativa», o que tem ínsito um reconhecimento legislativo de que aqueles tribunais arbitrais satisfazem os requisitos essenciais dos tribunais.

No mesmo sentido, o TJUE, na sequência do Acórdão Ascendi, de 12-06-2014, proferido no processo nº C-377/13, vem entendendo que os tribunais arbitrais que funcionam no CAAD satisfazem os requisitos dos órgãos jurisdicionais, designadamente «a origem legal do organismo, a sua permanência, o caráter vinculativo da sua jurisdição, a natureza contraditória do processo, a aplicação, pelo organismo, das regras de direito, bem como a sua independência».

Naquele acórdão do TJUE refere-se o seguinte:

"24 – No processo principal, resulta das indicações fornecidas na decisão de reenvio que os tribunais arbitrais em matéria tributária têm origem legal. Os tribunais arbitrais constam, com efeito, da lista dos órgãos jurisdicionais nacionais, no artigo 209º da Constituição da República Portuguesa. Por outro lado, o artigo 1º do Decreto-Lei nº 10/2011, de 20 de janeiro, que aprovou o Regime Jurídico da Arbitragem Tributária, dispõe que a arbitragem fiscal constitui um meio alternativo de resolução jurisdicional de conflitos em matéria tributária, e o artigo 2º desse decreto-lei atribui competência geral aos tribunais arbitrais em matéria tributária, para apreciar a legalidade da liquidação de qualquer imposto.

25 – Por outro lado, enquanto elemento do sistema de resolução jurisdicional de conflitos no domínio fiscal, os tribunais arbitrais em matéria tributária satisfazem a exigência de permanência.

26 – Com efeito, como salientou o advogado-geral no nº 37 das suas conclusões, embora a composição das formações de julgamento do Tribunal Arbitral Tributário seja efémera e a sua atividade termine após decidirem, não é menos verdade que, no seu todo, o Tribunal Arbitral Tributário apresenta caráter permanente, enquanto elemento do referido sistema.

27 – Quanto ao caráter vinculativo do órgão jurisdicional, há que recordar que este elemento não está presente no âmbito da arbitragem convencional, uma vez que não há nenhuma obrigação, nem de direito nem de facto, de as partes contratantes confiarem os seus diferendos à arbitragem e que as autoridades públicas do Estado-Membro em causa não participam na escolha da via da arbitragem nem são chamadas a intervir oficiosamente no decorrer do processo perante o árbitro (acórdão Denuit e Cordenier, C-125/04, EU:C:2005:69, nº 13 e jurisprudência referida, e despacho Merck Canada, C-555/13, EU:C:2014:92, nº 17).

28 – Em contrapartida, o Tribunal de Justiça já reconheceu a admissibilidade de questões prejudiciais que lhe tinham sido submetidas por um Tribunal Arbitral de origem legal, cujas decisões eram vinculativas para as partes e cuja competência não dependia do acordo destas (despacho Merck Canada, EU:C:2014:92, nº 18 e jurisprudência referida).

29 – Ora, como salientou o advogado-geral nos nºs 28 e 40 das suas conclusões, o Tribunal Arbitral Tributário, cujas decisões são vinculativas para as partes nos termos do artigo 24º, nº 1, do Decreto-Lei nº 10/2011, distingue-se de um órgão jurisdicional arbitral em sentido estrito. Com efeito, a sua competência resulta diretamente das disposições do Decreto-Lei nº 10/2011, não estando por isso sujeita à expressão prévia da vontade das partes de submeterem o seu dife-

rendo à arbitragem (v., por analogia, acórdão Danfoss, 109/88, EU:C:1989:383, nº 7). Assim, quando o contribuinte recorrente submete o seu diferendo à arbitragem fiscal, a jurisdição do Tribunal Arbitral Tributário tem, nos termos do artigo 4º, nº 1, do Decreto-Lei nº 10/2011, caráter vinculativo para a autoridade tributária e aduaneira.

30 – A natureza contraditória do processo nos tribunais arbitrais em matéria tributária é, por sua vez, garantida pelos artigos 16º e 28º do Decreto-Lei nº 10/2011. Por outro lado, nos termos do artigo 2º, nº 2, do mesmo, os tribunais arbitrais em matéria tributária «decidem de acordo com o direito constituído, sendo vedado o recurso à equidade».

31 – No que respeita à independência dos tribunais arbitrais em matéria tributária, resulta, por um lado, da decisão de reenvio que os árbitros que constituem o Tribunal Arbitral Tributário ao qual foi submetido o litígio no processo principal foram designados, nos termos do artigo 6º do Decreto-Lei nº 10/2011, pelo Conselho Deontológico do Centro de Arbitragem Administrativa, de entre os árbitros que figuram na lista elaborada por essa instituição.

32 – Por outro lado, o artigo 9º do Decreto-Lei nº 10/2011 prevê que os árbitros estão sujeitos aos princípios da imparcialidade e da independência. Além disso, o artigo 8º, nº 1, desse decreto-lei prevê, como caso de impedimento do exercício da função de árbitro, a existência de qualquer ligação familiar ou profissional entre o árbitro e uma das partes no litígio. Garante-se assim que o Tribunal Arbitral em causa tem a qualidade de terceiro em relação à autoridade que adotou a decisão objeto de recurso (v. acórdão RTL Belgium, C-517/09, EU:C:2010:821, nº 38 e jurisprudência referida, e despacho Devillers, C-167/13, EU:C:2013:804, nº 15).

33 – Por fim, como resulta do artigo 1º do Decreto-Lei nº 10/2011, os tribunais arbitrais em matéria tributária pronunciam-se no âmbito de um processo que conduz a uma decisão de caráter jurisdicional.

34 – Resulta das considerações expostas que o organismo de reenvio apresenta todos os elementos necessários para ser qualificado de órgão jurisdicional de um Estado-Membro para efeitos do artigo 267º TFUE".

Há, assim, um reconhecimento legislativo e jurisprudencial de que os tribunais arbitrais que funcionam no CAAD satisfazem os requisitos exigidos para serem considerados órgãos adequados ao exercício de funções de natureza jurisdicional.

4. Âmbito da competência dos tribunais arbitrais tributários

Indicam-se no nº 1 do artigo 2º do RJAT os tipos de pretensões que podem ser apreciadas por tribunais arbitrais em matéria tributária.

Com a redação dada a esta norma pela Lei nº 64-B/2011, de 30 de dezembro, a competência dos tribunais arbitrais que funcionam no CAAD foi restringida, abrangendo:

a) A declaração de ilegalidade de atos de liquidação de tributos, de autoliquidação, de retenção na fonte e de pagamento por conta;

b) A declaração de ilegalidade de atos de fixação da matéria tributável quando não dê origem à liquidação de qualquer tributo, de atos de determinação da matéria coletável e de atos de fixação de valores patrimoniais.

Pela comparação dos tipos de pretensões indicados com as listas de pedidos cuja apreciação cabe aos tribunais tributários, que consta dos artigos 49º e 49º-A do ETAF, 101º da LGT e 97º, nº 1, do CPPT, constata-se que apenas relativamente a uma parcela, relacionada com a legalidade de atos de liquidação e atos que fixam a matéria tributável, foi aberta a possibilidade de intervenção de tribunais arbitrais.

Por outro lado, a inovação introduzida na alínea *c)* do nº 1 deste artigo, traduzida na impugnabilidade autónoma de atos preparatórios em termos mais latos que os previstos no CPPT[8], foi eliminada pela Lei nº 64-B/2011, de 31 de Dezembro, não chegando tal possibilidade a ter expressão prática, segundo se depreende da jurisprudência conhecida dos tribunais arbitrais tributários.

Ficam, assim, fora da competência destes tribunais arbitrais a apreciação de litígios gerados em processos de execução fiscal ou em processos contraordenacionais tributários.

Mas, mesmo relativamente à impugnação de atos praticados no âmbito de procedimentos tributários, a competência destes tribunais arbitrais restringe-se à atividade conexionada com atos de liquidação de tributos, ficando fora da sua competência a apreciação da legalidade de atos administrativos de indeferimento total ou parcial ou da revogação de isenções

[8] No artigo 54º do CPPT consagra-se o princípio da impugnação unitária, que só é afastado quando os atos interlocutórios forem imediatamente lesivos dos direitos do contribuinte ou exista disposição expressa em sentido diferente.

ou outros benefícios fiscais, quando dependentes de reconhecimento da Administração Tributária, bem como de outros atos administrativos relativos a questões tributárias que não comportem apreciação da legalidade do ato de liquidação, a que se refere a alínea *p)* do nº 1 do artigo 97º do CPPT, bem como dos atos de agravamento à coleta, de apreensão e de adoção de providências cautelares pela Administração Tributária, a que se reportam o mesmo artigo 97º, nº 1, na sua alínea *e)* e os artigos. 143º e 144º do mesmo Código.

Também o reconhecimento de direitos e interesses legítimos em matéria tributária, fora dos casos em que possa estar subjacente à declaração de legalidade de atos ou apreciação das questões indicadas no nº 1 do artigo 2º do RJAT, está fora da competência dos tribunais arbitrais.

Assim, quanto ao âmbito das matérias cujo conhecimento pode ser submetido à apreciação dos tribunais arbitrais, o RJAT ficou aquém da autorização legislativa em que se baseou, concedida pelo artigo 124º da Lei nº 3-B/2010, de 28 de abril, em que se indica que o processo arbitral tributário devia constituir um meio processual alternativo não só ao processo de impugnação judicial, mas também à ação para o reconhecimento de um direito ou interesse legítimo em matéria tributária [nºs 2 e 4, alíneas *a)* e *b)*, daquele artigo].

É de notar, porém, que desde que as questões de legalidade, inclusivamente atinentes a benefícios fiscais, se repercutam num ato dos tipos indicados no artigo 2º, nº 1, do RJAT, não haverá obstáculo a que os tribunais arbitrais que funcionam no CAAD as apreciem, pois a competência é definida pelo tipo de ato impugnado e abrange todas as questões de legalidade que sejam relevantes declarar ou não a sua ilegalidade.

Por outro lado, a restrição das competências dos tribunais arbitrais que funcionam no CAAD à declaração de ilegalidade de atos, tem como corolário que os seus poderes de cognição sejam limitados aos que os tribunais tributários podem exercer no processo de impugnação judicial (a que o processo arbitral é alternativa, nos termos do artigo 124º, nº 2, da Lei nº 3-B/2010, de 28 de Abril), que se tem entendido que abrangem a declaração de ilegalidade de atos (artigo 124º do CPPT) e fixação de juros indemnizatórios (artigo 43º da LGT) e indemnizações por garantia indevida (artigo 171º do CPPT), mas não incluem as que nos tribunais tributários podem ser exercidas em processos de execução de julgados e em ação para reconhecimento de direito ou interesse legítimo. O artigo 24º, nº 1, do RJAT corrobora este entendimento, ao impor à administração tributária a prática dos atos em que se deve traduzir a execução de julgado, cuja definição não se enquadra no âmbito do contencioso de legalidade definido no artigo 2º do RJAT e no âmbito do processo de impugnação judicial.

Para além disso, a competência dos tribunais arbitrais que funcionam no CAAD foi também limitada, em segunda linha, pelos termos em que Administração Tributária se vinculou àquela jurisdição, concretizados na Portaria nº 112-A/2011, de 22 de março, pois o artigo 4º do RJAT estabelece que «*a vinculação da Administração Tributária à jurisdição dos tribunais constituídos nos termos da presente lei depende de portaria dos membros do Governo responsáveis pelas áreas das finanças e da justiça, que estabelece, designadamente, o tipo e o valor máximo dos litígios abrangidos*».

Em face desta segunda limitação da competência dos tribunais arbitrais que funcionam no CAAD, a resolução da questão da competência depende essencialmente dos termos desta vinculação, pois, mesmo que se esteja perante uma situação enquadrável no artigo 2º do RJAT, se ela não estiver abrangida pela vinculação, estará afastada a possibilidade de o litígio ser jurisdicionalmente decidido por um daqueles tribunais.

Em síntese, e de acordo com os dispositivos legais acima referidos, a competência dos Tribunais Arbitrais compreende a apreciação de pretensões relativas à declaração de ilegalidade:

(a) De atos de liquidação de tributos cuja administração seja cometida à Autoridade Tributária e Aduaneira (AT) (alínea *a)* do nº 1 do artigo 2º do RJAT, e corpo do artigo 2º e nº 1 do artigo 3º, ambos da Portaria nº 112-A/2011, de 22 de março de 2011);
(b) De atos de autoliquidação, retenção na fonte e pagamento por conta de tributos cuja administração seja cometida à AT, desde que tenham sido precedidos de recurso à via administrativa prévia necessária, prevista nos termos dos artigos 131º a 133º do Código de Procedimento e de Processo Tributário (CPPT)[9] (alínea *a)* do nº 1

[9] Nestes casos a abertura da via judicial depende do recurso à via graciosa prévia necessária. A jurisprudência arbitral tem considerado que a apresentação de pedido de revisão do acto tributário satisfaz a exigência de recurso à via administrativa prévia, para efeito da alínea *a)* do artigo 2º da Portaria nº 112-A/2011, de 22 de Março. Neste sentido pronunciou-se também o Tribunal Central Administrativo Sul no acórdão de 27-04-2017, proferido no processo nº 08599/15.

do artigo 2º do RJAT, e corpo e alínea *a)* do artigo 2º e nº 1 do artigo 3º, ambos da Portaria nº 112-A/2011, de 22 de março de 2011);

(c) De atos de fixação da matéria tributável sem recurso a métodos indiretos, quando não dê origem à liquidação de qualquer tributo (alínea *b)* do nº 1 do artigo 2º do RJAT, e alínea *b)* do artigo 2º, *a contrario*, da Portaria nº 112-A/2011, de 22 de março de 2011);

(d) De atos de determinação da matéria coletável de imposto cuja administração seja cometida à AT, sem recurso a métodos indiretos (alínea *b)* do nº 1 do artigo 2º do RJAT, e alínea *b)* do artigo 2º, *a contrario*, da Portaria nº 112-A/2011, de 22 de março);

(e) De atos de fixação de valores patrimoniais, para efeitos de imposto, cuja administração seja cometida à AT (alínea *b)* do nº 1 do artigo 2º do RJAT, e corpo do artigo 2º da Portaria nº 112-A/2011, de 22 de março);

(f) De atos de liquidação de direitos aduaneiros e encargos de efeito equivalente[10] sobre exportação de mercadorias (alínea *a)* do nº 1 do artigo 2º do RJAT, alínea *c)* do artigo 2º, *a contrario*, da Portaria nº 112-A/2011, de 22 de março, primeiro travessão do nº 11 do artigo 4º, e artigos 161º, 162º e 211º, todos do Código Aduaneiro Comunitário, aprovado pelo Regulamento (CEE) nº 2913/92, do Conselho, de 12 de outubro de 1992);

(g) As pretensões relativas a imposições à exportação instituídas no âmbito da política agrícola comum (PAC) ou no âmbito de regimes específicos aplicáveis a determinadas mercadorias resultantes de transformação de produtos agrícolas (alínea *a)* do nº 1 do artigo 2º do RJAT, segundo travessão do nº 11 do artigo 4º Código Aduaneiro Comunitário); e

[10] O que entender por "encargos de efeito equivalente" foi objeto de apreciação pelo Tribunal de Justiça da União Europeia em várias ocasiões, tendo fixado jurisprudência no sentido de se entender por encargo de efeito equivalente qualquer "*encargo pecuniário, ainda que mínimo, unilateralmente imposto, independentemente da sua designação e da sua técnica, e que incide sobre as mercadorias nacionais ou estrangeiras pelo facto de atravessarem a fronteira, quando não é um direito aduaneiro propriamente dito constitui um encargo de efeito equivalente, na aceção do artigo 23º CE (v. acórdãos de 9 de Novembro de 1983, Comissão/Dinamarca, 158/82, Recueil, p. 3573, nº 18; Legros e o., já referido, nº 13; de 22 de Junho de 1994, Deutsches Milch-Kontor, C-426/92, Colect., p. I-2757, nº 50; de 14 de Setembro de 1995, Simitzi, C-485/93 e C-486/93, Colect., p. I-2655, nº 15, e de 17 de Setembro de 1997, UCAL, C-347/95, Colect., p. I-4911, nº 18)*" (cfr. ponto 20 do Ac. do TJUE de 09-09-2004, processo C- 72/03).

(h) De atos de liquidação de imposto sobre o valor acrescentado (IVA), impostos especiais sobre o consumo (IEC'S) e outros impostos indiretos sobre mercadorias que não sejam sujeitas a direitos de importação (alínea *a)* do nº 1 do artigo 2º do RJAT, e alínea *d)* do artigo 2º, *a contrario*, da Portaria nº 112-A/2011, de 22 de março de 2011).

Em qualquer caso, a competência dos Tribunais Arbitrais em matéria tributária está limitada a litígios cujo valor não ultrapasse os € 10.000.000,00. A determinação do valor do litígio deve ser feita, *mutatis mutandis*, de acordo com o disposto no artigo 97-A aditado ao CPPT[11] pelo Decreto-Lei nº 34/2008, de 26 de fevereiro de 2008. Nos termos do normativo em apreço, o valor da causa varia consoante a pretensão do autor. Assim, quando estiver em causa a declaração de ilegalidade da liquidação, o valor da causa corresponderá à importância cuja anulação se pretende. Estando em causa a declaração de ilegalidade do ato de fixação da matéria coletável ou a declaração de ilegalidade do ato de fixação dos valores patrimoniais, o valor da causa será o valor contestado. Sempre que não seja possível a fixação do valor da causa de acordo com as opções referidas, o nº 2 artigo 97º-A do CPPT prevê que o valor seja "*fixado pelo juiz, tendo em conta a complexidade do processo e a condição económica do impugnante, tendo como limite máximo o valor da alçada da 1ª instância dos tribunais judiciais*". De notar, neste âmbito que, em sede arbitral deve sempre ser indicado o valor da utilidade económica do pedido, ainda que provisório, em conformidade com o disposto na alínea *e)* do nº 2 do artigo 10º do RJAT.

De acordo com o disposto no nºs 1 e 2 do artigo 2º do Decreto-Lei nº 118/2011, de 15 de dezembro de 2011, que aprovou a respetiva lei orgânica, e que determinou a fusão entre a Direção Geral de Contribuições e Impostos (DGCI) e a Direção Geral das Alfândegas e dos Impostos Especiais sobre o Consumo (DGAIEC), a AT tem por missão administrar os direitos aduaneiros, os impostos sobre o rendimento, os impostos sobre o património e os impostos sobre o consumo, assim como os demais tributos que lhe sejam legalmente atribuídos, como sejam as contribuições especiais.

Na versão originária do Decreto-Lei nº 10/2011, de 20 de janeiro de 2011, previa-se, ainda, a competência dos Tribunais Arbitrais para a apreciação

[11] Subsidiariamente aplicável de acordo com o disposto no artigo 29º nº 1 alínea *a)* do Decreto-Lei nº 10/2011, de 20 de janeiro de 2011.

de qualquer pretensão de facto ou de direito relativa ao projeto de decisão de liquidação, sempre que a lei não assegurasse a faculdade de deduzir a pretensão de declaração de ilegalidade de atos de determinação da matéria tributável e de atos de fixação de valores patrimoniais (alínea *c)* do nº 1 do artigo 2º do RJAT). Em conformidade com o disposto na alínea *a)* do artigo 14º do RJAT, os pedidos de constituição do Tribunal Arbitral apresentados com vista à apreciação de qualquer pretensão de facto ou de direito, relativa ao projeto de decisão de liquidação, nos termos acima referidos, e à declaração de ilegalidade de atos de determinação da matéria tributável e de atos de fixação de valores patrimoniais produziam, *ope legis*, o efeito suspensivo da liquidação das prestações tributárias correspondentes às questões suscitadas quanto à parte controvertida. Esta era uma norma inovadora, sem paralelo no ordenamento jurídico-tributário nacional, em que a regra geral é a do efeito meramente devolutivo da impugnação judicial dos atos tributários. Neste caso ficariam igualmente suspensos os prazos de caducidade do direito à liquidação e de prescrição da prestação tributária, até à data da comunicação da decisão arbitral, exceto no caso de recurso interposto pelo sujeito passivo (alínea *b)* do artigo 14º do RJAT). A alínea *c)* do nº 1 do artigo 2º e o artigo 14º do RJAT acabaram por ser expressamente revogados pela LOE 2012.

Deve referir-se, no entanto, que é questionável a constitucionalidade da limitação da competência efetuada pela Portaria nº 112-A/2011, de 22 de março. Na verdade, no artigo 4º do RJAT estabeleceu-se, na redação inicial, que «*a vinculação da administração tributária à jurisdição dos tribunais constituídos nos termos da presente lei depende de portaria dos membros do Governo responsáveis pelas áreas das finanças e da justiça*», não se permitindo que fosse efetuada, por via desta portaria, qualquer delimitação do âmbito da jurisdição, definido no artigo 2º do RJAT. Da vinculação, sendo admissível, poderá depender o início e a cessação da possibilidade de os contribuintes demandarem a Autoridade Tributária e Aduaneira nos tribunais arbitrais, mas não a definição das competências destes tribunais.

É certo que, já depois de a Portaria nº 112-A/2011 ter sido emitida, a Lei nº 64-B/2011, de 30 de Dezembro, veio alterar o artigo 4º do RJAT, que passou a estatuir que «*a vinculação da administração tributária à jurisdição dos tribunais constituídos nos termos da presente lei depende de portaria dos membros do Governo responsáveis pelas áreas das finanças e da justiça, que estabelece, designadamente, o tipo e o valor máximo dos litígios abrangidos*». No entanto, tendo a Portaria sido emitida ao abrigo da redação inicial do referido artigo 4º do RJAT, a validade dos atos jurídicos é apreciada à face da lei vigente no momento em que eles são praticados, como decorre do nº 2 do artigo 12º do Código Civil (*tempus regit actum*).

Por outro lado, por força do disposto no artigo 112º, nº 5, da CRP, «*nenhuma lei pode criar outras categorias de actos legislativos ou conferir a actos de outra natureza o poder de, com eficácia externa, interpretar, integrar, modificar, suspender ou revogar qualquer dos seus preceitos*». Por isso, o artigo 4º, nº 1, do RJAT, em qualquer das redações, interpretado como permitindo aos Ministros da Justiça e das Finanças, através da vinculação, redefinirem, através de ato de natureza regulamentar, o âmbito da jurisdição arbitral tributária será materialmente inconstitucional, por violação deste princípio da hierarquia das fontes normativas, que se consagra neste artigo 112º, nº 5, da CRP. Por seu turno, a Portaria nº 112-A/2011, interpretada como restringindo as competências dos tribunais arbitrais em relação ao que decorre do artigo 2º do RJAT e da Lei de autorização legislativa em que este se baseou, para além de ser também materialmente inconstitucional por violação do referido artigo 112º, nº 5, será organicamente inconstitucional, na parte em que excede a vinculação à jurisdição arbitral definida pelo artigo 2º do RJAT, por regular inovatoriamente matéria incluída na reserva relativa de competência legislativa da Assembleia da República, sobre a qual não é permitido ao Governo emitir normas no uso de competência própria.

4.1. Contencioso de legalidade

No domínio da arbitragem voluntária (regulada ao tempo da entrada em vigor do RJAT pela Lei nº 31/86, de 29 de agosto, e, atualmente, pela Lei nº 63/2011, de 14 de dezembro), os árbitros julgam segundo o direito constituído, a menos que as partes os autorizem a julgar segundo a equidade (artigo 22º da Lei nº 31/86) ou isso determinem (artigo 39º, nº 1, da Lei nº 63/2011).

Os tribunais arbitrais para resolução de conflitos em matéria tributária não podem efetuar julgamentos segundo a equidade, como explicitamente se refere no nº 2 deste artigo 2º do RJAT e resulta do próprio texto das três alíneas do nº 1, pois os poderes de cognição dos tribunais arbitrais limitam-se à ***apreciação da legalidade*** dos atos aí indicados.

O preâmbulo deste diploma é também explícito quanto a este ponto, esclarecendo que «*a instituição da arbitragem não significa uma desjuridificação do processo tributário, na medida em que é vedado o recurso à equidade, devendo os árbitros julgar de acordo com o direito constituído*».

4.2. Contencioso de anulação. Poderes de declaração de ilegalidade, poderes de anulação e poderes de condenação

A terminologia utilizada nas várias alíneas do nº 1 do artigo 2º do RJAT sugere que, mesmo relativamente aos atos em matéria tributária relativamente aos quais se abre a possibilidade de intervenção de tribunais arbitrais, os poderes destes seriam mais limitados do que os dos tribunais tributários, pois prevê-se apenas a possibilidade de «***declaração de ilegalidade de atos***», terminologia esta que, quando confrontada com as expressões «***impugnação** da liquidação*», «***impugnação** da fixação da matéria tributável*» e «***impugnação** dos atos*» que são utilizadas no CPPT (artigo 97º, nº 1), aponta no sentido de se ter em vista que as decisões se limitassem à mera apreciação da legalidade sem produção de efeitos condenatórios (designadamente quanto a juros) ou constitutivos (eliminação do ato da ordem jurídica).

A ser essa a interpretação adequada, os efeitos necessários para regulação da situação jurídica não emanando do processo declarativo, teriam de ser ulteriormente definidos pelos tribunais judiciais, em execução de julgado, se a Administração Tributária não retirasse espontaneamente da declaração de ilegalidade as consequências adequadas, a nível da reconstituição da situação que existiria se não tivesse sido praticado o ato ilegal.

No entanto, em face do que se estabelece no artigo 24º, nº 1, do RJAT, sobre os efeitos da decisão arbitral favorável ao sujeito passivo, constata-se que as decisões arbitrais têm também, na prática, um efeito constitutivo, pois à declaração de ilegalidade dos atos estão associadas obrigações de execução idênticas às previstas para as decisões judiciais anulatórias, inclusivamente de prática do ato devido em substituição do que foi declarado ilegal e reconstituição da situação que existiria se esse ato não tivesse sido praticado: quando é praticado um ato em substituição do declarado ilegal, fica necessariamente eliminado juridicamente o ato substituído (revogado, com o sentido de revogação anulatória, na terminologia do artigo 142º do CPA de 1991, e anulado administrativamente, na terminologia do artigo

165º, nº2, do CPA de 2015)[12] o ato declarado ilegal[13]; se não é praticado um novo ato em substituição do declarado ilegal, a obrigação de restabelecimento da situação que existiria se o ato declarado ilegal não tivesse sido praticado, impõe à Administração Tributária que elimine da ordem jurídica aquele ato, anulando-o.

Sendo assim, não é clara a razão por que apenas se faz referência a poderes de ***declaração*** de ilegalidade, terminologia que é adequada à apreciação de situações de inexistência ou nulidade de atos (artigo 124º, nº 1, do CPPT) e não também quando há poderes de anulação[14].

No que concerne à não previsão de decisões condenatórias ou outras que explicitamente imponham à Administração Tributária a adoção de condutas, pressente-se que a razão que lhe estará subjacente estará conexionada com uma visão da proteção do prestígio das autoridades tributárias, que se terá entendido poder ser afetado pela imposição de condutas determinada por entidades diferentes dos tribunais estaduais. No entanto, a ser esta a razão, será de validade duvidosa, já que a natureza jurisdicional das decisões arbitrais não justifica uma distinção, no plano teórico.

[12] À face da terminologia utilizada no CPA de 1991, nos artigos 140º e 141º, é tratada como revogação não só a anulação administrativa (que elimina retroativamente os efeitos do ato revogado, relativamente à qual a revogação terá o sentido de anulação revogatória ou revogação anulatória), mas também a revogação propriamente dita (que será a revogação ab-rogatória, que apenas faz cessar para o futuro os efeitos do ato revogado).

[13] A anulação/revogação pode ser expressa, no caso de a prática do novo ato for acompanhada de explícita anulação do ato substituído, ou tácita, se a anulação/revogação resulta de ter sido dada nova regulação jurídica à situação que é objeto do ato, caso em que se está perante anulação/revogação por substituição.

[14] De harmonia com o preceituado no artigo 134º, nº 1, do CPA de 1991, vigente quando foi aprovado o RJAT, os atos nulos não produzem quaisquer efeitos (sem prejuízo da possibilidade, prevista no nº 3 do mesmo artigo, de atribuição de certos efeitos jurídicos a situações de facto decorrentes de atos nulos, por força do simples decurso do tempo, de harmonia com os princípios gerais de direito) e, por isso, a decisão judicial que reconhece que um ato está afetado de nulidade, limita-se a declará-la. Idêntica ausência de efeitos é consequência da inexistência jurídica. O mesmo não sucede com os atos anuláveis, que produzem efeitos jurídicos até que venham a ser anulados, por decisão judicial ou administrativa, sendo por essa razão que a decisão judicial que afirma que um ato está afetado por vício gerador de anulabilidade tem um efeito constitutivo, eliminando da ordem jurídica esse ato e os efeitos que produziu. A mera declaração de ilegalidade, por si mesma, não produz qualquer alteração na ordem jurídica, designadamente a eliminação de atos que nela subsistem no momento em que a declaração é emitida.

Por outro lado, a fixação expressa dos efeitos das decisões da decisão arbitral indicados no artigo 24º do RJAT e a referência que se faz a eles decorrerem dos «***exatos termos*** *da procedência da decisão arbitral a favor do sujeito passivo*», parece admitir, se não mesmo pressupor, a fixação expressa desses efeitos na decisão arbitral.

Para além disso, a fixação desses efeitos na decisão arbitral será, decerto, a solução mais acertada, que se tem de presumir que tenha sido adotada legislativamente, por força do disposto no artigo 9º, nº 3, do Código Civil (CC), pois, se se pretende que sejam efetivados rigorosamente esses efeitos, a solução adequada é permitir a sua precisa fixação nessa decisão. Na verdade, se não forem fixados esses efeitos na decisão condenatória, a haver dúvidas sobre a sua concretização eles teriam de ser fixados judicialmente em processo de execução de julgado, nos tribunais tributários, já que os tribunais arbitrais não têm competência para processos executivos, o que se reconduziria a onerar desnecessariamente os tribunais tributários com questões que poderiam ser adequadamente decididas no processo arbitral.

A fixação dos efeitos da declaração de ilegalidade na decisão arbitral está também em sintonia com a lei de autorização legislativa em que o Governo se baseou para aprovar o RJAT, concedida pelo artigo 124º da Lei nº 3-B/2010, de 28 de abril, em que se proclama, como diretriz primacial da instituição da arbitragem como forma alternativa de resolução jurisdicional de conflitos em matéria tributária, que «*o processo arbitral tributário deve constituir um meio processual alternativo ao processo de impugnação judicial e à ação para o reconhecimento de um direito ou interesse legítimo em matéria tributária*».

À face desta diretriz, deverá entender-se, em sintonia com a referida autorização legislativa, que se compreendem nas suas competências os poderes que em processo de impugnação judicial são atribuídos aos tribunais tributários em relação aos atos cuja apreciação de legalidade se insere nas suas competências.

Ora, apesar de o processo de impugnação judicial ser essencialmente um processo de mera anulação (artigos 99º e 124º do CPPT), pode nele ser proferida condenação da Administração Tributária no pagamento de juros indemnizatórios e de indemnização por garantia indevida. Na verdade, apesar de não existir qualquer norma expressa nesse sentido, tem-se vindo pacificamente a entender nos tribunais tributários, desde a entrada em vigor dos códigos da reforma fiscal de 1958-1965, que pode ser cumulado em processo de impugnação judicial pedido de condenação no pagamento de juros indemnizatórios com o pedido de anulação ou de declaração de nulidade ou inexistência do ato, por nesses códigos se referir que o direito a juros indemnizatórios surge quando, em reclamação graciosa ou processo judicial, a administração seja convencida de que houve erro de facto imputável aos serviços. Este regime foi, posteriormente, generalizado no Código de Processo Tributário (CPT), que estabeleceu no nº 1 do seu artigo 24º que «*haverá direito a juros indemnizatórios a favor do contribuinte quando, em reclamação graciosa ou processo judicial, se determine que houve erro imputável aos serviços*», a seguir, na LGT, em cujo artigo 43º, nº 1, se estabelece que «*são devidos juros indemnizatórios quando se determine, em reclamação graciosa ou impugnação judicial, que houve erro imputável aos serviços de que resulte pagamento da dívida tributária em montante superior ao legalmente devido*» e, finalmente, no CPPT em que se estabeleceu, no nº 2 do artigo 61º (a que corresponde o nº 4 na redação dada pela Lei nº 55-A/2010, de 31 de dezembro), que «*se a decisão que reconheceu o direito a juros indemnizatórios for judicial, o prazo de pagamento conta-se a partir do início do prazo da sua execução espontânea*».

Aliás, a preferência legislativa pela fixação dos efeitos do reconhecimento da ilegalidade na decisão que a aprecia é expressamente manifestada relativamente à fixação de indemnização por garantia indevida, no artigo 171º do CPPT, em que se estabelece que «*a indemnização em caso de garantia bancária ou equivalente indevidamente prestada será* ***requerida no processo em que seja controvertida a legalidade da dívida exequenda***» e que «*a indemnização deve ser solicitada na reclamação, impugnação ou recurso ou em caso de o seu fundamento ser superveniente no prazo de 30 dias após a sua ocorrência*». Assim, é inequívoco que o processo de impugnação judicial abrange a possibilidade de condenação no pagamento de garantia indevida e até é, em princípio, o meio processual adequado para formular tal pedido, o que se justifica por evidentes razões de economia processual, pois o direito a indemnização por garantia indevida depende do que se decidir sobre a legalidade ou ilegalidade do ato de liquidação. O pedido de constituição do Tribunal Arbitral tem como corolário passar a ser no processo arbitral que vai ser discutida a «***legalidade da dívida exequenda***», pelo que, como resulta do teor expresso daquele nº 1 do referido artigo 171º do CPPT, ***é também o processo arbitral o adequado para apreciar o pedido de indemnização por garantia indevida***.

De resto, particularmente em processos que estavam pendentes nos tribunais tributários há mais de dois anos e em que os contribuintes utilizaram a faculdade prevista no artigo30º do RJAT, não seria razoável entender que podiam ser apreciadas pelos tribunais arbitrais apenas as questões da legalidade dos atos de liquidação impugnados nos processos de impugnação judicial e não também a apreciação dos pedidos de condenação em juros indemnizatórios e de indemnização por garantia indevida, o que se reconduziria a que o processo de impugnação judicial tivesse de se manter, necessariamente com suspensão da instância até transitar em julgado a decisão arbitral, apenas para apreciar estes pedidos indemnizatórios, cuja apreciação depende da decisão sobre a legalidade dos atos de liquidação. Uma situação deste tipo estaria manifestamente ao arrepio das intenções legislativas de «*imprimir uma maior celeridade na resolução de litígios que opõem a Administração Tributária ao sujeito passivo*» e «*reduzir a pendência de processos nos tribunais administrativos e fiscais*», que são reveladas pelo preâmbulo do DL nº 10-A/2012, de 20 de janeiro, que aprovou o RJAT. Se legislativamente se impõe naquele artigo 171º do CPPT a formulação do pedido de indemnização por garantia indevida no processo em que se discute a legalidade da dívida, sem restringir essa imposição a qualquer tipo de processo, é, necessariamente, porque se entende que a apreciação conjunta da legalidade e da indemnização por garantia indevida é a melhor opção processual e, por isso, não se compreenderia que no processo arbitral, se fosse optar por solução diferente quando se pretende atingir maior celeridade e reduzir a pendência de processos nos tribunais tributários.

Por isso, numa interpretação teleológica, sendo de presumir «*que o legislador consagrou as soluções mais acertadas*» (artigo 9º, nº 3, do Código Civil), impõe-se a conclusão de que a atribuição da competência aos tribunais arbitrais para apreciação da legalidade de atos de liquidação implica também a atribuição de competência para apreciação dos pedidos relativos a esses atos.

Aliás, a cumulação de pedidos relativos ao mesmo ato tributário está implicitamente pressuposta no artigo 3º do RJAT, ao falar em «*cumulação de pedidos* **ainda que** *relativos a diferentes atos*», o que deixa perceber que a cumulação de pedidos também é possível relativamente ***ao mesmo ato tributário*** e os pedidos de indemnização por juros indemnizatórios e de condenação por garantia indevida são suscetíveis de ser abrangidos por aquela fórmula, pelo que uma interpretação neste sentido tem, pelo menos, o mínimo de correspondência verbal exigido pelo nº 2 do artigo 9º do Código Civil.

Também não pode ver-se no artigo 2º da Portaria nº 112-A/2011, de 22 de março, que fixou os termos da vinculação da Autoridade Tributária e Aduaneira aos tribunais arbitrais que funcionam no CAAD, um obstáculo à competência dos tribunais arbitrais para apreciar os pedidos de juros indemnizatórios e de indemnização por garantia indevida. Naquela norma estabelece-se, numa redação pouco feliz, que «*os serviços e organismos referidos no artigo anterior vinculam-se à jurisdição dos tribunais arbitrais que funcionam no CAAD que tenham por objeto a apreciação das pretensões relativas a impostos cuja administração lhes esteja cometida referidas no nº 1 do artigo 2º do Decreto-Lei nº 10/2011, de 20 de Janeiro* (...)», seguindo-se algumas exceções.

O que se conclui desta disposição, conjugada com a reestruturação da Direcção-Geral de Impostos e da Direcção-Geral das Alfândegas e dos Impostos Especiais sobre o Consumo operada pelo DL nº 118/2011, de 15 de dezembro, é a vinculação da Autoridade Tributária e Aduaneira à jurisdição dos tribunais arbitrais, fora dos casos excecionados, para apreciação de ***todas*** as pretensões dos contribuintes conexas com atos de liquidação, de autoliquidação, de retenção na fonte e de pagamento por conta que tenham por objeto impostos que administre. Os pedidos de indemnização de juros indemnizatórios e de indemnização por garantia indevida são pretensões relativas a atos daqueles tipos, visando ambos explicitar o conteúdo do dever de «*restabelecer a situação que existiria se o ato tributário objeto da decisão arbitral não tivesse sido praticado, adotando os atos e operações necessários para o efeito*» que na alínea *b)* do nº 1 do artigo 24º se impõe como consequência de uma decisão arbitral de procedência da pretensão apresentada ao Tribunal Arbitral.

Para além disso, tendo-se chegado à conclusão de que é de aplicar no processo arbitral a regra do artigo 171º do CPPT, que impõe apreciação do pedido de indemnização por garantia indevida no processo em que é apreciada a legalidade da dívida, aquele artigo 2º, nº 1, da Portaria nº 112-A/2011 seria ilegal, por ofensa do princípio da hierarquia das normas (estabelecido no artigo 112º, nº 5, da CRP), se fosse interpretado como criando um regime processual diferente, em que a legalidade da dívida seria apreciada no processo arbitral e o pedido de indemnização por garantia indevida teria de ser apresentado autonomamente em relação a esse processo, em dissonância com a regra do nº 1 do artigo 171º.

Conclui-se, assim, que se insere nas competências dos tribunais arbitrais que funcionam no CAAD a fixação dos efeitos da decisão arbitral que podem ser definidos em processo de impugnação judicial, designadamente, a anulação dos atos cuja declaração de ilegalidade é pedida, a condenação da Autoridade Tributária e Aduaneira no pagamento de juros indemnizatórios e a fixação de indemnização por garantia indevida.

De qualquer modo, examinando a jurisprudência produzida pelos tribunais arbitrais do CAAD, publicada na respetiva página informática, constata-se que os tribunais arbitrais não se têm limitado a proferir decisões meramente declarativas, tendo sido proferidas várias decisões anulatórias de atos e de condenação da Administração Tributária a pagar juros indemnizatórios[15].

4.3. Declaração de ilegalidade de atos de liquidação de tributos

4.3.1. Atos de liquidação cuja legalidade pode ser apreciada

Atos de liquidação são os atos administrativos, praticados pela Administração Tributária[16] que determinam o quantitativo do tributo a pagar pelo sujeito passivo, consubstanciando-se na aplicação de uma taxa à matéria coletável. Tal como expressamente referido no Processo Arbitral nº 17/2012-T, de 14-05-2012[17], "*A liquidação, em sentido estrito, é a última fase do procedimento administrativo de liquidação tributária, regulado nos artigos 59º a 64º do CPPT, constituído por uma série de atos destinados a obter um resultado jurídico final, o montante de imposto a entregar nos cofres do Estado*[18]*. Portanto, a liquidação hoc sensu é a fase que se traduz na aplicação da taxa de imposto à matéria coletável já determinada, não sendo os atos preparatórios autonomamente impugnáveis, podendo sim ser postos em causa quando da impugnação do ato definitivo,*

[15] Cf., entre outros, o Processo nº 14/2012-T e o Processo nº 39/2012-T, disponíveis *in* www.caad.org.pt.

[16] Nos termos do nº 3 do artigo1º da LGT, «*integram a Administração Tributária, para efeitos do número anterior, a Direcção-Geral dos Impostos, a Direcção-Geral das Alfândegas e dos Impostos Especiais sobre o Consumo, a Direcção-Geral de Informática e Apoio aos Serviços Tributários e Aduaneiros, as demais entidades públicas legalmente incumbidas da liquidação e cobrança dos tributos, o Ministro das Finanças ou outro membro do Governo competente, quando exerçam competências administrativas no domínio tributário e os órgãos igualmente competentes dos Governos Regionais e autarquias locais*».

[17] Disponível no site oficial do CAAD *in* http://www.caad.org.pt.

[18] Seguimos o Acórdão do STA de 9-11-2009, nº 0188/09 (Relator Pimenta do Vale).

final, em obediência ao princípio da impugnação unitária expresso no artigo 54º do CPPT"[19].

No conceito de «*liquidação*», em sentido lato, englobam-se todos os atos que se reconduzem a aplicação de uma taxa a uma determinada matéria coletável e, por isso, também os atos de autoliquidação, retenção na fonte e pagamento por conta.

Não se estabelece qualquer limitação em relação aos tipos de tributos que podem ser objeto de pedido de declaração de ilegalidade, pelo que, numa primeira análise, poderia concluir-se que estaria aberta à possibilidade de os sujeitos passivos apresentarem pedidos de declaração de ilegalidade aos tribunais arbitrais relativamente a quaisquer tipos de tributos indicados no artigo 3º da LGT: fiscais e parafiscais; estaduais, regionais e locais; impostos, incluindo aduaneiros e especiais, taxas e demais contribuições financeiras a favor de entidades públicas.

Porém, uma vez que no artigo 4º do RJAT, se estabelece que a vinculação da Administração Tributária à jurisdição dos tribunais arbitrais depende de portaria dos membros do Governo responsáveis pelas áreas das finanças e justiça, conclui-se que não basta a iniciativa do contribuinte para ser atribuída competência aos tribunais arbitrais previstos neste diploma, sendo necessária também a aceitação da Administração (de que o Governo é o órgão superior, nos termos do disposto no artigo 182º da CRP), em termos gerais e abstratos, através de um diploma de natureza regulamentar.

Por outro lado, o facto de o único diploma que se prevê poder vincular a Administração à jurisdição dos tribunais arbitrais ser a emitir ***pelo Governo***, revela que a possibilidade de vinculação aos tribunais arbitrais apenas existirá em relação aos tributos administrados pela Administração Tributária estadual, estando afastada, assim, a possibilidade de estes tribunais serem utilizados para dirimir litígios relativos a atos de liquidação de tributos efetuados por autarquias ou regiões autónomas, bem como os praticados por entidades autónomas, não inseridas na Administração Tributária estadual.

Porém, como se referiu, o decisivo para apurar da inclusão de atos de liquidação de impostos na competência dos tribunais arbitrais é a com-

[19] Este princípio comporta algumas exceções, podendo os atos de determinação da matéria tributável ser autonomamente impugnáveis. Cf. ALBERTO XAVIER, Conceito e Natureza do Ato Tributário, 1972, págs. 140 a 191.

petência atribuída à Administração Tributária para a administração dos impostos, entendida como competência para a prática de atos de liquidação e atos administrativos que apreciem esses atos, designadamente reclamações graciosas ou recursos hierárquicos ou pedidos de revisão do ato tributário. Assim, por exemplo, não é afastada a competência dos tribunais arbitrais relativamente atos de liquidação de impostos autárquicos nos casos em que a competência para a prática de tais atos é atribuída por lei à Administração Tributária, que os administra como se as receitas respetivas fossem receitas estaduais, administração esta que, em matéria tributária, inclui os poderes de, sem qualquer interferência da entidade destinatária das receitas, liquidar ou abster-se de liquidar, definir em termos quantitativos o conteúdo de liquidação e proceder a eventual revisão ou revogação do ato praticado e também tem como corolário a assunção pela Administração Tributária estadual de eventual responsabilidade perante o sujeito passivo no caso de prática de atos ilegais[20].

O próprio Governo adotou explicitamente este entendimento no corpo do artigo 2º da Portaria nº 112-A/2011, de 22 de março, ao vincular-se «à jurisdição dos tribunais arbitrais que funcionam no CAAD que tenham por objeto a apreciação das pretensões relativas a impostos ***cuja administração lhes esteja cometida***».

Esta definição do âmbito da vinculação através da titularidade dos poderes para administrar o tributo (entendidos nos termos que se referiram) e não da natureza do tributo, a nível da titularidade das receitas arrecadadas, é, aliás, a única solução congruente (que, por o ser, se impõe à face do

[20] Relativamente aos municípios, prevê-se no artigo 10º, alíneas *a)* e *b)*, da Lei das Finanças Locais (Lei nº 2/2007, de 15 de janeiro) que constituem suas receitas «*o produto da cobrança dos impostos a cuja receita têm direito, designadamente o imposto municipal sobre imóveis (IMI) e o imposto municipal sobre as transmissões onerosas de imóveis (IMT) e o imposto municipal sobre veículos (IMV), sem prejuízo do disposto na alínea a) do artigo 17º da presente lei, bem como a parcela do produto do imposto único de circulação que lhes caiba nos termos da lei*» e «*o produto da cobrança de derramas lançadas nos termos do artigo 14º*». Relativamente a estes impostos, está prevista a possibilidade de liquidação e cobrança pelos próprios municípios, em definir por diploma próprio [artigo 11, alíneas *b)* e *c)*, da Lei das Finanças Locais]. Enquanto não estiver regulada esta possibilidade de liquidação e cobrança destes impostos pelos municípios, eles são liquidados pelos serviços centrais da Autoridade Tributária e Aduaneira, nos termos do artigo 12º, nº 2, alínea *a)*, do DL nº 118/2011, de 15 de dezembro, e dos artigos 113º, nº 1, do CIMI, 21º do CIMT, e artigo 16º do CIUC e 2º da Lei nº 22-A/2007, de 29 de Junho, e 14º, nº 11, da LFL, na redação dada pela Lei nº 64-B/2011, de 30 de Dezembro.

princípio da unidade do sistema jurídico, por força do disposto no artigo 9º, nº 1, do Código Civil) pois, implicando aqueles poderes a possibilidade de, na fase administrativa, praticar verdadeiros atos de disposição (como liquidar ou deixar de o fazer, revogar ou não os atos praticados) sem outro controle que não seja o interno da própria Administração Tributária estadual, não se compreenderia que o exercício desses mesmos poderes estivesse dependente de assentimento das entidades beneficiárias das receitas quando a apreciação desses atos, para além de continuar submetida aos poderes da Administração Tributária (que pode revogar ou não os atos, ratificá-los ou não, reformá-los ou não, convertê-los ou não e substitui-los ou não, nos termos do artigo 13º, nº 1, do RJAT (e artigo 112º, nº 1, do CPPT, para o processo judicial tributário), é também submetida a controle suplementar por órgãos jurisdicionais, sejam os tribunais tributários, sejam os tribunais arbitrais que funcionam no CAAD.

De resto, se se tivesse em vista afastar a competência dos tribunais arbitrais que funcionam no CAAD em todos os casos em que receitas arrecadadas pelos atos de liquidação são atribuídas a autarquias locais, chegar-se-ia à conclusão absurda de que estariam afastadas daquela competência, para além dos atos de liquidação de tributos autárquicos, a generalidade de atos de liquidação de IRS, IRC e IVA, pois parte da respetiva receita é atribuída aos municípios, nos termos dos artigos 19º e 20º da Lei das Finanças Locais (Lei nº 2/2007, de 15 de janeiro). Uma hipotética conclusão neste sentido, que esvaziaria quase completamente as competências dos tribunais arbitrais que funcionam no CAAD, estaria manifestamente ao arrepio das intenções legislativas expressamente proclamadas de criar um processo alternativo ao processo de impugnação judicial e à ação para reconhecimento de um direito ou interesse legítimo e de «*reforçar a tutela eficaz dos direitos e interesses legalmente protegidos dos sujeitos passivos*», «*imprimir uma maior celeridade na resolução de litígios que opõem a administração tributária ao sujeito passivo*» e «*reduzir a pendência de processos nos tribunais administrativos e fiscais*» (artigo 124º, nºs 2 e 3, da Lei nº 3-B/2010, de 28 de abril, e Preâmbulo do RJAT)[21]. Por isso, sendo de presumir, por força do disposto

[21] Esta atribuição à Administração Tributária estadual de poderes de administração exclusivos de impostos que são total ou parcialmente recitas autárquicas implica que também não tenha de haver intervenção das autarquias no processo judicial ou arbitral em que é pedida a declaração jurisdicional da ilegalidade de atos da respetiva liquidação, como, aliás, vem sendo

no nº 3 do artigo 9º do Código Civil, que o legislador consagrou a solução mais acertada, que é a adequada para atingir os objetivos visados e não a que os inviabiliza, tem de se concluir que se insere na competência dos tribunais arbitrais que funcionam no CAAD a apreciação da legalidade da generalidade de atos da Administração Tributária estadual indicados no artigo 2º do RJAT e abrangidos pela vinculação do artigo 2º da Portaria nº112-A/2012, independentemente de ser ou não aquela Administração a beneficiária exclusiva das receitas liquidadas.

4.3.2. Declaração de ilegalidade de atos de liquidação de que foram apresentadas reclamações graciosas, recursos hierárquicos e pedidos de revisão do ato tributário

Os atos de liquidação de tributos são atos da Administração Tributária que apreciam e conformam a relação jurídica tributária.

O mesmo sucede com os atos de autoliquidação, retenção na fonte e pagamento por conta, embora aí a aplicação de uma taxa à matéria coletável seja efetuada pelo contribuinte ou por um substituto.

As leis tributárias preveem a possibilidade de o contribuinte impugnar administrativamente os atos de liquidação (em sentido lato, abrangendo os de autoliquidação, retenção na fonte e pagamento por conta), através de reclamação graciosa (artigos 68º e seguintes, 131º, 132º, nºs 3 e 4, e 133º, nºs 2 a 4, do CPPT) e impugnar as decisões de indeferimento das reclamações graciosas através de recurso hierárquico (artigos 66º, 67º e 76º do mesmo Código). Os atos que decidem reclamações graciosas e recursos hierárquicos das decisões sobre de reclamações graciosas serão, neste contexto, ***atos de segundo e terceiro graus***, respetivamente, em que pode ser apreciada a legalidade de atos de liquidação, que são atos de primeiro grau. O mesmo se poderá dizer relativamente aos atos que procedem à revisão de atos de liquidação de tributos, no âmbito do artigo 78º da LGT.

Se a decisão da impugnação administrativa confirma o ato impugnado, sem alterar a sua fundamentação, o ato impugnável é este, pois «não são impugnáveis os atos confirmativos, entendendo-se como tal os atos que se limitem a reiterar, com os mesmos fundamentos, decisões contidas em atos administrativos anteriores» (artigo 53º, nº 1, do CPTA). No caso do

jurisprudência pacífica dos tribunais superiores, que sempre efetuaram os julgamentos de impugnações de atos desse tipo sem intervenção das entidades beneficiárias das receitas.

processo arbitral, o prazo para pedir a declaração de ilegitimidade do ato primário confirmado conta-se da notificação da decisão de segundo ou terceiro grau, como decorre do artigo 10º, nº 1, alínea *a)*, do RJAT (que prevê regime diferente do que é adotado no nº 4 do artigo 59º do CPTA para a impugnação de atos administrativos).

Se a decisão da impugnação administrativa altera a decisão ou a fundamentação do ato primário, opera-se revogação deste por substituição, passando a subsistir na ordem jurídica apenas o ato de segundo ou terceiro grau não confirmativo que, por isso, será o único ato impugnável.

Embora na alínea *a)* do nº 1 deste artigo 2º apenas se faça referência explícita à competência dos tribunais arbitrais para declararem a ilegalidade de atos de liquidação, atos definidores da quantia a pagar pelo contribuinte, essa competência estende-se também a atos de segundo e terceiro graus que apreciem a legalidade desses atos primários, designadamente atos de indeferimento de reclamações graciosas e atos de indeferimento de recursos hierárquicos interpostos das decisões destas reclamações.

Na verdade, essa conclusão retira-se inequivocamente da alínea *a)* do nº 1 do artigo 10º do RJAT, que faz referência expressa ao nº 2 do artigo 102º do CPPT (que trata do indeferimento de ***reclamação graciosa***), e à «*decisão do* ***recurso hierárquico***».

4.3.2.1. Impugnação administrativa necessária e o caso dos pedidos de revisão oficiosa

A questão da competência dos tribunais arbitrais que funcionam no CAAD para apreciar pedidos de declaração de ilegalidade de atos de autoliquidação, retenção na fonte e pagamento por conta que tenham sido precedidos de pedido de revisão do ato tributário tem sido frequentemente colocada pela Autoridade Tributária e Aduaneira nos processos arbitrais, em face do afastamento da jurisdição arbitral que se faz na alínea *a)* do artigo 2º da Portaria nº 112-A/2011, de 22 de Março, relativamente a «*pretensões relativas à declaração de ilegalidade de atos de autoliquidação, de retenção na fonte e de pagamento por conta que não tenham sido precedidos de recurso à via administrativa nos termos dos artigos 131º a 133º do Código de Procedimento e de Processo Tributário*».

Não resulta do teor expresso do RJAT a possibilidade de serem apreciados pelos tribunais arbitrais que funcionam no CAAD atos de indeferimento de pedidos de revisão de ato tributário. Na verdade, no artigo 2º do RJAT não se faz qualquer referência expressa a estes atos, ao contrário do que sucede com a autorização legislativa em que o Governo se baseou para aprovar o RJAT, que refere os «*pedidos de revisão de atos tributários*» e «*os atos administrativos que comportem a apreciação da legalidade de atos de liquidação*». No entanto, a fórmula «*declaração de ilegalidade de atos de liquidação de tributos, de autoliquidação, de retenção na fonte e de pagamento por conta*», utilizada na alínea *a)* do nº 1 do artigo 2º do RJAT, numa mera interpretação declarativa, não restringe o âmbito da jurisdição arbitral aos casos em que é impugnado diretamente um ato de um daqueles tipos, pois a ilegalidade de atos de liquidação pode ser declarada jurisdicionalmente como corolário da ilegalidade de um ato de segundo grau, que confirme um ato de liquidação, incorporando com essa confirmação a sua ilegalidade.

Aliás, é inequívoco, pelo que se disse em relação às decisões de indeferimento de reclamações graciosas e recursos hierárquicos, que se incluem nas competências dos tribunais arbitrais que funcionam no CAAD os casos em que a declaração de ilegalidade dos atos aí indicados é efetuada através da declaração de ilegalidade de atos de segundo grau ou terceiro grau, que são o objeto imediato da pretensão impugnatória. A possibilidade de apreciação da legalidade de atos primários através da apreciação da legalidade de atos de segundo grau ou terceiro grau é patente na referência que no artigo 2º do RJAT se faz a atos de autoliquidação, de retenção na fonte e de pagamento por conta, pois, relativamente a estes atos, é imposta, como regra, a reclamação graciosa necessária, nos artigos 131º a 133º do CPPT, pelo que, nestes casos, o objeto imediato do processo impugnatório é, em regra, o ato de segundo grau que aprecia a legalidade do ato de liquidação, ato aquele que, se o confirma, tem de ser anulado para se obter a declaração de ilegalidade do ato de liquidação. Foi mesmo neste sentido que a Administração Tributária, através da Portaria nº 112-A/2011, de 22 de março, interpretou estas competências dos tribunais arbitrais que funcionam no CAAD, ao afastar do âmbito dessas competências as «*pretensões relativas à declaração de ilegalidade de atos de autoliquidação, de retenção na fonte e de pagamento por conta que não tenham sido precedidos de recurso à via administrativa nos termos dos artigos 131º a 133º do Código de Procedimento e de Processo Tributário*», o que tem como alcance restringir a sua vinculação os casos em que esse recurso à via administrativa foi utilizado.

Obtida a conclusão de que a fórmula utilizada na alínea *a)* do nº 1 do artigo 2º do RJAT não exclui os casos em que a declaração de ilegalidade resulta da ilegalidade de um ato de segundo grau, ela abrangerá também os casos em que o ato de segundo grau é o de indeferimento de pedido de revisão do ato tributário, pois não se vê qualquer razão para restringir, tanto mais que, nos casos em que o pedido de revisão é efetuado no prazo da reclamação administrativa, ele deve ser equiparado a uma reclamação graciosa[22]. O mesmo sucede com a decisão do recurso hierárquico, expressamente indicada na alínea *a)* do nº 1 do artigo 10º do RJAT como termo inicial do prazo de apresentação de pedido de constituição do Tribunal Arbitral.

A referência expressa aos artigos 131º a 133º do CPPT que se faz no artigo 2º da Portaria nº 112-A/2011 não pode ter o alcance decisivo de afastar a possibilidade de apreciação de pedidos de ilegalidade de atos de indeferimento de pedidos de revisão oficiosa de atos dos tipos aí referidos. Na verdade, não pode adotar-se uma interpretação exclusivamente baseada no teor literal, pois na interpretação das normas fiscais são observadas as regras e princípios gerais de interpretação e aplicação das leis (artigo 11º, nº 1, da LGT) e o artigo 9º nº 1, proíbe expressamente as interpretações exclusivamente baseadas no teor literal das normas ao estatuir que «a interpretação não deve cingir-se à letra da lei», devendo, antes, «reconstituir a partir dos textos o pensamento legislativo, tendo sobretudo em conta a unidade do sistema jurídico, as circunstâncias em que a lei foi elaborada e as condições específicas do tempo em que é aplicada». Quanto a correspondência entre a interpretação e a letra da lei, basta «um mínimo de correspondência verbal, ainda que imperfeitamente expresso» (artigo 9º, nº 3, do Código Civil), o que só impedirá que se adotem interpretações que não possam em absoluto compaginar-se com a letra da lei, mesmo reconhecendo nela imperfeição na expressão da intenção legislativa.

Por isso, a letra da lei não é obstáculo a que se faça interpretação declarativa, que explicite o alcance do teor literal, nem mesmo interpretação extensiva, quando se possa concluir que o legislador disse menos do que o que, em coerência, pretenderia dizer, isto é, quando disse imperfeitamente o que pretendia dizer. Na interpretação extensiva «é a própria valoração da norma (o seu "espírito") que leva a descobrir a necessidade de estender o texto desta à hipótese que ela não abrange», «a força expansiva da própria

[22] Como se entendeu no citado acórdão do Supremo Tribunal Administrativo de 12-06-2006, proferido no processo nº 402/06.

valoração legal é capaz de levar o dispositivo da norma a cobrir hipóteses do mesmo tipo não cobertas pelo texto».[23]

A interpretação extensiva, assim, é imposta pela coerência valorativa e axiológica do sistema jurídico, erigida pelo artigo 9º, nº 1, do Código Civil em critério interpretativo primordial pela via da imposição da observância do princípio da unidade do sistema jurídico.

A exigência de reclamação graciosa prévia, necessária para abrir a via contenciosa de impugnação de atos de autoliquidação, retenção na fonte e pagamentos por conta, prevista nos arts. 131º, nº 1, 132º, nº 3, e 133º, nº 2, do CPPT, tem como única justificação o facto de relativamente a esse tipo de atos não existir uma tomada de posição da Administração Tributária sobre a legalidade da situação jurídica criada com o ato praticado pelo sujeito passivo, posição essa que até poderá vir a ser favorável ao contribuinte, evitando a necessidade de recurso à via contenciosa. Na verdade, aqueles atos têm característica comum de comum de não existir uma prévia tomada de posição da Administração Tributária sobre a sua legalidade, o que confirma que é essa a razão de ser daquela reclamação graciosa necessária. Uma outra confirmação de que é essa a razão de ser da exigência de reclamação graciosa necessária encontra-se no nº 3, do artigo 131º do CPPT (aplicável aos atos de retenção na fonte por remissão do nº 6 do artigo 132º), ao estabelecer que «*sem prejuízo do disposto nos números anteriores, quando o seu fundamento for exclusivamente matéria de direito e a autoliquidação tiver sido efectuada de acordo com orientações genéricas emitidas pela administração tributária, o prazo para a impugnação não depende de reclamação prévia, devendo a impugnação ser apresentada no prazo do nº 1 do artigo 102º*». Com efeito, em situações deste tipo, houve uma pronúncia prévia genérica da Administração Tributária sobre a legalidade da situação jurídica criada com o ato de autoliquidação ou retenção na fonte e é esse facto que explica que deixe de exigir-se a reclamação graciosa necessária.

Nos casos em que é formulado um pedido de revisão oficiosa de ato de liquidação, retenção na fonte ou pagamento por conta é proporcionada à Administração Tributária, com este pedido, uma oportunidade de se pronunciar sobre o mérito da pretensão do sujeito passivo antes de este recorrer à via jurisdicional, pelo que, em coerência com as soluções adotadas nos artigos 131º, nºs 1 e 3, e 132º, nºs 3 e 6, do CPPT, não pode ser exigível

[23] Baptista Machado, *Lições de Direito Internacional Privado*, 4ª edição, página 100.

que, cumulativamente com a possibilidade de apreciação administrativa no âmbito desse procedimento de revisão oficiosa, se exija uma nova apreciação administrativa através de reclamação graciosa.[24]

Por outro lado, é inequívoco que o legislador não pretendeu impedir aos contribuintes a formulação de pedidos de revisão oficiosa nos casos de atos de autoliquidação, pois estes são expressamente referidos no nº 2 do artigo 78º da LGT. E aos atos de autoliquidação, praticados pelo sujeito passivo, são equiparáveis, por mera interpretação declarativa, os de retenção na fonte que são praticados pelo substituto tributário, que é considerado sujeito passivo (artigo 18º, nº 3, da LGT). Apesar da revogação do referido nº 2 do artigo 78º da LGT, operada pela Lei nº 7-A/2016, de 30 de Março, a possibilidade de revisão de atos tributários de autoliquidação e retenção na fonte, oficiosa ou por iniciativa dos interessados, continua a ser referida no artigo 54º, nº 1, alínea *c)*, da LGT, com expressa referência no seu nº 2 a que «as garantias dos contribuintes previstas no presente capítulo aplicam-se também à autoliquidação, retenção na fonte ou repercussão legal a terceiros da dívida tributária, na parte não incompatível com a natureza destas figuras».

Neste contexto, permitindo a lei expressamente que os contribuintes optem pela reclamação graciosa ou pela revisão oficiosa de atos de autoliquidação e sendo o pedido de revisão oficiosa formulado no prazo da reclamação graciosa perfeitamente equiparável a uma reclamação graciosa, não há qualquer razão que possa explicar que não possa aceder à via arbitral um contribuinte que tenha optado pela revisão do ato tributário em vez da reclamação graciosa.

Por isso, é de concluir que os membros do Governo que emitiram a Portaria nº 112-A/2011, ao fazerem referência aos artigos 131º a 133º do CPPT, disseram imperfeitamente o que pretendiam, pois, pretendendo impor a apreciação administrativa prévia à impugnação contenciosa de atos dos tipos referidos, acabaram por incluir referência aos artigos 131º a 133º que não esgotam as possibilidades de apreciação administrativa desses atos. Aliás, é de notar que esta interpretação não se cingindo ao teor literal até se justifica especialmente no caso da alínea *a)* do artigo 2º da Portaria nº

[24] Essencialmente neste sentido, podem ver-se os acórdãos do Supremo Tribunal Administrativo de 12-7-2006, proferido no processo nº 402/06, e de 14-11-2007, processo nº 565/07.

112-A/2011, por serem evidentes as suas imperfeições: uma, é associar a fórmula abrangente «recurso à via administrativa» (que referencia, além da reclamação graciosa, o recurso hierárquico e a revisão do ato tributário) à «expressão nos termos dos artigos 131º a 133º do Código de Procedimento e de Processo Tributário», que tem potencial alcance restritivo à reclamação graciosa; outra é utilizar a fórmula «precedidos» de recurso à via administrativa, reportando-se às «pretensões relativas à declaração de ilegalidade de atos», que, obviamente, se coadunariam muito melhor com a feminina palavra «precedidas». Por isso, para além da proibição geral de interpretações limitadas à letra da lei que consta do artigo 9º, nº 1, do Código Civil, no específico caso da alínea *a)* do artigo 2º da Portaria nº 112-A/2011 há uma especial razão para não se justificar grande entusiasmo por uma interpretação literal, que é o facto de a redação daquela norma ser manifestamente defeituosa.

Para além disso, assegurando a revisão do ato tributário a possibilidade de apreciação da pretensão do contribuinte antes do acesso à via contenciosa que se pretende alcançar com a impugnação administrativa necessária, a solução mais acertada, porque é a mais coerente com o desígnio legislativo de «reforçar a tutela eficaz e efetiva dos direitos e interesses legalmente protegidos dos contribuintes» manifestado no nº 2 do artigo 124º da Lei nº 3-B/2010, de 28 de Abril, é a admissibilidade da via arbitral para apreciar a legalidade de atos de liquidação previamente apreciada em procedimento de revisão.

E, por ser a solução mais acertada, tem de se presumir ter sido normativamente adotada (artigo 9º, nº 3, do Código Civil).

Por outro lado, contendo aquela alínea *a)* do artigo 2º da Portaria nº 112-A/2011 uma fórmula imperfeita, mas que contém uma expressão abrangente «recurso à via administrativa», que potencialmente referencia também a revisão do ato tributário, encontra-se no texto o mínimo de correspondência verbal, embora imperfeitamente expresso, exigido por aquele nº 3 do artigo 9º para a viabilidade da adoção da interpretação que consagre a solução mais acertada.

É de concluir, assim, que o artigo 2º alínea *a)* da Portaria nº 112-A/2011, devidamente interpretado com base nos critérios de interpretação da lei previstos no artigo 9º do Código Civil e aplicáveis às normas tributárias substantivas e adjetivas, por força do disposto no artigo 11º, nº 1, da LGT, viabiliza a apresentação de pedidos de pronúncia arbitral relativamente a atos de autoliquidação que tenham sido precedidos de pedido de revisão oficiosa.

Aliás, será esta interpretação, no sentido de que a Portaria nº 112-A/2011 não restringe as competências dos tribunais arbitrais que funcionam no CAAD, a única que se compagina com o referido princípio da hierarquia das normas e com a reserva relativa de competência legislativa da Assembleia da República, isto é, a única interpretação que assegura a constitucionalidade daquela Portaria, à face do preceituado nos artigos 103º, nº 2, 112º, nº 5, 165º, nº 1, alínea *i)*, e 198º, alínea *b)*, da CRP. Isto é, é esta a interpretação conforme à Constituição, em que se reconhece na norma «*um sentido que, embora não aparente ou não decorrente de outros elementos de interpretação, é o sentido necessário e o que se torna possível por virtude da força conformadora da Lei Fundamental. E são diversas as vias que, para tanto, se seguem e diversos os resultados a que se chega: desde a interpretação extensiva ou restritiva à redução (eliminando os elementos inconstitucionais do preceito ou do acto)*».[25-26]

4.3.2.2. Limitação da competência em relação a atos de segundo ou terceiro grau que comportem a apreciação da legalidade de atos primários

Limitando-se a competência dos tribunais arbitrais que funcionam no CAAD, no que concerne a atos de liquidação, autoliquidação, retenção na fonte e pagamento por conta, à declaração da sua ilegalidade e suas consequências, apenas se incluirão nessa competência os atos de indeferimento de reclamações graciosas ou de recursos hierárquicos ou pedidos de recurso de atos tributários nos casos em que estes atos de segundo grau ou de terceiro grau ***conheceram efetivamente da legalidade*** de atos de liquidação, autoliquidação, retenção na fonte e pagamento e não também quando aqueles atos se abstiveram desse conhecimento, por se ter entendido haver algum obstáculo a isso (como, por exemplo, intempestividade ou ilegitimidade, ou incompetência ou não verificação de pressupostos

[25] JORGE MIRANDA, *Manual de Direito Constitucional*, Tomo II, 4ª ed., Coimbra, 2000, páginas 267/268.

[26] Neste sentido, pode ver-se o acórdão arbitral de 17-08-2017, proferido no processo nº 127/2017-T, que se reproduz, no essencial. O Tribunal Central Administrativo Sul decidiu, no acórdão de 27-04-2017, proferido no processo nº 08599/15, que se insere na competência dos tribunais arbitrais que funcionam no CAAD a apreciação da legalidade de atos de autoliquidação precedidos de pedido de revisão.

exigidos para uso do meio processual em causa). Com efeito, nos casos em que o ato de segundo grau ou de terceiro grau conhece da legalidade do ato de liquidação, o indeferimento da reclamação graciosa ou do recurso hierárquico que confirme aquele ato faz suas as respetivas ilegalidades, pelo que da apreciação da ilegalidade do ato de segundo ou terceiro grau decorre a ilegalidade do ato de liquidação. Mas tal não sucede nos casos em que o ato de segundo ou terceiro grau apenas apreciou uma questão prévia cuja solução obstou à apreciação da legalidade do ato primário, pois, neste caso, a eventual ilegalidade do ato de segundo grau ou de terceiro grau apenas tem como corolário que deva ser apreciada a legalidade do ato primário, não implicando que este ato seja ilegal.

Esta limitação da competência dos tribunais arbitrais que funcionam no CAAD ao conhecimento da legalidade de atos de indeferimento de reclamações graciosas e recursos hierárquicos que tenham apreciado a legalidade de atos de liquidação está em sintonia com a diretriz genérica imposta pela autorização legislativa em que o Governo se baseou para aprovar o RJAT, no sentido de que «*o processo arbitral tributário deve constituir um meio processual alternativo ao processo de impugnação judicial e à ação para o reconhecimento de um direito ou interesse legítimo em matéria tributária*».

Na verdade, das alíneas *d)* e *p)* do nº 1 e do nº 2 do artigo 97º do CPPT infere-se a regra de a impugnação de atos administrativos em matéria tributária deve ser feita, no processo judicial tributário, através de impugnação judicial ou ação administrativa especial (que sucedeu ao recurso contencioso, nos termos do artigo 191º do CPTA), conforme esses atos ***comportem*** ou ***não comportem*** a apreciação da legalidade de atos administrativos de liquidação. Eventualmente, como exceção a esta regra poderão considerar-se os casos de impugnação de atos de indeferimento de reclamações graciosas, pelo facto de haver uma norma especial, que é o nº 2 do artigo 102º do CPPT, de que se pode depreender que a impugnação judicial é sempre utilizável[27]. Outras exceções àquela regra poderão encontrar-se em normas especiais, posteriores ao CPPT, que expressamente prevejam o processo de impugnação judicial como meio para impugnar determinado tipo de atos[28].

[27] Neste sentido, pode ver-se o acórdão do STA de 02-04-2009, processo nº 0125/09.

[28] Exemplo de uma situação deste tipo é a do artigo 22º, nº 13, do CIVA, em que se prevê a utilização do processo de impugnação judicial para impugnar atos de indeferimento de pedidos de reembolso.

Mas, nos casos em que não há normas especiais, é de aplicar aquele critério de repartição dos campos de aplicação do processo de impugnação judicial e da ação administrativa especial.

À face deste critério de repartição dos campos de aplicação do processo de impugnação judicial e da ação administrativa especial, os atos proferidos em procedimentos de recurso hierárquico e revisão oficiosa de atos de liquidação, autoliquidação, retenção na fonte e pagamento por conta apenas poderão ser impugnados através de processo de impugnação judicial ***quando comportem a apreciação da legalidade destes atos de retenção***. Se o ato de indeferimento de recurso hierárquico e de pedido de revisão oficiosa não comporta a apreciação da legalidade do ato primário será aplicável a ação administrativa especial[29].

A preocupação legislativa em afastar das competências dos tribunais arbitrais que funcionam no CAAD a apreciação da legalidade de atos administrativos ***que não comportem*** a apreciação da legalidade de atos de liquidação, para além de resultar, desde logo, da diretriz genérica de criação de um meio alternativo ao processo de impugnação judicial e à ação para reconhecimento de um direito ou interesse legítimo, resulta com clareza da alínea *a)* do nº 4 do artigo 124º da Lei nº 3-B/2010, de 28 de abril, em que se indicam entre os objetos possíveis do processo arbitral tributário «*os atos administrativos* ***que comportem*** *a apreciação da legalidade de atos de liquidação*», pois esta especificação apenas se pode justificar por uma intenção legislativa no sentido de excluir dos objetos possíveis do processo arbitral a apreciação da legalidade dos atos ***que não comportem*** a apreciação da legalidade de atos de liquidação.

Relativamente às decisões de indeferimento de reclamações graciosas, que, à face do teor literal do artigo 102º, nº 2, do CPPT, serão impugnáveis

[29] No sentido de o meio processual adequado para conhecer da legalidade de ato de decisão de procedimento de revisão oficiosa de ato de liquidação ser a ação administrativa especial (que sucedeu ao recurso contencioso, nos termos do artigo191º do CPTA) se nessa decisão não foi apreciada a legalidade do ato de liquidação, podem ver-se os acórdãos do Supremo Tribunal Administrativo de 20-05-2003, processo nº 638/03; de 08-10-2003, processo nº 870/03; de 15-10-2003, processo nº 1021/03; de 24-03-2004, processo nº 1588/03, de 6-11-2008, processo nº 357/08. Adaptando o entendimento de que o processo de impugnação judicial é o meio processual adequado para impugnar atos de indeferimento de reclamações graciosas que tenham apreciado a legalidade de atos de liquidação, podem ver-se os acórdãos do STA de 15-1-2003, processo nº 1460/02; de 19-02-2003, processo nº 1461/02; e de 29-02-2012, processo nº 441/11.

sempre através de processo de impugnação judicial, poderá ver-se, para o processo judicial tributário, uma exceção a essa repartição dos campos de aplicação do processo de impugnação judicial e da ação administrativa especial. Mas, no que concerne aos tribunais arbitrais que funcionam no CAAD essa exceção será irrelevante, pois resulta da alínea *a)* do nº 1 do artigo2º do RJAT que, em relação a atos de liquidação, autoliquidação, retenção na fonte e pagamento por conta, apenas se inclui nas suas competências a declaração da sua ilegalidade e não a apreciação da legalidade de atos que não comportem essa apreciação. Isto é, não poderão ser apreciadas as decisões de indeferimento de reclamações graciosas em si mesmas, designadamente as que não conheceram do mérito do ato de liquidação que é objeto da reclamação, pois o que se permite através da impugnação da decisão da reclamação graciosa é apreciar a legalidade do subjacente ato de liquidação, de autoliquidação, de retenção na fonte e de pagamento por conta e não a própria decisão de reclamação graciosa que não conheceu do mérito da pretensão do sujeito passivo.

À face do critério de repartição dos campos do processo de impugnação judicial e da ação administrativa delineado pelas alíneas *d)* e *p)* do nº 1 do artigo 97º do CPPT, não é necessário que a apreciação da legalidade de um ato de liquidação seja **o fundamento da decisão procedimental** ou que no pedido formulado se peça a apreciação da legalidade de um ato de liquidação, bastando que esse ato a **comporte**, o que, neste contexto, significa que no ato impugnado se inclua um juízo sobre a legalidade de um ato de liquidação, mesmo que não seja a sua legalidade ou ilegalidade o fundamento da decisão.

Mas, não se inclui nas competências dos tribunais arbitrais a apreciação da ilegalidade de atos de segundo grau ou terceiro grau que não apreciem a ilegalidade dos atos objeto da impugnação administrativa (designadamente os que apenas se pronunciem negativamente sobre pressupostos procedimentais, como a tempestividade, legitimidade ou verificação dos requisitos para uso do meio procedimental em causa).

No caso de indeferimento tácito, presume-se que aprecia a legalidade do ato impugnado. Ao omitir pronúncia sobre a pretensão em que são imputadas ilegalidades ao ato impugnado, presume-se que a administração tributária não reconheceu nesse ato as ilegalidades que lhe foram imputadas.[30]

[30] Essencialmente neste sentido, podem ver-se os acórdãos do STA de 06-10-20105, processo 01166/04; de 02-02-2005, processo nº 01171/04; de 08-07-2009, processo nº 0306/09; de 23-9-2009, processo nº 0420/09; e de 12-11-2009, processo nº 0681/09.

4.3.2.3. Necessidade ou não de impugnação administrativa prévia nos caso em que existam orientações genéricas

A possibilidade de impugnar perante os tribunais tributários estaduais atos de autoliquidação, retenção na fonte e pagamento por conta está dependente, em regra, de prévia apresentação de reclamação graciosa, como se exige nos artigos 131º, nº 1, 132º, nºs 3 e 4, e 133º, nº 2, do CPPT. No entanto, no que concerne a atos de autoliquidação e retenção na fonte, quando o fundamento de impugnação for exclusivamente matéria de direito e os atos tiverem sido efetuados de acordo com orientações genéricas emitidas pela Administração Tributária[31], deixa de ser obrigatória a reclamação graciosa prévia, como resulta do nº 3 do artigo 131º e do nº 6 do artigo 132º. Assim, à face daquelas normas do CPPT, só em relação a atos de pagamento por conta a reclamação graciosa é sempre imprescindível para aceder à impugnação contenciosa.[32]

A reclamação necessária prevista naquelas normas justifica-se por a Administração Tributária não ter tido previamente possibilidade de tomar posição sobre a autoliquidação, efetuada pelo contribuinte por sua própria iniciativa. A administração da justiça pelos tribunais tributários é um bem escasso, como patenteiam os enormes atrasos que afetam a maior parte

[31] Como se entendeu no acórdão do STA de 31-05-2006, processo nº 26622, seguindo o parecer do Conselho Consultivo da Procuradoria Geral da República nº 62/96, de 28-5-1998, publicado no *Diário da República*, II Série, de 24-10-1998, orientações genéricas são atos do poder de direção típico da relação de hierarquia administrativa, os quais dão a faculdade de emanar circulares interpretativas, ou seja, instruções gerais, vinculativas, dirigidas aos órgãos da Administração Tributária, funcionários e agentes subalternos, acerca do sentido em que devem – mediante interpretação ou integração – entender-se as normas e princípios jurídicos que, no âmbito do exercício das suas funções, lhes caiba aplicar.

[32] No entanto, a exigência de reclamação graciosa prévia em relação à impugnação judicial de pagamento por conta cuja efetivação foi ***determinada pela Administração Tributária*** será materialmente inconstitucional, pois os pagamentos por conta indevidamente efetuados provocam um prejuízo ao contribuinte, pois privam-no da disponibilidade das quantias pagas. Esses pagamentos são, assim, lesivos, sendo como tal qualificados pela alínea *a)* do nº 1 do artigo 95º da LGT e a reclamação graciosa não afasta a lesividade do ato, pois em nada altera a situação em que se encontra o contribuinte que tenha efetuado pagamento por conta indevido ou excessivo. Nos casos em que o pagamento por conta é determinado pela Administração Tributária e foi efetuado, está-se perante um ato de natureza administrativa praticado pela Administração Tributária, pelo que, em face da sua lesividade imediata não afastável por meios de impugnação administrativa, parece que tem de considerar-se inconstitucional, à face do artigo 268º, nº 4, da CRP, o afastamento da sua impugnabilidade contenciosa imediata.

dos tribunais tributários, pelo que, para otimização do serviço público de justiça, o acesso a meios jurisdicionais de dirimir conflitos de interesses em matéria tributária deve ser condicionado, reservando-o para os casos em que se gerou um conflito de interesses, o que, em matéria tributária, pressupõe que a Administração Tributária tenha tomado uma posição contrária à do contribuinte. Na verdade, obstando-se à intervenção dos tribunais em situações em que a tutela jurisdicional não se mostra necessária, potencializa-se a otimização dos recursos disponíveis, prosseguindo-se, dessa forma, o objetivo primacial de proporcionar à generalidade dos cidadãos a possibilidade de obterem tutela judicial efetiva para os seus direitos e interesses.

A situação é diferente nos casos em que a autoliquidação foi efetuada de acordo com orientações genéricas da Administração Tributária, pois, nestes casos, esta já se pronunciou antecipadamente sobre a questão suscitada pelo interessado na impugnação, estando mesmo vinculada à observância das *«orientações genéricas constantes de circulares, regulamentos ou instrumentos de idêntica natureza emitidas sobre a interpretação das normas tributárias que estiverem em vigor no momento do facto tributário»* [artigo 68º, nº 4, alínea *b)*, da LGT], pelo que é presumivelmente inútil suscitar a sua intervenção através de reclamação graciosa, que teria de ser indeferida.

As razões subjacentes à imposição legal e à dispensa de reclamação graciosa, prévia em relação à utilização de meios jurisdicionais, vale também em relação ao acesso aos tribunais arbitrais, pois, por muito profícua que seja a sua atividade, estar-se-á muito longe de atingir um estado de abundância de meios de dirimir jurisdicionalmente conflitos em matéria tributária, que permita abrir ao acesso a meios jurisdicionais em situações em que não há razões para crer que ele seja imprescindível.

Sendo assim, é de concluir, por mera interpretação declarativa, que a possibilidade de pedir aos tribunais arbitrais a declaração de ilegalidade de atos de autoliquidação, retenção na fonte e pagamento por conta prevista no artigo 2º, nº 1, alínea *a)*, do RJAT, deve ser entendida em sintonia com o regime previsto nos nºs 1 e 3 do artigo 131º do CPPT, sendo necessária a reclamação graciosa prévia nos casos em que ela também o é nos tribunais tributários. O mesmo entendimento foi já sufragado pelo Tribunal Arbitral no âmbito do Processo Arbitral nº 48/2012-T, de 06-07-2012[33], no ficou

[33] Disponível no site oficial do CAAD *in* http://www.caad.org.pt .

assente que "A referência expressa ao precedente «***recurso à via administrativa nos termos dos artigos 131º a 133º do Código de Procedimento e de Processo Tributário***», deve ser interpretada como reportando-se aos casos em que tal recurso é obrigatório, através da reclamação graciosa, que é o meio administrativo indicado naqueles artigos 131º a 133º do CPPT, para que cujos termos se remete. Na verdade, desde logo, não se compreenderia que, não sendo necessária a impugnação administrativa prévia «*quando o seu fundamento for exclusivamente matéria de direito e a autoliquidação tiver sido efetuada de acordo com orientações genéricas emitidas pela administração tributária*» (artigo 131º, nº 3, do CPPT, aplicável aos casos de retenção na fonte, por força do disposto no nº 6 do artigo 132º do mesmo Código), se fosse afastar a jurisdição arbitral por essa impugnação administrativa, que se entende ser desnecessária, não ter sido efetuada.

Mas, a impugnação direta do ato de retenção na fonte só pode fazer-se sem prévia reclamação graciosa nos referidos casos em que o tiver sido efetuada «*de acordo com orientações genéricas emitidas pela administração tributária*», como resulta do preceituado naqueles artigos 132º, nº 6, e 131º, nº 3, do CPPT.

A referência expressa ao prévio «***recurso à via administrativa nos termos dos artigos 131º a 133º do Código de Procedimento e de Processo Tributário***» deve ser interpretada como reportando-se aos casos em que tal recurso é obrigatório, através da reclamação graciosa, que é o meio administrativo indicado naqueles artigos 131º a 133º do CPPT, para cujos termos se remete. Na verdade, desde logo, não se compreenderia que, não sendo necessária a impugnação administrativa prévia «*quando o seu fundamento for exclusivamente matéria de direito e a autoliquidação tiver sido efetuada de acordo com orientações genéricas emitidas pela Administração Tributária*» (artigo 131º, nº 3, do CPPT, aplicável aos casos de retenção na fonte, por força do disposto no nº 6 do artigo 132º do mesmo Código), se fosse afastar a jurisdição arbitral por essa impugnação administrativa, que se entende ser desnecessária, não ter sido efetuada.

Assim, é de concluir que a reclamação graciosa apenas é necessária em relação a pedidos de declaração de ilegalidade de atos de autoliquidação, retenção na fonte e pagamento por conta nos referidos casos em que o ato cuja ilegalidade se pretende ver declarada não foi efetuado «*de acordo com orientações genéricas emitidas pela Administração Tributária*».

As questões de inconstitucionalidade que, quanto à impugnação judicial nos tribunais tributários, se podem colocar em relação à exigência de reclamação graciosa prévia nos casos em que os atos são imediatamente lesivos, não serão de colocar em relação aos tribunais arbitrais, nos casos em que se formulem exigências acrescidas em relação às feitas para acesso aos tribunais tributários, já que o acesso aos tribunais arbitrais tem natureza facultativa, podendo o sujeito passivo sempre optar por utilizar os tribunais tributários, nos casos em que seja possível em relação a eles o acesso que se impede em relação aos tribunais arbitrais.

4.3. Conhecimento da competência

Não sendo a competência material dos tribunais arbitrais tributários definida por convenção das partes, mas por regulamentação de natureza pública efetuada no RJAT, não serão de colocar as condições de arguição da incompetência até à apresentação de defesa ou imediatamente após se suscitar a questão que alegadamente exceda a competência, que se preveem, para a arbitragem voluntária, no artigo 18º, nºs 4 e 6, da Lei nº 63/2011, de 14 de dezembro (LAV2011), pois o seu conhecimento não depende de arguição, como é regra quando está em causa a competência em razão da matéria (artigo 13º do CPTA).

4.4. Conhecimento da competência

Não sendo a competência material dos tribunais arbitrais tributários definida por convenção das partes, mas por regulamentação de natureza pública efetuada no RJAT, não serão de colocar as condições de arguição da incompetência até à apresentação de defesa ou imediatamente após se suscitar a questão que alegadamente exceda a competência, que se preveem, para a arbitragem voluntária, no artigo 18º, nºs 4 e 6, da Lei nº 63/2011, de 14 de dezembro (LAV2011), pois o seu conhecimento não depende de arguição, como é regra quando está em causa a competência em razão da matéria (artigo 13º do CPTA).

4.5. Declaração de ilegalidade de atos de autoliquidação, de retenção na fonte e de pagamento por conta

4.5.1. Autoliquidação

Há autoliquidação quando a liquidação do tributo é feita pelo próprio sujeito passivo, tendo por base a matéria coletável que conste das respetivas declarações, como, por exemplo, se prevê nos artigos 89º, alínea *a)*, e 90º, nº 1, alínea *a)*, do CIRC[34]. Também relativamente ao IVA, a regra é a cobrança do imposto ser feita na sequência de autoliquidação, nos termos dos artigos 27º e 41º do CIVA[35], sendo o pagamento feito em toda a rede de cobrança do IVA ou à Direção de Serviços de Cobrança do Imposto sobre o Valor Acrescentado (DSCIVA) [artigo 1º, nº 1, alínea *a)*, do DL nº 229/95, de 11 de setembro][36].

4.5.2. Retenção na fonte

De harmonia com o preceituado no artigo 20º da LGT, a substituição tributária verifica-se quando, por imposição da lei, a prestação tributária for exigida a pessoa diferente do contribuinte e é efetivada através do mecanismo da retenção na fonte do imposto devido.

Nos termos do artigo 34º da mesma Lei, «*as entregas pecuniárias efetuadas por dedução nos rendimentos pagos ou postos à disposição do titular pelo substituto tributário constituem retenção na fonte*».

A retenção na fonte é feita, nomeadamente, de acordo com o preceituado nos artigos 98º a 101º-D do CIRS e 94º a 98º do CIRC, para além de várias situações em sede de Imposto do Selo (como as previstas nos artigos 2º, 3º, 23º e 41º do Código do Imposto do Selo).

A retenção pode ser feita com carácter definitivo ou como pagamento por conta do imposto devido a final.

Quanto às importâncias retidas e não entregues à Administração Tributária, a entidade obrigada à retenção é a única responsável, ficando o contribuinte substituído desonerado da responsabilidade pelo pagamento (artigo 28º, nº 1, da LGT). Nestes casos, o substituído pagou, através da retenção, o imposto retido e, por isso, não se justifica que ele lhe possa ser exigido outra vez. Assim, quanto ao imposto retido, seja ou não a retenção feita a título de pagamento por conta, o substituído nem mesmo subsidiariamente é responsável

[34] Aos artigos 89º e 90º do CIRC na redação resultante da republicação operada pelo DL nº 159/2009, de 13 de julho, correspondem os artigos 82º e 83º na redação anterior.

[35] Aos artigos 27º e 41º do CIVA, na redação resultante da renumeração operada pelo DL nº 102/2008, de 20 de junho, correspondem os artigos 26º e 40º, na redação anterior.

[36] A redação vigente desta alínea *a)* foi introduzida pelo DL nº 124/2005, de 3 de agosto. O pagamento do IVA autoliquidado apenas não é feito através da rede de cobrança do IVA nos casos dos pequenos retalhistas, em que é feito nos locais de cobrança autorizados, nos termos do artigo 67º, nº 1, alínea *b)*, do CIVA e dos casos previstos no artigo 27º, nº 2, do mesmo Código (artigo 26º na redação anterior à renumeração efetuada pelo DL nº 102/2008, de 20 de junho).

No que concerne às importâncias que deviam ter sido retidas e não o foram, quando a retenção deveria ser feita a título de pagamento por conta do imposto devido a final, cabe ao substituído a responsabilidade originária pelo imposto não retido e ao substituto a responsabilidade subsidiária (artigo 28º, nº 2, da LGT).

Nos restantes casos, o substituto é o responsável originário pelas importâncias que deveriam ter sido retidas e não foram, sendo o substituído responsável subsidiário pelas mesmas (artigo 28º, nº 3, da LGT).

4.5.3. Pagamentos por conta

A possibilidade de o sujeito passivo pedir a Tribunal Arbitral declaração de ilegalidade de atos de pagamento por conta deve ser interpretada em consonância com o regime previsto no artigo 133º do CPPT para a impugnação judicial desses atos, uma vez que se trata, em ambos, os casos, de obter tutela jurisdicional para situações idênticas.

Pagamentos por conta do imposto devido a final são as entregas pecuniárias antecipadas que sejam efetuadas pelos sujeitos passivos no período de formação do facto tributário (artigo 33º da LGT).

Além destes pagamentos por conta, efetuados no período de formação do facto tributário, o CPPT prevê, nos nºs 4 a 6 do artigo 86º, a possibilidade de outros pagamentos por conta, efetuados após a formação deste facto, mas antes da extração da certidão de dívida ou no decurso do processo de execução fiscal (artigos 262º, nº 4, e 264º, nº 2).

É aos pagamentos por conta efetuados durante a formação do facto tributário (incluindo os pagamentos adicionais por conta e os pagamentos especiais por conta, previstos nos artigos 104º-A e 106º do CIRC), efetuados pelo próprio sujeito passivo, que se refere o artigo 133º do CPPT e também é a estes atos do contribuinte que o artigo 2º, nº 1, alínea *a)*, do RJAT abre o acesso aos tribunais arbitrais.

O artigo 133º, nº 1, do CPPT estabelece que «*o pagamento por conta é suscetível de impugnação judicial com fundamento em erro sobre os pressupostos da sua existência ou do seu quantitativo quando determinado pela Administração Tributária*».

Em sintonia com a suscetibilidade de impugnação judicial que se prevê neste artigo133º, é de concluir que

– é sempre possível pedir a declaração de ilegalidade de pagamentos por conta quando o seu quantitativo for fixado pela Administração

Tributária, com fundamento em erro nessa fixação ou na não existência dos pressupostos de que depende a obrigação de os efetuar[37];
- nos casos em que é o próprio sujeito passivo a calcular o montante dos pagamentos por conta ou pagamentos especiais por conta, o fundamento do pedido de declaração de ilegalidade apenas pode ser a não verificação dos pressupostos da existência da obrigação de efetuar tais pagamentos[38].

Consequentemente, não se admite a possibilidade de declaração de ilegalidade do pagamento por conta com base em erro no montante do pagamento, quando foi o próprio sujeito passivo a calcular a quantia que pagou.

Esta solução, porém, parece não ser compatível com o preceituado no artigo 95º, nº 2, alínea *a)*, da LGT, em que se reconhece a potencialidade lesiva dos atos de pagamento por conta, lesividade essa que reclama a respetiva possibilidade de impugnação contenciosa (artigos 268º, nº 4, da CRP e 9º, nº 2, da LGT).

Na verdade, embora os pagamentos a mais efetuados venham a ser tidos em conta na liquidação final, a não disponibilidade das quantias indevidamente retidas a mais constitui um prejuízo autónomo para o devedor do tributo e a circunstância de ter sido ele próprio a calcular os valores pagos não elimina os efeitos dos pagamentos sobre a sua esfera jurídica, que justificam a sua qualificação como atos lesivos.

Em termos de congruência legislativa, não se poderá justificar, aqui, o afastamento do direito de eliminar juridicamente os pagamentos por

[37] A imposição da obrigação de o contribuinte efetuar pagamentos por conta e a previsão de que o cálculo do respetivo valor é determinado pela Administração Tributária constam do artigo 102º, nº 3, do CIRS.

[38] O montante dos pagamentos por conta, dos pagamentos adicionais por conta e dos pagamentos especiais por conta é calculado pelo próprio contribuinte nas situações indicadas nos artigos 104º e 106º do CIRC (nas redações resultantes das republicações operadas pelo DL nº 159/2009, de 13 de julho, e pela Lei nº 2/2014, de 16 de Janeiro, a que correspondem os artigos 98º e 96º, respetivamente, na redação anterior) e no artigo 104º-A do mesmo Código, na redação da Lei nº 12-A/2010, de 28 de agosto. O erro quanto à verificação dos pressupostos da existência de pagamento especial por conta pode derivar, por exemplo, de o pagamento se reportar ao exercício em que o contribuinte iniciou a sua atividade ou no seguinte (nos termos do nº 9 do artigo106º o pagamento especial por conta não se aplica nestes exercícios), ou o sujeito passivo estar abrangido pelo regime simplificado ou o montante a pagar ser nulo, à face do volume de negócios do ano anterior.

conta excessivos calculados pelo contribuinte pelo facto de poderem ser tomados em consideração na liquidação final global relativa ao ano a que eles se reportam, pois esta razão também valeria para o caso dos pagamentos excessivos terem sido determinados pela Administração Tributária e, neste caso, admite-se a possibilidade de impugnação contenciosa, após reclamação graciosa[39].

Por isso, parece ser materialmente inconstitucional o nº 1 do artigo 133º do CPPT, bem como da alínea *a)* do nº 1 do artigo 2º deste diploma, se forem interpretados como impedindo a declaração de ilegalidade e a impugnação judicial dos pagamentos de conta efetuados pelo sujeito passivo com fundamento em erro quanto ao seu quantitativo, por si cometido.

4.6. Declaração de ilegalidade de atos de fixação da matéria tributável, de atos de determinação da matéria coletável e atos de fixação de valores patrimoniais

4.6.1. Matéria tributável e matéria coletável

Embora as expressões «*matéria tributável*» e «*matéria coletável*» não tenham exatamente o mesmo alcance, o certo é que a lei as utiliza indiferentemente, como sinónimos, em várias situações.

Para o constatar basta ver os artigos 91º, 92º e 94º da LGT:

- na epígrafe do artigo91º da LGT, em cuja epígrafe se refere «*Pedido de revisão da matéria coletável*» e nos seus nºs 8, 14 e 15 se alude à «*matéria tributável*», com o mesmo alcance;
- no artigo 92º fala-se em «*matéria coletável*» no nº 1, e em «*matéria tributável*» nos nºs 4, 5 e 6
- no artigo 94º emprega-se a expressão «*matéria tributável*» no nº 1 e «*matéria coletável*» no nº 3.

[39] Não se tratará, assim, de uma situação equiparável à gerada no âmbito da retenção em excesso, referida no nº 2 do artigo132º do CPPT, em que se afasta o direito de impugnação contenciosa, mesmo precedido de reclamação graciosa, nos casos em que o imposto entregue a mais puder ser descontado nas entregas seguintes da mesma natureza a efetuar no ano do pagamento indevido. Na verdade, a possibilidade de autotutela praticamente imediata que pode justificar o afastamento do direito de impugnação contenciosa não ocorre no caso do pagamento por conta excessivo, pois, por um lado, nos casos em que a liquidação do tributo não é feita por autoliquidação até nem se pode falar em autotutela e, por outro lado, o acerto de contas não pode ser concretizado imediatamente, só o sendo quando for efetuado o apuramento do imposto devido a final, no ano subsequente àquele em que os pagamentos por conta foram efetuados.

O CPPT, embora apresente maior coerência, na sua versão inicial, ao utilizar sempre a expressão «*matéria tributável*» [artigos 38º, nº 3, 59º, nº 2, 62º, nº 1, 80º, nº 3, 86º, nºs 4 e 7, 97º, nº 1, alínea *b)*, 100º, nºs 2 e 3, 117º, epígrafe e nº 1] viu numa das suas mais recentes alterações usar-se a expressão «*matéria coletável*» [artigo 97º-A, nº 1, *b)*].

A expressão «*matéria tributável*», que em sede de IRC é referida como «*lucro tributável*» (artigo 17º do CIRC), abrange uma realidade mais lata do que a «*matéria coletável*», que é determinada com base naquela com reduções (como se vê pelo artigo 15º, nº 1, do CIRC). A «*matéria coletável*» é o montante que serve diretamente de base ao cálculo do imposto, com aplicação da taxa do tributo, enquanto a «*matéria tributável*» é um dos elementos a considerar para cálculo da matéria coletável, sendo esta constituída pela matéria tributável reduzida em função de abatimentos e deduções, benefícios fiscais e prejuízos fiscais que devam ser considerados.

A alínea *b)* do nº 1 do artigo 2º do RJAT parece ser a primeira norma em que se utilizam legislativamente as duas expressões, o que parece revelar que houve a perceção de que se trata de expressões com alcances diferentes.

No entanto, mostrando que não se conseguiu eliminar a confusão de conceitos, no artigo 13º, nº 4, do RJAT volta-se a usar apenas a expressão «*matéria coletável*», enquanto no seu artigo 24º, nº 3, se fala apenas de «*matéria tributável*» (para referenciar o «*pedido de revisão da matéria coletável*», regulado no artigo 91º da LGT).

4.6.2. Aplicabilidade das limitações gerais à impugnabilidade de atos

O CPPT enuncia no seu artigo 54º, como princípio geral, o da impugnação unitária, nos termos do qual «*salvo quando forem imediatamente lesivos dos direitos do contribuinte ou disposição expressa em sentido diferente, não são suscetíveis de impugnação contenciosa os atos interlocutórios do procedimento, sem prejuízo de poder ser invocada na impugnação da decisão final qualquer ilegalidade anteriormente cometida*».

Assim, no contencioso tributário, em regra, só há impugnação contenciosa do ato final do procedimento, que afeta imediatamente a esfera patrimonial do contribuinte, fixando a posição final da Administração Tributária perante este, definindo os seus direitos ou deveres. Esse princípio extrai-se também do artigo 66º da LGT, em que se estabelece o regime dos atos interlocutórios do procedimento tributário, que determina que os contribuintes e outros interessados podem reclamar de quaisquer atos ou omissões praticados pela Administração Tributária, mas a reclamação não suspende o procedimento, podendo os interessados impugnar a decisão final com fundamento em qualquer ilegalidade.

Uma concretização desse princípio encontra-se nos nºs 3 e 4 do artigo 86º da LGT, em que se estabelece que, nos casos em a liquidação se baseou em matéria tributável determinada através de avaliação indireta, não pode ser impugnado o ato de avaliação, mas o ato de liquidação pode ser impugnado com fundamento em vícios atinentes àquele, salvo quando a liquidação tiver por base o acordo obtido no processo de revisão da matéria tributável. Assim, os atos de avaliação indireta da matéria tributável apenas são impugnáveis autonomamente quando não dão lugar a liquidação (matéria coletável nula ou negativa, ou abrangida por isenção), como se prevê naquele nº 3.

Esta restrição à impugnabilidade autónoma de atos de fixação da matéria tributável, que já se deveria fazer em relação ao recurso inicial do RJAT, veio a ser explicitamente adotada na alínea *b)* do nº 1 do artigo 2º do RJAT com a redação introduzida pela Lei nº 64-B/2011, de 30 de dezembro. No entanto, a explicitação desta restrição apenas quanto a atos de fixação da ***matéria tributável*** e não também quanto aos atos de determinação da ***matéria coletável***, referidos na mesma norma, parece conduzir a uma interpretação no sentido de poder ser pedida a declaração de ilegalidade destes últimos atos mesmo quando há lugar a subsequente liquidação de tributo, o que constituirá uma exceção àquele princípio da impugnação unitária e à regra do nº 3 do artigo 86º da LGT. É uma solução que não será de estranhar, no contexto do RJAT, pois é manifesto, em face da alínea *c)* do nº 1 do artigo 2º do RJAT, na redação inicial, que se pretendeu permitir a intervenção dos tribunais arbitrais em situações procedimentais em que não é viável a intervenção dos tribunais tributários. De resto, a fixação, na alínea *b)* do nº 1 do artigo 10º do RJAT, de prazo para a apresentação de pedido de constituição do Tribunal Arbitral relativamente a atos previstos na alínea *b)* do nº 1 do artigo 2º, tem pressuposta a possibilidade de tais pedidos relativamente a atos que, à face das leis tributárias, ***não são suscetíveis de impugnação autónoma***, pois a todos os que são suscetíveis de impugnação autónoma é aplicável o prazo de 90 dias previsto na alínea *a)* do nº 1 daquele artigo 10º, como resulta do seu teor expresso.

Por outro lado, relativamente aos atos de avaliação de valores patrimoniais, o artigo 134º, nº 7, do CPPT, em sintonia com o artigo 86º, nº 2, da LGT, impõe o prévio esgotamento dos meios graciosos previstos no procedimento de avaliação, pelo que nem todos são diretamente impugnáveis.

Numa primeira análise, o facto de a alínea *b)* do nº 1 do artigo 2º do RJAT estabelecer, sem qualquer limitação explícita de ordem procedimental, a competência dos tribunais arbitrais para a declaração de ilegalidade de atos de fixação da matéria tributável, de atos de determinação da matéria coletável e de atos de fixação de valores patrimoniais, poderá sugerir a conclusão de que a apreciação contenciosa destes atos podia ser pedida sem qualquer condicionamento.

No entanto, para além de não deixarem de valer em relação aos pedidos dirigidos aos tribunais arbitrais as razões de economia processual que justificam os condicionamentos ao acesso à via contenciosa, estando o referido artigo 54º do CPPT inserido entre as ***disposições gerais do procedimento tributário***, visando determinar quais os atos procedimentais que são suscetíveis de apreciação contenciosa, é de concluir que esse princípio será aplicável também relativamente aos pedidos de declaração de ilegalidade que podem ser formulados perante tribunais arbitrais, pois o RJAT não visa alterar regras procedimentais, mas criar um regime especial de apreciação jurisdicional de litígios.

Por outro lado, uma interpretação literal da alínea *b)* do nº 1 do artigo 2º do RJAT, no sentido da possibilidade incondicionada de formular pedidos de declaração de ilegalidade de atos de determinação da matéria coletável, conduziria a que tais pedidos pudessem ser formulados sem prévia formulação de pedido de revisão, nos termos dos artigos 91º e 92º da LGT, e mesmo que o contribuinte tivesse chegado a acordo neste procedimento, o que não parece congruente com a preocupação legislativa que a LGT evidencia de privilegiar o acordo em tal matéria.

Por isso, numa perspetiva que tenha presente a necessidade de assegurar a congruência valorativa do sistema jurídico, pressuposta pela sua unidade, que é elemento primacial de interpretação jurídica (artigo 9º, nº 1, do CC), terá de se concluir que os condicionamentos gerais ao acesso à via contenciosa para apreciar a legalidade de atos de determinação da matéria tributável ou coletável e de avaliação patrimonial devem ser também aplicados relativamente aos tribunais arbitrais.

Sendo assim, é à face daquelas regras dos artigos 86º, nºs 2, 3 e 4, 91º e 92º da LGT e 54º e 134º, nº 7, do CPPT, que estabelecem que os atos inseridos em procedimentos tributários apenas são suscetíveis de apreciação contenciosa quando forem imediatamente lesivos dos direitos ou interesses do contribuinte ou exista disposição expressa em sentido diferente, que há que apreciar a possibilidade de formulação de pedidos de declaração de ilegalidade referidos na alínea *b)* do nº 1 do artigo 2º do RJAT.

4.6.3. Declaração de ilegalidade de atos de fixação da matéria tributável e determinação da matéria coletável

4.6.3.1. Avaliação e cálculo da matéria tributável

O artigo 81º da LGT estabelece que «*a matéria tributável é avaliada ou calculada diretamente segundo os critérios próprios de cada tributo, só podendo a Administração Tributária proceder a avaliação indireta nos casos e condições expressamente previstos na lei*».

Está-se perante ***cálculo*** e não ***avaliação*** da matéria quando é possível determinar o seu valor com base em elementos objetivos (como contabilidade e respetiva documentação), através da verificação desses elementos e operações matemáticas com base neles elaboradas.

Em face desta referência cumulativa a avaliação e cálculo da matéria coletável que se faz naquele artigo 81º, a designação de ***avaliação*** estará reservada para os casos em que a determinação da matéria tributável é feita através de métodos que, mesmo com utilização de critérios objetivos (como exige o nº 1 do artigo 84º da LGT), não podem deixar de envolver uma margem de subjetividade, como sucede nos casos de determinação do valor de bens (subjacente às liquidações de IMI, IMT, imposto sobre veículos e, anteriormente, sisa, imposto sobre sucessões e doações, contribuição autárquica) e nos casos em que a determinação é feita utilizando métodos indiretos.

4.6.3.2. Avaliação direta e indireta da matéria tributável

A avaliação direta visa a determinação do valor real dos rendimentos ou bens sujeitos a tributação, enquanto a avaliação indireta visa a determinação do valor dos rendimentos ou bens tributáveis a partir de indícios, presunções ou outros elementos de que a Administração Tributária disponha (artigo 83º da LGT).

A avaliação indireta é subsidiária da avaliação direta, só podendo efetuar-se nos casos previstos no artigo 87º da LGT.

4.6.3.3. Declaração de ilegalidade de atos de avaliação indireta

Embora a alínea *b)* do nº 1 do artigo 2º do RJAT inclua nas competências dos tribunais arbitrais a declaração de ilegalidade de atos de fixação da matéria tributável e determinação da matéria coletável em que foram utilizados métodos indiretos, a Administração Tributária afastou essa possibilidade ao excluir expressamente da sua vinculação àqueles tribunais as «*pretensões relativas a atos de determinação da matéria coletável e atos de determinação da matéria tributável, ambos por métodos indiretos, incluindo a decisão do procedimento de revisão*» [alínea *b)* do artigo 2º da Portaria nº 112-A/2011, de 22 de março].

Se, eventualmente, esta restrição à vinculação vier a ser eliminada, é de notar que no nº 5 do artigo 86º da LGT se impõe, como condição da impugnação judicial da liquidação fundada em erro na quantificação ou nos pressupostos da determinação da matéria tributável por métodos indiretos, uma «*prévia reclamação*», que no artigo91º do mesmo diploma se concretiza como um procedimento de revisão da matéria coletável.

O nº 1 do artigo 117º do CPPT regulamenta esta necessidade de prévia reclamação (pedido de revisão), afastando da mesma os casos de regime simplificado de tributação e aqueles em que for interposto recurso hierárquico com efeito suspensivo da liquidação[40].

A estes casos em que é afastada a necessidade de reclamação prévia há que acrescentar o previsto no nº 7 do artigo 89º-A da LGT[41], em que se prevê a possibilidade de recurso da decisão de avaliação para o tribunal tributário e a não aplicação do procedimento de revisão previsto no artigo 91º e seguintes da LGT.

Deverá aplicar-se este regime ao acesso aos tribunais arbitrais para declaração de ilegalidade de atos de fixação da matéria tributável, pois não deixam de valer em relação a estes as razões que podem justificar esse condicionamento do acesso aos tribunais tributários.

[40] Este último caso já estava excluído pelo nº 14 do artigo 91º da LGT, pois nele se proibia, genericamente, a utilização do procedimento de revisão em todos os casos em que seja admissível recurso hierárquico com efeito suspensivo da liquidação, independentemente de ele ser efetivamente interposto. Esta referência ao recurso hierárquico com efeito suspensivo da liquidação veio a ser eliminada pela Lei nº 32-B/2002, de 30 de dezembro, que deu nova redação àquele nº 14 do artigo 91º.

[41] Na redação introduzida pela Lei nº 55-B/2004, de 30 de dezembro, a que corresponde o nº 6 na redação anterior.

4.6.3.4. Impugnação da avaliação direta da matéria tributável

Nos termos do artigo 86º da LGT, a avaliação direta da matéria tributável é suscetível de impugnação contenciosa direta.

São atos de avaliação direta os de fixação de valores patrimoniais, a que se refere o artigo 134º do CPPT.

Como resulta dos nºs 1 e 2 do artigo 134º do CPPT e da alínea *b)* do nº 1 do artigo 2º do RJAT, os atos de fixação de valores patrimoniais podem ser objeto de impugnação autónoma ou pedido de declaração de ilegalidade, com fundamento em qualquer ilegalidade[42].

Assim, quando os atos de avaliação direta estão inseridos num procedimento de liquidação de um tributo, são atos destacáveis para efeitos de impugnação contenciosa.

Tratando-se de atos destacáveis e inexistindo qualquer restrição relativa às ilegalidades que podem ser objeto de declaração de ilegalidade, os vícios de que enfermem os referidos atos de avaliação apenas poderão

[42] Entre as ilegalidades que podem ser imputadas aos atos de avaliação incluem-se as que implicam a aplicação de critérios técnicos. A restrição da sindicabilidade dos atos administrativos em que haja aplicação de critérios técnicos aos casos de erro grosseiro ou manifesto, que foi defendida pela jurisprudência no domínio de vigência da Lei de Processo nos Tribunais Administrativos, implica uma subversão prática do princípio legalidade, constitucionalmente imposto à Administração (nº 2 do artigo 266º da CRP) que passaria a traduzir-se, na prática, no dever de não praticar ilegalidades manifestas e correlativo direito de praticar ilegalidades não grosseiras ou manifestas, consequência esta que não é compatível com tal norma constitucional. A tal sindicabilidade não poderá constituir obstáculo o carácter técnico das questões a resolver, já que, precisamente para permitir a resolução de questões de carácter técnico no âmbito do contencioso administrativo, é que a Lei de Processo nos Tribunais Administrativos, no seu artigo 14º, previa generalizadamente a possibilidade de intervenção de técnicos e no processo de impugnação judicial se prevê também a possibilidade de produção de prova pericial (artigo 116º do CPPT). No domínio do contencioso tributário há atualmente indicações seguras de que o erro, de qualquer tipo, na quantificação de valores patrimoniais é fundamento de impugnação, mesmo quando implica a sindicância de atuações de carácter técnico, como pode ver-se pelos artigos 99º, alínea *a)*, 117º, nºs 2 e 3, do CPPT. Por outro lado, a possibilidade de constituir fundamento de impugnação «***qualquer ilegalidade***», qualquer erro de facto ou de direito, está expressamente prevista no nº 2 do artigo134º do CPPT. É assim inequívoco, que não existe, atualmente, qualquer obstáculo, a nível da lei ordinária, a que sejam apreciados pelos tribunais os atos de fixação de valores patrimoniais em todas as suas vertentes, estendendo-se a possibilidade de controlo judicial a qualquer erro de avaliação, seja motivado por errada apreciação de elementos de facto seja por errada aplicação de normas jurídicas, abrangendo-se nestes elementos a aplicação de critérios técnicos, feita pela Administração.

ser arguidos em pedido de declaração de ilegalidade do ato de avaliação e não do ato de liquidação que seja praticado com base naquele, já que a atribuição da natureza de destacável a um ato tem por fim, precisamente, autonomizar os vícios deste ato, para efeitos de apreciação contenciosa.

Sendo assim, não haverá possibilidade de apreciação da correção dos atos de fixação de valores patrimoniais em processo que tenha por objeto a declaração de ilegalidade do ato de liquidação, tendo aí de ter-se como pressuposto o valor fixado na avaliação.

Esse atendimento do valor fixado no ato de avaliação para praticar o ato de liquidação verifica-se mesmo que o ato de avaliação venha a ser impugnado ou venha a ser pedida a declaração da sua ilegalidade, pois o uso do meio contencioso não tem efeito suspensivo (nº 7 deste artigo 134º), norma esta que deve ser aplicada subsidiariamente aos pedidos de declaração de ilegalidade previstos no RJAT.

Nestes casos, se vier a ser reconhecida razão ao contribuinte no processo de impugnação do ato de avaliação, o ato de liquidação que nele assentou cairá, por passar a estar afetado de nulidade, como ato consequente [alínea *i)* do nº 2 do artigo 133º do CPA].

4.6.3.5. Esgotamento dos meios administrativos de revisão do valor patrimonial

O artigo 86º, nº 2, da LGT estabelece que «*a impugnação da avaliação direta depende do esgotamento dos meios administrativos previstos para a sua revisão*». Na mesma linha, o artigo 134º, nº 7, do CPPT estabelece que a impugnação de atos de fixação de valores patrimoniais só poderá ter lugar depois de esgotados os meios graciosos previstos no procedimento de avaliação.

Esta restrição à impugnação de atos de avaliação direta é aplicável aos pedidos de declaração de ilegalidade de atos de fixação de valores patrimoniais referidos na alínea *b)* do nº 1 do artigo 2º deste diploma, por analogia, pois valem também aqui as razões de economia de meios contenciosos que estão subjacentes àquele condicionamento, não havendo qualquer razão para não procurar prioritariamente procurar resolver a controvérsia por via administrativa.

A necessidade de esgotamento dos meios administrativos existe mesmo que a discordância do interessado com o ato de fixação seja apenas sobre matéria de direito, pois não se prevê qualquer limitação relativamente aos poderes de cognição das comissões que devem proceder às avaliações e elas podem ter de apreciar questões de direito cuja solução seja relevante para determinar os valores dos bens a avaliar (por exemplo, a avaliação pode depender da dimensão das possibilidades de edificação e ser necessário aplicar diplomas jurídicos para as determinar).[43] A conclusão no sentido da indispensabilidade do esgotamento dos meios administrativos também nos casos em que está em causa apenas a apreciação de questões de direito é reforçada pela comparação do regime paralelo previsto no artigo134º do CPPT e no artigo86º da LGT com o previsto no artigo91º desta última Lei, para a revisão da matéria coletável nos casos de avaliação indireta, pois no seu nº 14 expressamente se afasta a aplicabilidade desse procedimento de revisão relativamente às questões de direito, o que não acontece com aquelas primeiras normas. Na mesma linha, os artigos 75º, nº 1, e 76º, nº 2, do CIMI referem que a segunda avaliação pode ser requerida «quando o sujeito passivo ou o chefe de finanças não concordarem com o resultado da avaliação directa», não fazendo qualquer restrição quanto à natureza do fundamento em que assenta a discordância. Neste contexto, o não afastamento expresso da possibilidade de requerer segunda avaliação com fundamento em questões de direito, numa situação paralela à prevista naquele artigo91º, impõe uma interpretação no sentido de que não se pretendeu, quanto à fixação de valores patrimoniais, estabelecer qualquer restrição à revisão administrativa, mesmo que a discordância assente em fundamentos de direito.[44]

[43] Neste sentido, pode ver-se o acórdão do STA de 22-11-2000, processo nº 22378, que equipara a segunda avaliação a um recurso administrativo, que qualifica de recurso hierárquico impróprio, que se consubstancia em nova decisão sobre a questão da avaliação (reexame). No entanto, esta qualificação parece não ser a mais adequada, uma vez que a designação de recurso hierárquico impróprio é aplicada por lei aos casos em que o recurso é interposto para um órgão que exerça poder de supervisão sobre outro órgão da mesma pessoa coletiva ou em que é interposto de um ato de um membro de um órgão colegial para este órgão (artigo 176º, nºs 1 e 2, do CPA).

[44] No entanto, seria preferível a solução adotada no artigo 91º, nº 14, da LGT, pois não tem justificação razoável a obrigatoriedade de segunda avaliação quando a quantificação depende apenas da resolução de questões de direito. Na verdade, a composição das comissões de avaliação, que são integradas por economistas ou engenheiros ou arquitetos ou outros técnicos (artigos 93º, § 3º do CIMSISD e artigo132º do CCPIIA, para o regime anterior ao CIMI e artigos 63º, nºs 3 e 4, 65º, nº 2, e 74º, nºs 1 e 3, deste último Código), faz delas órgãos naturalmente mais vocacionados para a aplicação de regras técnicas ou científicas ou da experiência comum. E, se é certo que mesmo a aplicação de regras técnicas pode reclamar a aplicação de conhecimentos jurídicos, parece que seria preferível, que, quando a divergência

No entanto, sendo a finalidade da segunda avaliação apreciar as razões da discordância do interessado (ou do chefe de serviço finanças, como se prevê nos artigos 75º, nº 1, e 76º, nº 2, do CIMI) com o resultado da primeira avaliação, a exigência de requerer a segunda avaliação, como pressuposto da impugnação judicial ou pedido de declaração de ilegalidade, deve ser afastada quando a ilegalidade que é imputada se basear em fundamentos diferentes dessa discordância, como, por exemplo, a não verificação dos pressupostos legais de que dependa a realização da avaliação. Com efeito, nesta situação não vale a razão do condicionamento ao acesso imediato à via contenciosa, contido no nº 7 deste artigo 134º (e nos artigos 86º, nº 2, da LGT e 77º, nºs 1 e 2, do CIMI), pois a razão que o justifica é a possibilidade de a questão ser resolvida por via administrativa e a questão da verificação ou não dos pressupostos legais de que depende a realização da avaliação, como questão prévia em relação ao procedimento de avaliação, não se inclui no seu âmbito. Isto é, o condicionamento referido existe apenas quando o interessado pretende discutir o ato de fixação de valor patrimonial e não quando quer impugnar o ato que determina que se proceda a avaliação[45]. Porém, a declaração de ilegalidade de atos que determinam a realização de avaliações, não se inclui entre as competências dos tribunais arbitrais indicadas no artigo 2º, nº 1, do RJAT, sendo nos tribunais tributários a ação administrativa especial o meio processual adequado para apreciar pedidos desse tipo, em face do preceituado no artigo 97º, nºs 1, alíneas *d)* e *p)*, e 2, do CPPT.

Na mesma linha, deverá entender-se que, quando o contribuinte entende que a primeira avaliação não está suficientemente fundamentada e pretende impugná-la, invocando respetivo vício de falta de fundamentação, não será necessário requerer a segunda avaliação. Na verdade, se a primeira avaliação não está fundamentada, o contribuinte poderá mesmo ficar impossibilitado de saber se ela enferma ou não de qualquer ilegalidade e de conscientemente formar a sua decisão de concordar ou não com ela e

fosse apenas de ordem jurídica, a apreciação da impugnação pudesse ser imediatamente submetida à apreciação de órgãos jurisdicionais, que são os vocacionados para dirimir litígios de ordem jurídica.

[45] Essencialmente neste sentido quanto à impugnabilidade do ato que determina a realização de avaliação, independentemente da ocorrência de 2ª avaliação, pode ver-se o acórdão do STA de 06-11-2002, processo nº 968/02, AP-DR de 12-03-2004, página 2552, que foi proferido a propósito do artigo155º do CPT, equivalente ao artigo134º do CPPT.

a exigência de fundamentação de atos lesivos não é feita apenas tendo em vista a sua impugnação contenciosa, mas também a sua impugnação por meios administrativos. Por outro lado, a exigência de fundamentação de atos lesivos tendo em vista, relativamente aos destinatários, proporcionar-lhes a possibilidade de entenderem as razões por que quem decidiu tomou a decisão que tomou, visa permitir-lhes formar uma decisão conscienciosa sobre a impugnação de tais atos, pela generalidade de meios impugnatórios que a lei prevê, tanto os de natureza contenciosa como os de matéria administrativa. Por isso, não teria sentido impor ao sujeito passivo que pretende impugnar um ato de primeira avaliação por falta de fundamentação, a necessidade de requerer a revisão deste ato através de segunda avaliação, sem poder formar a sua convicção sobre a necessidade de tal revisão, por o ato enfermar de qualquer ilegalidade. Isto significa, assim, que a exigência de esgotamento dos meios administrativos de revisão dos atos de fixação de valores patrimoniais deve ser interpretada restritivamente, reconduzindo o alcance da norma aos limites que decorrem da sua razão de ser[46], o que conduz ao afastamento dessa exigência em casos, como o dos autos, em que o impugnante não manifesta discordância com o resultado da avaliação, imputando-lhe vício de falta de fundamentação[47].

4.7. Impugnação de indeferimentos tácitos

O indeferimento tácito não é um ato, mas uma ficção destinada a possibilitar o uso dos meios de impugnação administrativos e contenciosos, como decorre do preceituado no nº 5 do artigo 57º da LGT.

Apesar de o artigo 2º, nº 1, do RJAT fazer referência apenas a declaração de ilegalidade de ***atos***, é inequívoco que nela se abrange a declaração de ilegalidade de indeferimentos tácitos, pois o nº 1 do seu artigo 10º do RJAT faz referência aos «*factos previstos nos nºs 1 e 2 do artigo 102º do Código de Procedimento e de Processo Tributário*» e a «*formação da presunção de indeferimento tácito*» vem indicada na alínea *d)* do nº 1 deste artigo 102º.

[46] Como ensina BAPTISTA MACHADO, *Introdução ao Direito e ao Discurso Legitimador*, página 186, por vezes, «*o intérprete chega à conclusão de que o legislador adotou um texto que atraiçoa o seu pensamento, na medida em que diz mais do que aquilo que pretendia dizer. Também aqui a ratio legis terá uma palavra decisiva. O intérprete não deve deixar-se arrastar pelo alcance aparente do texto, mas deve restringir este em termos de o tornar compatível com o pensamento legislativo, isto é, com aquela ratio. O argumento em que assenta este tipo de interpretação costuma ser assim expresso: cessante ratione legis cessat eius dispositio (lá onde termina a razão de ser da lei termina o seu alcance)*».

[47] Neste sentido, pode ver-se o acórdão do STA de 16-04-2008, processo nº 4/08.

Para ocorrer um indeferimento tácito não basta que seja omitida uma decisão administrativa em relação a uma pretensão formulada pelo contribuinte, pois ele só ocorre quando exista dever de decisão.

O artigo 56º da LGT estabelece o princípio da decisão, nos termos do qual «a administração tributária está obrigada a pronunciar-se sobre todos os assuntos da sua competência que lhe sejam apresentados por meio de reclamações, recursos, representações, exposições, queixas ou quaisquer outros meios previstos na lei pelos sujeitos passivos ou quem tiver interesse legítimo» (nº 1). Mas, de harmonia com o disposto no nº 2 do mesmo artigo 56º, não existe dever de decisão quando a administração tributária se tiver pronunciado há menos de dois anos sobre pedido do mesmo autor com idênticos objeto e fundamentos ou tiver sido ultrapassado o prazo legal de revisão do ato tributário.

O dever de pronúncia apenas existe quando as questões que são apresentadas para decisão cabem na competência da administração tributária, na sua globalidade, entendida nos termos do artigo 1º, nº 3, da LGT, em que se estabelece que integram a administração tributária a Direcção-Geral dos Impostos, a Direcção-Geral das Alfândegas e dos Impostos Especiais sobre o Consumo, as outras entidades públicas legalmente incumbidas da liquidação e cobrança dos tributos, o Ministro das Finanças ou outro membro do Governo competente quando exerçam competências administrativas no domínio tributário, e os órgãos competentes dos Governos Regionais e autarquias locais.

Nos casos em que a entidade da administração tributária a quem for apresentado o assunto para decisão não for competente, em razão da matéria ou do território, para se pronunciar sobre ele, mas se trate de matéria da competência de um órgão ou autoridade integrante da administração tributária, o documento apresentado deverá ser enviado oficiosamente, como se estabelece no nº 2 do artigo 61º da LGT. Trata-se de um regime parcialmente distinto do previsto, para administração em geral, nos arts. 9º, nº 1, e 34º do CPA, de que resulta que o dever de pronúncia só é imposto nos casos em que os assuntos sejam apresentados ao órgão competente para se pronunciar sobre eles e a remessa oficiosa do documento apresentado ao órgão competente do mesmo ministério ou pessoa coletiva só é feita nos casos de erro desculpável.

Se a administração tributária, na sua globalidade, não tiver competência material para se pronunciar sobre o assunto que lhe for apresentado, não haverá dever de pronúncia nem de decisão, havendo, no entanto, que dar cumprimento ao preceituado no artigo 34º do CPA.

O dever de pronúncia pode traduzir-se em dever de decisão nos casos em que o assunto apresentado seja uma questão a resolver através de ato administrativo. Mesmo quando não há dever de decisão, há dever de pronúncia sobre todos os requerimentos e pedidos que sejam apresentados, pois o nº 1 do artigo 56º da LGT não dispensa o dever de pronúncia em nenhum caso, e, por isso, nenhum assunto apresentado deverá ficar sem resposta.

No entanto, por força do disposto no nº 2 do artigo 56º da LGT, mesmo que o assunto apresentado à administração tributária deva ser resolvido através de ato administrativo, não existe dever de decisão quando a administração tributária se tiver pronunciado, há menos de dois anos, sobre idêntico pedido do mesmo interessado ou estiver ultrapassado o prazo de revisão do ato tributário, referido no artigo 78º da LGT.

Esta dispensa do dever de decisão ocorre mesmo que a anterior pronúncia não se tenha concretizado na emissão de um ato administrativo. Na verdade, na norma equivalente do CPA, que é o artigo 13º, nº 2, (a que corresponde o artigo 9º, nº2, no CPA de 1991) estabelece-se que não há dever de decisão quando a Administração tiver praticado há menos de dois anos um ato administrativo, enquanto na alínea *a)* do nº 2 do artigo 56º da LGT se dispensa tal dever quando a administração tributária se tiver pronunciado, pelo que, sendo evidente que este artigo 56º tem como fonte o artigo 9º do CPA, a alteração de redação tem o significado claro de introduzir um regime distinto, nesta matéria.

Não referindo a LGT qual o termo inicial do prazo de dois anos, deverá atender-se ao momento da apresentação do requerimento, como se prevê no nº 2 do artigo 13º do CPA, aplicável subsidiariamente, nos termos da alínea *b)* do artigo 2º da LGT.

Assim, se tiverem decorrido dois anos sobre uma anterior pronúncia, existe dever de decisão da pretensão formulada pelo mesmo interessado com idênticos objeto e fundamentos. Com efeito, se, passados os dois anos existisse apenas um dever de pronúncia e não de reapreciação do decidido e emissão de nova decisão, a situação, passados os dois anos, seria exatamente idêntica à existente antes desse período decorrer[48], em que há mero dever de pronúncia.

[48] Essencialmente neste sentido, pode ver-se VIEIRA DE ANDRADE, em CJA nº 1, página 64, a propósito da questão paralela que se coloca em face do artigo 9º, nº 2 do CPA.

De harmonia com o preceituado no nº 3 do artigo 47º do CPPT, o pedido de reapreciação da decisão deve, salvo lei especial, ser dirigido ao dirigente máximo do serviço[49] ou a quem ele tiver delegado essa competência.

A criação de um dever legal decidir tem como finalidade possibilitar a formação de indeferimento tácito, que depende da existência de tal dever[50], e a previsão legal da formação de um indeferimento tácito tem como única justificação possibilitar a sua impugnação administrativa ou contenciosa. Assim, é impugnável o indeferimento tácito que se vier a formar na sequência da inércia da administração tributária perante um pedido dos interessados em que seja renovada uma pretensão anterior, com o mesmo objeto e fundamentos, que tenha sido indeferida há mais de dois anos, desde que não tenha transcorrido o prazo legal de revisão do ato tributário, à face do artigo 78º da LGT.

Existindo um dever de decidir, ao praticar um novo ato, a administração está obrigada a respeitar todas normas e princípios legais, pois não é constitucionalmente admissível a existência de atos administrativos dispensados da observância da legalidade (artigo 266º, nº 2, da CRP). Por isso, a legalidade do indeferimento tácito gerado pelo silêncio da administração tributária, pode ser apreciada contenciosamente, mesmo que tenha havido uma anterior decisão da administração expressa sobre a mesma questão. Assim, o denominado «caso decidido ou resolvido», como obstáculo à apreciação contenciosa de indeferimentos tácitos posteriores, terá um valor meramente provisório até ao esgotamento do maior dos prazos de revisão previstos no artigo 78º da LGT que for aplicável, impedindo o particular que viu indeferida uma pretensão de obter um indeferimento tácito apenas durante o prazo de dois anos referido na alínea *a)* do nº 2 deste artigo. Está implícito neste nº 2, que, se se tratar de ato expresso, mesmo com carácter confirmativo do anterior, poderá ser apreciada contenciosamente a sua legalidade.

[49] Sobre o conceito de dirigente máximo do serviço, pode ver-se a anotação 7 ao artigo 201º.

[50] A exigência de que, para a formação de indeferimento tácito, é necessário que a entidade a quem ele é imputado tenha dever legal de decidir estava expressamente prevista no artigo 3º, nº 1, do DL nº 256-A/77, de 17 de Junho, mas não foi incluída na norma correspondente do CPA, que é o artigo 109º. No entanto, a jurisprudência da SCA do STA tem mantido essa exigência como pode ver-se pelos acórdãos de 5-4-2005, processo nº 4/05; de 28-4-2005, processo nº 1406/04; de 14-6-2005, processo nº 60/05.

Para além dos casos de irrevogabilidade dos atos administrativos, não existe qualquer norma legal que dispense a administração de revogar atos ilegais e que a autorize a que, após a prática de um ato ilegal, seja recusada a sua revogação, em casos em que ela não é proibida, quando o particular a requeira. Pelo contrário, o ato expresso que for proferido sobre um pedido de revogação, está, como o primeiro ato, sujeito aos imperativos constitucionais da legalidade e, por isso, se renovar a ilegalidade do primeiro ato, incorrerá ele próprio numa ilegalidade autónoma, suscetível de produzir a sua anulação contenciosa.

Esta solução, que em termos de contencioso administrativo não tem encontrado eco na jurisprudência do STA, não é tão difícil de aceitar no domínio do contencioso tributário, pois o regime da revisão do ato tributário (que não tem paralelo no domínio do contencioso administrativo), tal como é configurado na LGT, com possibilidade de a revisão, mesmo a denominada oficiosa, ser efetuada a pedido do contribuinte [como se depreende do nº 6 do artigo 78º da LGT e da alínea *a)* do nº 4 do artigo 86º do CPPT], acaba por atribuir à generalidade das decisões da administração tributária que tenham por objeto atos de liquidação ou de fixação da matéria coletável, mesmo após o decurso dos prazos de impugnação contenciosa, um carácter meramente provisório, até que esteja esgotado o prazo legal em que é permitida a revisão. Por outro lado, resulta do disposto no artigo 95º, nºs 1 e 2, alínea *d)*, da LGT, que a decisão negativa proferida sobre um pedido de revisão do ato tributário é contenciosamente impugnável.[51] No entanto, a situação do contribuinte que obtenha a anulação contenciosa de um ato tributário desfavorável através de impugnação deduzida dentro do prazo previsto na lei para o efeito e a daquele que apenas obtenha uma decisão favorável na sequência de impugnação de ato de indeferimento de pedido de revisão não é idêntica, pois enquanto no primeiro caso é assegurada ao interessado a reconstituição da situação que existiria se não tivesse sido praticado o ato anulado, com direito a juros indemnizatórios desde o momento em que tenha sido efetuado o pagamento da quantia ilegalmente liquidada até à data da emissão da respetiva nota de crédito (arts. 43º, nº 1, e 100º da LGT e 61º, nº 3, do CPPT),

[51] Neste sentido, podem ver-se os seguintes acórdãos do STA: de 12-12-2001, proferido no recurso nº 26233, publicado em *Antologia de Acórdãos do STA e do TCA*, volume V, tomo 1, página 161; de 27-2-2002, proferido no recurso nº 26767; de 20-3-2002, proferido no recurso nº 26580.

no caso de revisão do ato tributário apenas é assegurado o direito a juros indemnizatórios nos termos das alíneas *b)* e *c)* do nº 3 do artigo 43º da LGT (a partir do 30º dia posterior à anulação, nos casos de anulação por iniciativa da administração tributária, ou a partir de um ano a contar da data da apresentação do pedido).

O indeferimento tácito presume-se que se baseia em razões de mérito e não em obstáculos processuais. Ao deixar de se pronunciar sobre a pretensão do contribuinte em que imputa ilegalidades ao ato impugnado, a administração tributária indeferiu-a, presumindo-se que não reconheceu nesse ato as ilegalidades que lhe foram imputadas. Está em causa apreciar mediatamente, a legalidade do ato impugnado, saber se, fosse proferida decisão ela devia ou não ser deferida. [52]

5. Cumulação de pedidos, coligação de autores

5.1. Vantagens da cumulação de pedidos e coligação de autores

As possibilidades de serem cumulados pedidos de declaração de ilegalidade de atos tributários e a coligação de autores justificam-se pela economia de meios que proporcionam e por contribuírem para a uniformidade de decisões.

A não se admitirem a cumulação e coligação, os contribuintes que fossem sujeitos passivos de tributos liquidados em vários atos pelo mesmo órgão da Administração Tributária, em situações semelhantes, teriam de pedir a declaração de ilegalidade de cada um dos atos isoladamente, apresentando em todos os pedidos a mesma fundamentação, tendo o tribunal de proferir múltiplas decisões idênticas, eventualmente, com repetição de atos de produção de prova.

Por outro lado, a admissibilidade da cumulação potencia a uniformidade das decisões, assegurando a concretização do princípio constitucional da igualdade.

5.2. Cumulação de pedidos

5.2.1. Diversidade de tributos

No artigo 104º do CPPT prevêem-se possibilidades de cumulação de pedidos para o processo de impugnação judicial, mas limitadas aos casos em

[52] Essencialmente neste sentido, podem ver-se os acórdãos do STA de 06-10-20105, processo 01166/04; de 02-02-2005, processo nº 01171/04; de 08-07-2009, processo nº 0306/09; de 23-9-2009, processo nº 0420/09; e de 12-11-2009, processo nº 0681/09.

que é idêntico o tributo, para além da identidade de fundamentos de facto e de direito.

No artigo 3º, nº 1, do RJAT permite-se a cumulação de pedidos ainda que relativos a diferentes atos quando a procedência dos pedidos dependa essencialmente da apreciação das mesmas circunstâncias de facto e da interpretação e aplicação dos mesmos princípios ou regras de direito.

O facto de no artigo 3º, nº 1, do RJAT não se fazer referência à identidade de tributos revela que não existe em relação aos tribunais arbitrais a limitação relativa à identidade de tributo que é feita no artigo 104º do CPPT, pelo que, por exemplo, pode ser pedida a um Tribunal Arbitral a declaração de ilegalidade de atos de liquidação de IVA e IRC que tenham subjacente a mesma materialidade fáctica detetada em ação de inspeção.

A existência desta regra especial para os tribunais arbitrais afasta também a aplicabilidade das regras do CPTA [em geral de aplicação subsidiária, nos termos do artigo 29º, nº 1, alínea *c)*, do RJAT] em cujo artigo 47º se permite a cumulação de impugnações de atos que se encontrem entre si colocados numa relação de prejudicialidade ou de dependência, nomeadamente por estarem inseridos no mesmo procedimento ou porque da existência ou validade de um deles depende a validade do outro e de atos cuja validade possa ser verificada com base na apreciação das mesmas circunstâncias de facto e dos mesmos fundamentos de direito.

Isto é, apenas nos casos indicados no artigo 3º, nº 1, do RJAT haverá possibilidade de cumular pedidos.

5.2.2. Pedidos principais e subsidiários

No que concerne à cumulação entre pedidos principais e pedidos subsidiários cumpre referir que a incompatibilidade entre os mesmos não gera qualquer nulidade processual, como já foi expressamente defendido pelo STA no âmbito do Processo nº 01077/05, de 22-02-2006. Neste mesmo sentido pronunciou-se igualmente o Lebre de Freitas[53] cuja posição é acompanhada no Processo Arbitral nº 30/2012-T, de 27-07-2012, em que expressamente se defende que "(...) *a incompatibilidade entre pedidos principais e subsidiários não gera qualquer nulidade processual,* (...). *Sem prejuízo, sempre se dirá que se entende que o pedido subsidiário de suspensão da instância formulado na petição inicial não é, em rigor, um pedido nos termos em que o mesmo é pressuposto pelo artigo 193º/2/c)*

[53] Lebre de Freitas, Código de Processo Civil – Anotado, vol. I, 2ª Ed., p 326.

do Código de Processo Civil. Nesta norma, refere-se a cumulação de pedidos "substancialmente incompatíveis", estando em causa, por isso, pedidos relativos à própria relação material controvertida, e não à relação processual estabelecida entre as partes em litígio. Ora, o pedido de suspensão da instância não incide sobre aquela relação material controvertida, mas unicamente sobre a relação processual. Não se trata, por isso, de um pedido subsidiário, nos termos do artigo 469º do Código de Processo Civil, mas de uma pretensão processual a ser apreciada e enquadrada em sede própria, conforme adiante se verá. Acresce ainda que, mesmo que assim não fosse, os pressupostos a que se refere aquele artigo 469º reportam-se à relação entre o pedido principal e o pedido subsidiário e não, conforme parecer pretender a entidade demandada (...), entre os diversos processos que, in casu, fundamentam o pedido de suspensão da instância formulado pelo contribuinte"[54].

5.3. Coligação de autores

A possibilidade de coligação de autores é admitida no artigo 3º, nº 1, do RJAT nos mesmos termos em que o é a cumulação de pedidos, quando a procedência dos pedidos dependa essencialmente da apreciação das mesmas circunstâncias de facto e da interpretação e aplicação dos mesmos princípios ou regras de direito.

A coligação de autores também é admitida pelo artigo 104º do CPPT, relativamente ao processo de impugnação judicial, exigindo-se aí, para além da identidade dos fundamentos de facto e de direito invocados, a idêntica da natureza dos tributos a que se reportam os atos impugnados.

Pelo que se refere no ponto anterior, o requisito da identidade dos tributos estará afastado, por o nº 1 deste artigo ser uma norma especial que não o prevê.

5.4. Identidade de situações fácticas e de questões de direito a apreciar

Não é necessário, para ser viável a cumulação de pedidos e a coligação de autores, que haja uma identidade absoluta das situações fácticas, bastando que seja essencialmente idêntica a questão jurídico-fiscal a apreciar e que a situação fáctica seja semelhante nos pontos que relevem para a decisão.

Os factos serão essencialmente os mesmos quando forem comuns às pretensões do autor ou autores, de forma a que se possa concluir que, se

[54] Disponível no site oficial do CAAD in http://www.caad.org.pt .

se provarem os alegados relativamente a um ato, existirá o suporte fáctico total ou parcialmente necessário para a procedência das pretensões de todos os pedidos[55].

Assim, por exemplo, um caso em que haja uma liquidação de IMI relativa a um ano em que se considera sujeito passivo deste imposto um titular de direito de uso e habitação de um imóvel será idêntico, para efeitos de pedido de declaração de ilegalidade, a outro em que se trate de apreciar a mesma questão relativamente ao mesmo interessado, quanto a outro prédio de que seja titular ou quanto a outro ano, relativamente ao mesmo prédio.

5.5. Cumulação ou coligação ilegais

O CPTA estabelece, nos nºs 5 e 6 do artigo 47º, para a situação de cumulação ilegal de impugnações nestes casos, que «*o juiz notifica o autor ou autores para, no prazo de 10 dias, indicarem o pedido que pretendem ver apreciado no processo, sob cominação de, não o fazendo, haver absolvição da instância quanto a todos os pedidos*» e que «*no caso de absolvição da instância por ilegal cumulação de impugnações, podem ser apresentadas novas petições, no prazo de um mês a contar do trânsito em julgado, considerando-se estas apresentadas na data de entrada da primeira para efeitos da tempestividade da sua apresentação*»[56-57].

Aplicando subsidiariamente este regime ao processo nos tribunais arbitrais tributários, ao abrigo do preceituado no artigo 29º, nº 1, alínea *c)*, do RJAT, deverá efetuar-se o convite referido naquele nº 5 do artigo 47º, estando assegurado o direito de o autor que abdicar de um dos pedidos poder deduzir o outro ou outros em processos separados[58].

[55] Acórdão da SCA do STA de 2-12-2004, processo nº 44/04, seguido no acórdão da SCT de 2-11-2006, processo nº 1136/05.

[56] Regras idênticas constam do artigo 4º, nºs 3 e 4, do CPTA, para a generalidade dos processos do contencioso administrativo, inclusivamente os não impugnatórios.

[57] Pressupõe-se nestas situações de cumulação ilegal de pedidos que o tribunal seja competente em razão da matéria para o conhecimento de todos. No caso de algum dos pedidos cumulados não pertencer ao âmbito da jurisdição administrativa, há lugar à absolvição da instância relativamente a esse pedido (artigo 5º, nº 2, do CPTA).

[58] Fazendo aplicação subsidiária deste regime do CPTA ao processo de impugnação judicial, podem ver-se os acórdãos do STA de 10-03-2005, processo nº 1390/04, de 24-01-2007, processo nº 667/06, e de 06-03-2008, processo nº 879/07.

5.6. Apensação de processos

As vantagens da apensação de processos, a nível da economia de meios e da promoção da uniformidade de decisões, são idênticas às que podem ter a cumulação e coligação iniciais.

A apensação é mesmo permitida no artigo 105º do CPPT com maior amplitude que a cumulação e coligação iniciais, pois, desde que os processos estejam na mesma fase, é permitida sempre que o juiz entenda não haver prejuízo para o andamento da causa, em caso de verificação de qualquer das circunstâncias em que podem ocorrer a cumulação e coligação.

Deixa-se, porém, ao critério do juiz ordenar a apensação, conforme o juízo que faça sobre a existência ou não de prejuízo para o andamento do processo a que deve ser feita a apensação, que é o primeiro que tiver sido instaurado[59]. Será a existência desta possibilidade de o juiz casuisticamente apreciar a conveniência da apreciação conjunta das impugnações que justificará que a apensação seja admitida com maior amplitude do que a cumulação[60], pois aquela possibilidade de apreciação permite assegurar que esta maior amplitude não acarreta inconvenientes processuais[61].

No RJAT não se prevê a possibilidade de apensação de processos, embora se possa aventar a sua admissibilidade, ao abrigo do seu artigo 29º, nº 1, alínea *a)*, aplicando subsidiariamente o artigo 105º do CPPT.

No entanto, a existência no RJAT de uma norma relativa à cumulação de pedidos e coligação de autores, que é o artigo 3º, nº 1, sem concomitante referência à possibilidade de apensação, parece dever ser interpretada como reflexo de uma intenção legislativa de não permitir a apensação, pois ela também não está prevista na LAV de 1986 nem na LAV de 2011.

Por outro lado, a apensação de processos, reclamando uma maior atividade do Tribunal Arbitral, pode afetar a possibilidade de ser atingido o objetivo de celeridade que se pretende com a arbitragem.

[59] Falando-se neste artigo, antes da apensação, no «andamento da causa» (no singular), parece ter de se concluir que se está a fazer referência ao processo ao qual deve ser feita a apensação.

[60] Para a cumulação é necessária a verificação cumulativa dos requisitos previstos no artigo104º do CPPT.

[61] Aliás, as maiores possibilidades de apensação do que de cumulação não se restringem às circunstâncias indicadas no artigo 104º do CPPT, pois a apensação é também admitida nos *«restantes casos de apensação previstos na lei»*, como se refere na parte inicial do artigo105º do mesmo Código.

De qualquer forma, a entender-se que pode haver apensação, ela far-se-á nos casos e termos permitidos no CPPT.

5.7. Cumulação de impugnação judicial com pedido de pronúncia arbitral

No nº 2 do artigo 3º do RJAT prevê-se a possibilidade de cumular pedido de impugnação judicial com pedido de pronúncia arbitral relativamente a um mesmo ato tributário, desde que os respetivos factos e fundamentos sejam diversos, o que, naturalmente, tem ínsita uma proibição de tal cumulação quando forem idênticos os factos e fundamentos.

5.7.1. Litispendência

A condição imposta na parte final do nº 2 do artigo 3º do RJAT à dedução cumulativa de impugnação judicial e pedido de pronúncia arbitral relativamente a juros de mora mesmo ato tributário tem a ver com a exceção de litispendência, que está prevista como exceção dilatória, nos artigos 577º, alínea *i)*, 580º e 581º do CPC.

A litispendência pressupõe a repetição de uma causa, quando a anterior ainda está em curso, tendo por fim evitar que o tribunal seja colocado na alternativa de contradizer ou de reproduzir uma decisão anterior (artigo 580º, nºs 1 e 2, do CPC). No mesmo sentido refira-se a decisão arbitral proferida no âmbito do Processo Arbitral nº 30/2012-T, de 27-07-2012, em que expressamente se defendeu que «(...) *conforme refere o artigo 497º/1 do Código de Processo Civil, a litispendência pressupõe "a repetição de uma causa", que apenas se dá "quando se propõe uma ação idêntica a outra quanto aos sujeitos, ao pedido e à causa de pedir" (artigo 498º/1 do Código de Processo Civil)*»[62].

Os requisitos da litispendência são enunciados no artigo 581º do CPC, em que se estabelece, no que aqui interessa, que se repete uma causa «*quando se propõe uma ação idêntica a outra quanto aos sujeitos, ao pedido e à causa de pedir*» e

- há identidade de sujeitos quando as partes são as mesmas sob o ponto de vista da sua qualidade jurídica;
- há identidade de pedido quando numa e noutra causa se pretende obter o mesmo efeito jurídico;

[62] Disponível no site oficial do CAAD *in* http://www.caad.org.pt .
Aos artigos 497º e 498º do CPC, correspondem os artigos 580º e 581º na redação de 2013.

- há identidade de causa de pedir quando a pretensão deduzida nas duas ações procede do mesmo facto jurídico, entendendo-se que nas ações de anulação é o facto concreto ou a nulidade específica que se invoca para obter o efeito pretendido.

A justificação da exceção da litispendência encontra-se, por um lado, na inconveniência para o prestígio dos tribunais que resulta da contradição de decisões sobre a mesma questão jurídica e, por outro lado, na inutilidade que consubstanciaria a prolação de decisões com idêntico ou contraditório conteúdo decisório, pois apenas a que transitasse em julgado em primeiro lugar poderia ser objeto de execução (artigo 625º, nº 1, do CPC).

Para apreciação da situação de litispendência tem de se atender ao momento em que a questão é apreciada. Assim, se, eventualmente, o sujeito passivo tivesse apresentado uma impugnação judicial e um pedido de constituição do Tribunal Arbitral com os mesmos fundamentos e relativamente ao mesmo ato, mas veio a desistir de uma das pretensões, antes de a litispendência ter sido apreciada, deixa de subsistir uma situação de litispendência[63].

O que se pretende é evitar essa situação real de o tribunal ser colocado em situação em que terá de proferir mais que uma decisão sobre a mesma pretensão, pelo que não basta para se concluir pela existência de litispendência, a possibilidade teórica e abstrata de o tribunal poder vir a ser colocado nessa situação, sendo antes necessário que seja seguro que o tribunal virá a ser efetivamente colocado perante a indesejada alternativa de contradizer ou reproduzir uma outra decisão judicial[64].

A identidade de sujeitos não é afastada pelo facto de nos processos arbitrais tributários ter intervenção o dirigente máximo do serviço da Administração Tributária e nos processos judiciais tributários a representação ser assegurada por um representante da Fazenda Pública, pois, em ambos os casos, está em causa a representação da Administração Tributária, havendo identidade de qualidade jurídica entre o dirigente máximo do serviço e o representante da Fazenda Pública, para efeitos de litispendência e é esta qualidade que releva para aferição da litispendência, como decorre do preceituado no artigo 581º, nº 2, do CPC.

[63] Neste sentido, pode ver-se o acórdão do STA de 12-11-2009, processo nº 433/09.

[64] Neste sentido, podem ver-se os acórdãos do STA de 10-11-2010, processo nº 575/10, e de 12-01-2011, processo nº 703/10.

A identidade de pedidos é aferida pelo efeito prático que se pretende obter e não pelo efeito jurídico tal como é formulado, designadamente a qualificação jurídica que dá à sua pretensão[65].

Por outro lado, em processos que visam a apreciação da legalidade de atos, cada um dos vícios que lhe são imputados constitui uma causa de pedir, como se conclui do preceituado na parte final do nº 4 do artigo 581º do CPC, em que se estabelece nas ações de anulação a causa de pedir é «a nulidade específica que se invoca para obter o efeito pretendido».

Este conceito de causa de pedir, previsto para o processo civil, foi adotado no contencioso administrativo de anulação, antes da reforma operada em 2002-2004, e reconduz-se a que, mesmo que haja um único pedido de anulação do ato impugnado, se ele «se apoia em causas de pedir diversas, ou seja, em factos integradores de mais do que um vício, estes operam o desdobramento de uma pretensão, única na aparência, em questões distintas».[66]

Isto é, no contencioso administrativo anterior àquela reforma, **há tantos pedidos de anulação quantas as causas de pedir invocadas**, quantos os factos integradores de vícios invocados, e o tribunal, ao apreciar vícios diferentes dos invocados, está a apreciar pedidos de anulação diferentes, cuja procedência pode ter efeitos diferentes[67-68].

No novo contencioso administrativo a questão do objeto dos processos impugnatórios poderá colocar-se em termos diferentes, designadamente

[65] Neste sentido, pode ver-se ANSELMO DE CASTRO, *Direito Processual Civil Declaratório*, volume I, página 203.

[66] Acórdão do Pleno da SCA do STA de 19-01-1993, processo nº 24606, BMJ nº 423, página 265. No mesmo sentido, podem ver-se os acórdãos da SCA do STA de 11-12-1997, processo nº 32764, AP-DR de 25-09-2001, página 8791, e de 11-03-2010, processo nº 415/07.

[67] Por exemplo, a anulação por vício procedimental ou de forma não impede, normalmente, a renovação do ato anulado, com supressão desse vício, enquanto os vícios de violação de lei por erro sobre os pressupostos de facto ou erro sobre os pressupostos de direito obstam, em muitos casos, à prática de um novo ato com o mesmo sentido, por não poder ser praticado sem enfermar do vício.

[68] Essencialmente neste sentido, pode ver-se MÁRIO AROSO DE ALMEIDA, *Sobre a Autoridade do Caso Julgado das Sentenças de Anulação de Atos Administrativos*, páginas 86-87, em que refere que o ato impugnado, apesar de ser objeto de anulação, não é o objeto do recurso contencioso: «*o recurso nunca se referiu ao ato administrativo na sua globalidade, mas ao ato no que apenas se refere às causas de invalidade que lhe são imputadas pelo recorrente. A iniciativa e a delimitação do objeto do recurso compete à parte que o desencadeia: cada motivo constitui um distinto pedido formal de anulação, incindível do motivo no qual se funda, uma vez que "não existe um simples poder de recurso ao juiz para que faça justiça"*».

em face do preceituado no artigo 95º, nº 3, do CPTA, em que se impõe ao juiz, em processos desse tipo, os deveres de «*pronunciar-se sobre todas as causas de invalidade que tenham sido invocadas contra o ato impugnado*» e de «*identificar a existência de causas de invalidade diversas das que tenham sido alegadas*».

No entanto, independentemente da solução adequada daquela questão no contencioso administrativo da nova reforma[69], o certo é que este novo regime não foi transposto para o contencioso tributário, pelo menos no domínio de aplicação do processo de impugnação judicial.

Na verdade, apesar de a LGT e o CPPT terem sido alterados por várias vezes desde que entrou em vigor aquela reforma do contencioso administrativo, aquele artigo 99º da LGT continuou a estabelecer a limitação dos poderes de cognição dos tribunais pelos **factos alegados**.

Na mesma linha, o artigo 124º do CPPT continuou a falar, para além dos vícios do ato impugnado de conhecimento oficioso (inexistência e nulidade), nos «*vícios **arguidos** que conduzam à sua anulação*», o que revela que, quanto a vícios geradores de mera anulabilidade, se limitou os poderes de cognição dos tribunais tributários aos vícios **arguidos** pelo impugnante, não se adotando, assim, o conceito mais amplo de objeto do processo impugnatório que se pode encontrar no CPTA. Na verdade, aquela referência aos **vícios arguidos** tem ínsita a inadmissibilidade de conhecimento de vícios geradores de anulação que não tenham sido arguidos.

Por isso, em processos que têm por objeto a eliminação jurídica de atos tributários, judiciais ou arbitrais, não basta, para existir litispendência, que seja impugnado o mesmo ato, sendo necessário que seja o mesmo o fundamento de anulação ou declaração de nulidade do ato ou atos que são objeto dos processos.

A razão da proibição de cumulação de impugnação judicial e pedido de pronúncia arbitral relativamente ao mesmo ato assenta no pressuposto

[69] MIGUEL TEIXEIRA DE SOUSA, *Cumulação de pedidos e cumulação aparente no contencioso administrativo*, publicado em *Cadernos de Justiça Administrativa*, nº 34, páginas 33-34, continua a entender que há concurso de causas de pedir quando o pedido de impugnação do ato administrativo tem por fundamento várias causas de invalidade. Em sentido contrário, porém, pronuncia-se MÁRIO AROSO DE ALMEIDA, *O objeto do processo no novo contencioso administrativo*, publicado em *Cadernos de Justiça Administrativa*, nº 36, página 7, defende que «*é de entender que todas as possíveis causas de invalidade de que padeça um ato administrativo integram uma única causa de pedir, que se traduz na invalidade do ato*» e que «*a pretensão anulatória se dirige contra o ato, na globalidade das causas de invalidade de que ele possa enfermar*».

de que os pedidos formulados em impugnação judicial, mesmo que sejam de anulação do ato impugnado (e não de declaração de nulidade ou inexistência) são idênticos aos pedidos de declaração de ilegalidade que é permitido formular perante os tribunais arbitrais, o que é essencialmente correto, pois o que está em causa, qualquer que seja a terminologia, é a eliminação jurídica do ato em causa e são idênticos os efeitos que as decisões produzem a nível de execução de julgado. Isto é, assim, haverá identidade de pedidos se num processo de impugnação judicial é pedida a anulação de um ato de liquidação e num pedido de pronúncia arbitral é pedida a declaração de ilegalidade do mesmo ato.

Assim, se os fundamentos invocados para pedir a declaração de ilegalidade do ato são os mesmos em que se baseia um pedido de anulação, configurar-se-á uma situação de litispendência, sendo essa a razão por que no nº 2 do artigo 3º do RJAT se proíbe a cumulação.

No entanto, não é clara a referência cumulativa a «*factos e fundamentos*», pois bastará a identidade de fundamentos para se justificar a proibição de cumulação, à face daquele regime da litispendência. Parece que tal referência cumulativa (que, pela referência a «*factos*», se infere ter a ver com vícios de erro sobre os pressupostos de facto), terá como alcance evidenciar que se estará perante fundamentos distintos quando forem invocados diferentes erros sobre os pressupostos de facto: isto é, por exemplo, quando está em causa a legalidade de um ato de determinação da matéria coletável ou tributável que tem por base a comercialização de mercadorias, está-se perante fundamentos diferentes quando se invocar erro na quantificação de mercadorias ***vendidas*** (o facto é o volume de vendas) e um erro na determinação da quantidade das mercadorias ***adquiridas*** (o facto é o volume de compras).

5.7.2. Processo em que deve ser deduzida a litispendência

De harmonia com o preceituado no artigo 582º do CPC, «*a litispendência deve ser deduzida na ação proposta em segundo lugar. Considera-se proposta em segundo lugar a ação para a qual o réu foi citado posteriormente*». «*Se em ambas as ações a citação tiver sido feita no mesmo dia, a ordem das ações é determinada pela ordem de entrada das respetivas petições iniciais*».

Este regime carece de adaptação, na sua aplicação subsidiária ao RJAT, pois há dois momentos iniciais em que é chamado ao processo o dirigente máximo do serviço da Administração Tributária: uma, nos termos do artigo

13º, nº 1, do RJAT, dando-lhe conhecimento do pedido de constituição do Tribunal Arbitral, para apreciar se deve revogar, ratificar, reformar ou converter o ato tributário cuja ilegalidade foi suscitada; outra, nos termos do artigo 17º, nº 1, do RJAT, para apresentação de resposta ao pedido de pronúncia arbitral.

O momento que se deve considerar como equivalente à citação no processo civil, para efeitos do referido artigo 582º do CPC, será o deste artigo 17º, pois na situação prevista no artigo 13º, nº 1, do RJAT não se prevê que seja dado ao dirigente máximo do serviço conhecimento do conteúdo do ***pedido de pronúncia arbitral***, mas apenas do ***pedido de constituição do Tribunal Arbitral***, com identificação do ato cuja declaração de ilegalidade é pedida.

Verificados os respetivos requisitos, a litispendência deve ser declarada no processo no processo arbitral sempre que o dirigente máximo do serviço foi notificado para responder, nos termos do artigo 17º, nº 1, do RJAT, depois de ter sido já notificado para resposta noutro processo arbitral ou depois de já ter sido efetuada a notificação do representante da Fazenda Pública para contestar, nos termos do artigo 110º, nº 1, do CPPT, em processo de impugnação judicial.

A litispendência constitui exceção dilatória [artigo 577º, alínea *i)*, do CPC], que o Tribunal Arbitral deve apreciar oficiosamente (artigo 578º do CPC).

Julgada procedente a exceção de litispendência, o Tribunal Arbitral deverá abster-se de apreciar o pedido, absolvendo da instância a entidade demandada, de harmonia com o disposto no artigo 278º, nº 1, alínea *e)*, do CPC, subsidiariamente aplicável por força do disposto no artigo 29º, nº 1, alínea *e)*, do RJAT.

6. Vinculação da Administração Tributária

No nº 1 do artigo 4º do RJAT faz-se depender a vinculação da Administração Tributária à jurisdição dos tribunais arbitrais de portaria dos membros do Governo responsáveis pelas áreas das finanças e da justiça.

Neste ponto, o RJAT não dá execução à autorização legislativa em que o Governo se baseou para legislar, concedida pelo artigo 124º da Lei nº 3-B/2010, de 28 de abril, pois no seu nº 3 estabelece-se que «*a arbitragem tributária visa reforçar a tutela eficaz e efetiva dos direitos e interesses legalmente protegidos dos contribuintes, devendo ser instituída de modo a constituir um* ***direito potestativo dos contribuintes***».

O direito potestativo confere ao seu titular ativo o poder de, por ato unilateral, sem necessidade de qualquer ato da entidade que está sujeita ao seu exercício, constituir, modificar ou extinguir uma relação jurídica, estando o seu titular passivo num mero estado de sujeição, não podendo este impedir que o efeito jurídico se produza mediante uma manifestação de vontade do titular ativo da relação jurídica (em certos casos com concurso de uma decisão judicial)[70].

É patente que o que foi reconhecido pelo RJAT aos contribuintes não foi um direito potestativo, desde logo porque a lei entrou em vigor e não foi publicada concomitantemente a portaria que se refere neste artigo 4º e nesta norma se faz depender a possibilidade de utilização dos tribunais arbitrais de vinculação genérica da Administração Tributária que pode ser limitada, designadamente quanto ao «*tipo e o valor máximo dos litígios abrangidos*».

Para além disso, a Portaria nº 112-A/2011, de 22 de março, que concretizou os termos da vinculação da Administração Tributária aos tribunais arbitrais que funcionam no CAAD, não estabeleceu uma vinculação da Direcção-Geral de Impostos e da Direcção-Geral das Alfândegas e dos Impostos Especiais sobre o Consumo [atualmente, Autoridade Tributária e Aduaneira, por força do disposto no artigo 12º, n. º 2, alínea *a)*, do DL nº 118/2011, de 15 de dezembro] àquela jurisdição relativamente a todas as matérias indicadas no artigo 2º do RJAT, tendo restringido e condicionado essa vinculação.

Por outro lado, os termos em que está redigido o nº 1 do artigo 4º do RJAT impõem a conclusão de que a vinculação da Administração Tributária está continuamente dependente da vontade expressa na portaria, podendo cessar se esta for revogada. Na verdade, não é só o ***início*** de funcionamento do regime de arbitragem tributária que, à face do nº 1 deste artigo 4º, fica dependente de uma portaria[71], exigindo-se que esteja em vigor uma portaria que seja suporte da vinculação.

[70] Essencialmente neste sentido, podem ver-se PIRES DE LIMA e ANTUNES VARELA, *Noções Fundamentais de Direito Civil*, 1965, volume I, página 235, e BAPTISTA MACHADO, *Introdução ao Direito e ao Discurso Legitimador*, páginas 85 e 89.

[71] O que, na suposição que haja problemas práticos que seja necessário resolver para adaptação da estrutura interna da Administração Tributária às exigências dos tribunais arbitrais, até se poderia compreender, embora mal, pois o regime da arbitragem tributária foi aprovado em Conselho de Ministros mais de dois meses antes da publicação do diploma e promulgado

Fazendo-se depender a vinculação de uma portaria, a medida da sujeição da Administração Tributária ao direito do contribuinte optar pela submissão dos litígios aos tribunais arbitrais será a que resulte dos próprios termos desta, sendo abstratamente possível que a vinculação se faça (ou seja retirada posteriormente) apenas relativamente a algumas matérias ou determinado tipo de atos (por exemplo, só em relação a alguns dos impostos ou atos de fixação da matéria coletável).

Só na medida desta vinculação é que se pode falar de um direito potestativo dos contribuintes em utilizarem a arbitragem tributária.[72]

6.1. Limites à vinculação da Administração Tributária

O facto de se fazer depender a vinculação da Administração Tributária à jurisdição dos tribunais arbitrais de portaria conjunta do Ministro da Justiça e do Ministro das Finanças conduz à conclusão de que se limitou a possibilidade de utilização dos tribunais arbitrais aos litígios relativos a tributos administrados por aqueles ministérios[73].

A ser assim, ficarão fora da jurisdição dos tribunais arbitrais os litígios emergentes de atos praticados por outras entidades da Administração Tributária estadual não integradas naqueles ministérios (por exemplo, segurança social), bem como das regiões autónomas, autarquias locais e institutos públicos[74].

Para além disso, a vinculação operada pela Portaria nº 112-A/2011, de 22 de março, reduziu consideravelmente as matérias relativamente às quais a Administração Tributária se vinculou à arbitragem tributária, ao afastar do seu âmbito as seguintes:

mais de um mês antes da publicação e, por isso, era algo para que a Administração Tributária se devia preparar atempadamente.

[72] Sobre as dúvidas de constitucionalidade que este regime suscita, pode ver-se o ponto 4.

[73] O Ministério da Justiça administra várias taxas, designadamente devidas por atos dos tribunais, das conservatórias de registos e de notários.

[74] De harmonia com o disposto no artigo 1º, nº 3, da LGT, integram a Administração Tributária «*a Direcção-Geral dos Impostos, a Direcção-Geral das Alfândegas e dos Impostos Especiais sobre o Consumo, a Direcção-Geral de Informática e Apoio aos Serviços Tributários e Aduaneiros, as demais entidades públicas legalmente incumbidas da liquidação e cobrança dos tributos, o Ministro das Finanças ou outro membro do Governo competente, quando exerçam competências administrativas no domínio tributário e os órgãos igualmente competentes dos Governos Regionais e autarquias locais*».
A referência às «*demais entidades públicas legalmente incumbidas da liquidação e cobrança dos tributos*» é, por si só, bastante para enquadrar no conceito de Administração Tributária a generalidade das entidades autónomas legalmente incumbidas da liquidação e cobrança de tributos.

a) Pretensões relativas à declaração de ilegalidade de atos de autoliquidação, de retenção na fonte e de pagamento por conta que não tenham sido precedidos de recurso à via administrativa nos termos dos artigos 131º a 133º do Código de Procedimento e de Processo Tributário;

b) Pretensões relativas a atos de determinação da matéria coletável e atos de determinação da matéria tributável, ambos por métodos indiretos, incluindo a decisão do procedimento de revisão;

c) Pretensões relativas a direitos aduaneiros sobre a importação e demais impostos indiretos que incidam sobre mercadorias sujeitas a direitos de importação; e

d) Pretensões relativas à classificação pautal, origem e valor aduaneiro das mercadorias e a contingentes pautais, ou cuja resolução dependa de análise laboratorial ou de diligências a efetuar por outro Estado membro no âmbito da cooperação administrativa em matéria aduaneira.

Como se conclui desta lista de exceções à vinculação da Administração Tributária à jurisdição arbitral, ficam praticamente excluídos do âmbito desta a os atos praticados em matéria aduaneira.

Para além disso, limitou-se a vinculação a litígios de valor não superior a € 10.000.000,00 e estabeleceram-se requisitos quanto aos presidentes dos tribunais arbitrais em que estejam em causa litígios de valor superior a € 500.000,00.

7. Funcionamento dos tribunais arbitrais

7.1. Centro de Arbitragem Administrativa – CAAD

No nº 2 do artigo 4º do RJAT estabelece-se que os tribunais arbitrais funcionam no Centro de Arbitragem Administrativa.

O Centro de Arbitragem Administrativa – CAAD[75] é uma associação privada, sem fins lucrativos, que tem por objeto a resolução de litígios emergentes de contratos e de relações jurídicas de emprego público, através de informação, mediação, conciliação ou arbitragem, nos termos definidos pelo seu regulamento e que por lei especial não estejam submetidos exclusivamente a tribunal judicial ou a arbitragem necessária.

[75] O Centro de Arbitragem Administrativa tem o endereço electrónico *http://www.caad.org.pt/*

Podem ser seus associados pessoas coletivas de direito público ou de direito privado.

A sua criação foi autorizada pelo Despacho nº 5097/2009, do Secretário de Estado da Justiça, publicado no Diário da República, nº 30, 2ª série, de 12 de Fevereiro.

7.2. Conselho Deontológico do CAAD

O Conselho Deontológico do CAAD tem por funções designar os árbitros nos termos previstos no artigo 6º do RJAT e controlar o cumprimento pelos árbitros dos seus deveres deontológicos.

Nos termos do nº 3 do artigo 8º do RJAT, cabe ao Conselho Deontológico do CAAD exonerar o árbitro ou árbitros em caso de incumprimento dos deveres que lhes são impostos pelo regime de impedimentos, previsto nos nºs 1 e 2 do mesmo artigo.

7.3. Exclusividade do funcionamento dos tribunais arbitrais ao CAAD

A atribuição ao Centro de Arbitragem Administrativa, em exclusivo, da possibilidade de funcionamento de tribunais arbitrais não foi imposta pela lei de autorização legislativa, que consta do artigo 124º da Lei nº 3-B/2010, de 28 de Abril, que o Governo utilizou para aprovar o RJAT e parece ter como fundamento tratar-se do centro de arbitragem com que o Estado tem relações privilegiadas, que estabeleceu um protocolo com o Conselho Superior dos Tribunais Administrativos e Fiscais, que nomeia o presidente do Conselho Deontológico do Centro de Arbitragem Administrativa[76], o que levou o legislador do DL nº 10/2001, de 20 de Janeiro, que aprovou o RJAT, a afirmar, no Preâmbulo daquele diploma que «*trata-se do único centro de arbitragem a funcionar sob a égide do Conselho Superior dos Tribunais Administrativos e Fiscais que, de resto, é competente para nomear o presidente do Conselho Deontológico do Centro de Arbitragem Administrativa*».

Justificar-se-á, decerto, que em matéria de arbitragem tributária especial preocupação do Estado com a idoneidade do funcionamento da arbitragem, em face do interesse público primacial que a cobrança de tributos constitui, o que aconselha que haja intervenção de órgãos públicos na nomeação dos titulares do órgão de supervisão.

[76] Este protocolo pode ver-se em: *http://www.caad.org.pt/userfiles/file/PROTOCOLO%20 CSTAF%20Associacao%20CAAD.pdf*.

A competência para nomear o presidente do Conselho Deontológico do CAAD veio a ser incluída nas competências do Conselho Superior dos Tribunais Administrativos e Fiscais pelo Decreto-Lei nº 214-G/2015, de 2 de Outubro, que refere na alínea *i)* do nº 2 do artigo 74º a competência para «*nomear, de entre juízes jubilados que tenham exercido funções nos tribunais superiores da jurisdição administrativa e fiscal, o presidente do órgão deontológico no âmbito da arbitragem administrativa e tributária sob a organização do Centro de Arbitragem Administrativa*».

Mas, continua sem justificação aceitável que a arbitragem tributária apenas funcione em Lisboa, o que condiciona negativamente o efetivo acesso dos contribuintes do resto do país à jurisdição dos tribunais arbitrais, pelos acréscimos de encargos que têm de suportar, particularmente quando é necessária a prova testemunhal.

Por isso, justifica-se que existam vários pontos de acesso à arbitragem tributária, disseminados pelo país, mesmo que reunidos num único centro de arbitragem, atenta a conveniência em existir uma supervisão da atividade, justificada pela garantia de satisfação do interesse publico.

Sabe-se que há disponibilidade do CAAD para levar a cabo arbitragens no Norte do país, mas a sua implementação tem sido inviabilizada pela indisponibilidade da administração tributária para a realização de arbitragens tributárias noutros locais, fora de Lisboa, o que é inaceitável.

7.4. Composição dos tribunais arbitrais

A composição dos tribunais arbitrais depende da opção do sujeito passivo por designar ou não árbitro.

No artigo 5º do RJAT estabelece-se que os tribunais arbitrais em matéria tributária funcionarão apenas com um só árbitro quando o valor do pedido não ultrapassar duas vezes o valor da alçada dos tribunais centrais administrativos ou sujeito passivo não opte por designar árbitro e serão formados por três árbitros caso alguma destas condições se verifique.

A alçada dos tribunais centrais administrativos[77] corresponde à que se encontra estabelecida para os tribunais da Relação (artigo 6º, nº 4, do ETAF).

[77] Embora o texto do artigo 5º do RJAT faça referência ao «*Tribunal Central Administrativo*», no singular, há presentemente, desde a Lei nº 107-D/2003, de 31 de dezembro, dois tribunais centrais administrativos.

A alçada dos tribunais da Relação em matéria cível foi fixada em € 30.000,00 pelo artigo 24º, nº 1, da LOFTJ (Lei nº 3/99, de 13 de janeiro, alterada e republicada pela Lei nº 105/2003, de 10 de dezembro, na redação dada pelo DL nº 303/2007, de 24 de agosto).

O mesmo valor foi fixado no artigo 31º, nº 1, da nova LOFTJ (Lei nº 52/2008, de 28 de agosto, que, no entanto, tem o singular regime de entrada em vigor longamente faseada que consta do seu artigo 187º) e, posteriormente, no artigo 44º da Lei nº 62/2013, de 26 de Agosto, republicada pela Lei nº 40-A/2016, de 22 de Dezembro.

7.4.1. Valor da causa. Incompetência em razão do valor

7.4.1.1. Valor da causa

Nos processos de arbitragem tributária não há alçada, pelo que a fixação do valor da causa apenas releva para efeitos de custas e para determinar se o processo é julgado por Tribunal Arbitral singular ou coletivo.

O valor da causa deve ser indicado pelo sujeito passivo no pedido de constituição do Tribunal Arbitral, correspondendo à utilidade económica do pedido [alínea *e)* do nº 2 do artigo 10º do RJAT], quando for determinável.

Assim, quando são impugnados atos de liquidação, autoliquidação, retenção na fonte ou pagamentos por conta, o valor da causa é o da importância cuja anulação se pretende, que corresponde à utilidade económica do pedido [artigo 97º-A, nº 1, alínea *a)*, do CPPT, aplicável por remissão do artigo 6º, alínea *a)*, do RCPAT].

Mas, a viabilidade prática de aplicação de uma norma a uma determinada situação jurídica, constitui, naturalmente, um requisito indispensável da sua utilização, pois a impossibilidade natural é um obstáculo intransponível a tudo, inclusivamente à aplicação de qualquer norma a uma situação. Por isso, a referida alínea *e)* do nº 2 do artigo 10º tem de ser interpretada restritivamente, com a limitação natural e forçosa de que o valor dos processos arbitrais será a utilidade económica do pedido, **quando for possível determinar tal utilidade**.

Há litígios englobáveis na competência dos tribunais arbitrais que funcionam no CAAD que não tem utilidade económica determinável, pois a sua definição depende de fatores que não são conhecidos no momento da apresentação do pedido de constituição do Tribunal Arbitral, nem mesmo o serão até ao termo do processo.

Estão entre esses casos de valor indeterminável à face do critério da utilidade económica, desde logo, a maior parte dos pedidos de declaração de ilegalidade de atos de fixação de valores patrimoniais, previstos na alínea *b)* do nº 1 do artigo 2º do RJAT, pois, como sucede nos casos de valores patrimoniais de imóveis, o valor que for determinado ir-se-á repercutir num número não determinado e imprevisível de atos anuais de liquidação de Imposto Municipal sobre Imóveis, para além de, eventualmente, atos ocasionais de liquidação de Imposto Municipal sobre as Transmissões Onerosas de Imóveis (artigos 12º, nº 2, e 14º do Código de Imposto Municipal sobre as Transmissões Onerosas de Imóveis) e de Imposto do Selo (artigo 13º, nº 1, do Código do Imposto do Selo), e, normalmente, ainda atos de liquidação de taxas autárquicas conexionadas com infraestruturas urbanísticas. Nos casos em que for inviável determinar quais os atos de liquidação em que se repercutirá a fixação de valores patrimoniais, tem de se concluir que a utilidade económica dos pedidos de impugnação de atos desse tipo não pode ser determinada e, por isso, não pode servir de critério de fixação do valor do litígio.

Semelhante inviabilidade de determinação da utilidade económica do litígio ocorre nos casos de pedidos de declaração de ilegalidade de atos de fixação da matéria tributável quando não dê origem à liquidação de qualquer tributo, designadamente por quando a matéria tributável for negativa (prejuízos fiscais), pois os prejuízos apurados poderão mesmo nunca vir a ser relevantes para a prática de qualquer ato de liquidação, já que essa relevância dependerá de em algum ou alguns dos períodos de tributação em que for legalmente admissível fazer o reporte dos prejuízos vir a ser apurado lucro tributável sem recurso a métodos indiretos e não existirem prejuízos referentes a outros períodos de tributação anteriores que excedam esse lucro tributável (artigo 52º, nºs 1, 2 e 3, do CIRC). Para além disso, a relevância fiscal dos prejuízos apurados dependerá ainda de, à data do termo do período de tributação em que é efetuada a dedução e em relação ao período a que respeitam os prejuízos, não se ter verificado a alteração da titularidade de, pelo menos, 50% do capital social ou da maioria dos direitos de voto, a não ser que haja autorização do Ministro das Finanças (artigo 52º, nºs 8 e 12, do CIRC). Por outro lado, nos casos em que os prejuízos venham a ser reportados e a relevar para a liquidação referente a algum dos anos em que a lei admite o reporte, a medida dessa relevância virá a ser definida pela taxa ou taxas dos tributos relativamente aos quais o lucro tributável for relevante. E, para além da taxa aplicável especificamente ao IRC, que pode ser diferente da que é aplicável no ano em que se verificam os prejuízos fiscais, é de ter em conta que esses prejuízos podem relevar para efeitos de outros tributos conexionados com o IRC, como é o caso da quase sempre associada derrama municipal e de outros que as necessidades orçamentais, imprevisíveis mas omnipresentes, forem impondo, como é o caso de possíveis derramas estaduais.

Nestas situações em que a utilidade económica do pedido não é determinável, não contendo o RJAT qualquer critério de determinação do valor dos litígios, haverá que atender à legislação subsidiária, designadamente o artigo 97º-A do CPPT, que contém regras expressas para a determinação do valor da causa, potencialmente aplicáveis a todas as situações referidas no artigo 2º, nº 1, do RJAT.

Nas alíneas *b)* e *c)* do nº 1 deste artigo 97º-A do CPPT estabelece-se que o valor atendível quando se impugne o ato de fixação da matéria coletável ou ato de fixação de valores patrimoniais é **o valor contestado.**

7.4.1.2. Momento a atender para determinar o valor da causa

Na determinação do valor da causa, deve atender-se ao momento em que a ação é proposta [artigo 299º, nº1, do CPC subsidiariamente aplicável por força do disposto no artigo 29º, nº 1, alínea *e)*, do RJAT].

A instância inicia-se pela proposição da ação e esta considera-se proposta, intentada ou pendente logo que seja recebida na secretaria do CAAD o pedido de constituição do Tribunal Arbitral (artigo 259º, nº 1, do CPC, adaptado ao processo arbitral).

Por isso, são irrelevantes as modificações de valor que possam advir da revogação, ratificação, reforma ou conversão do ato tributário cuja ilegalidade foi suscitada ou de desistência ou redução de pedidos.

Da mesma forma, não implicarão alteração do valor da causa, eventuais ampliações do pedido primitivo que se considerem admissível, por serem, desenvolvimento ou consequência do pedido primitivo (artigo 265º, nº 2, do CPC), como, por exemplo, aumento derivado de juros indemnizatórios ou de indemnização por garantia indevida.[78]

[78] Neste sentido, podem ver-se Alberto dos Reis, *Comentário ao Código de Processo Civil*, Volume 3º, Coimbra Editora, Coimbra, 1946, páginas 649-650, e Abrantes Geraldes, *Temas da Reforma do Processo Civil*, I Volume, Almedina, Coimbra:151 e 242. No mesmo sen-

7.4.1.3. Fixação do valor da causa

O valor da causa não é necessariamente o indicado pelo sujeito passivo, pois pode ser impugnada a indicação na resposta, com indicação de outro em substituição (artigo 305º, nº 1, do CPC), e compete ao tribunal proceder oficiosamente à sua fixação (artigo 306º do CPC). Mas, esta fixação do valor deve ter em conta o valor que deveria ser indicado no momento em que o pedido de constituição do Tribunal Arbitral é apresentado, como se referiu.

7.4.1.4. Incompetência em razão do valor da causa

A incompetência e função do valor da causa pode derivar, desde logo, da limitação a € 10.000.000,00 prevista no artigo 3º da Portaria nº 112-A/2011, de 22 de Março, através da qual a administração tributária se vinculou à jurisdição arbitral.

Para além disso, uma vez que a intervenção de tribunal singular ou coletivo depende do valor da causa, podem verificar-se situações de incompetência em função do valor da causa, que é uma das modalidades de incompetência relativa [artigo 102º, nº 1, do CPC subsidiariamente aplicável por força do disposto no artigo 29º, nº 1, alínea *e)*, do RJAT].

As regras de competência em razão do valor da causa não podem ser afastadas por vontade das partes (artigo 95º, nº 1, do CPC) e a incompetência em razão do valor da causa é de conhecimento oficioso (artigo 104º, nº 2, do CPC), pelo que pode ser decidida independentemente de ser arguida pelas partes. No entanto, em qualquer caso, a decisão deverá ser precedida da possibilidade de exercício do contraditório pelas partes, de harmonia com o princípio enunciado na alínea *a)* do artigo 16º do RJAT.

Na sequência de decisão de incompetência, «*pode o interessado, no prazo de 14 dias a contar da notificação da decisão que a declare, requerer a remessa do processo ao tribunal competente*» (artigo 18º do CPPT).

No entanto, na jurisdição arbitral esta possibilidade de remessa não afasta a necessidade de constituição de um novo tribunal, com a remuneração da atividade desenvolvida pelos árbitros de ambos os tribunais, pelo que implicará o pagamento das custas relativas às duas constituições de tribunais. Com efeito, de harmonia com o nº 1 do artigo 12º do RJAT, a taxa de arbitragem é devida «pela constituição de Tribunal Arbitral», pelo

tido se pronunciou o Supremo Tribunal de Justiça no acórdão de 11-05-2011, proferido no processo nº 1071/08.7TTCBR.C1.S1.

que sempre que um tribunal seja constituído haverá lugar ao pagamento da respetiva taxa.

7.4.2. Opção do sujeito passivo pela designação de árbitro

Se o sujeito passivo optar por designar árbitro, o Tribunal Arbitral funciona com três árbitros, independentemente do valor da causa [artigo 5º, nº 3, alínea *b)*, do RJAT].

Se o sujeito passivo optar por não designar árbitro o Tribunal Arbitral funciona com árbitro singular, se o valor do pedido de pronúncia arbitral não ultrapassar duas vezes o valor da alçada dos tribunais centrais administrativos (artigo 5º, nº 2, do RJAT).

A opção do sujeito passivo pela designação de árbitro implica pagamento de taxa de arbitragem nos termos da Tabela II anexa ao Regulamento de custas nos Processos de Arbitragem Tributária, cujo valor é várias vezes superior à taxa devida nos casos em que é aplicável a Tabela I, aplicável quando o sujeito passivo não opta por designar árbitro.

Para além disso, quando o sujeito passivo opta por designar árbitro, todas as custas são pagas por ele, mesmo nos casos em que seja vencedor no processo. Nestes casos, toda a taxa de arbitragem tem de ser paga na totalidade com o pedido de constituição de Tribunal Arbitral, nos termos dos artigos 10º, nº 2, alínea *f)*, e 12º, nº 3, do RJAT e, mesmo que o sujeito passivo seja vencedor no processo, não é reembolsado da taxa paga (artigos 22º, nº 4, do RJAT e 5º, nº 2, do Regulamento de Custas nos Processos de Arbitragem Tributária).

Quando o sujeito passivo opta por não designar árbitro, apenas tem de pagar com o pedido de constituição do Tribunal Arbitral a taxa de arbitragem inicial, que corresponde a 50% da taxa de arbitragem resultante da Tabela I anexa ao Regulamento de Custas nos Processos de Arbitragem Tributária [artigo 10º, nº 2, alínea *f)*, do RJAT e 4º, nº 2, deste Regulamento]. Nestes casos, a fixação das custas devidas e a eventual repartição pelas partes é efetuada na decisão arbitral que vier a ser proferida pelo Tribunal Arbitral, sendo o sujeito passivo reembolsado pelo CAAD do que lhe for devido (artigos 12º, nº 2, e 22º, nº 4, do RJAT e 4º, nºs 4 e 5, do Regulamento de Custas nos Processos de Arbitragem Tributária).

Quando o valor do pedido for superior ao dobro da alçada dos tribunais centrais administrativos ou o sujeito passivo pretender designar um dos árbitros os tribunais arbitrais funcionam com intervenção do coletivo de três árbitros.

7.4.3. Designação dos árbitros

Quando o sujeito passivo não opte por designar árbitro, o árbitro singular ou os três árbitros são designados pelo Conselho Deontológico do CAAD, de entre a lista dos árbitros que compõem o CAAD [artigo 6º, nºs 1 e 2, alínea *a)*, do RJAT].

Nos casos em que o sujeito passivo pretende designar árbitro cada uma das partes faz a designação de um deles, cabendo a designação do terceiro árbitro, que exerce as funções de árbitro-presidente, aos árbitros designados ou, na falta de acordo, ao Conselho Deontológico do CAAD, mediante requerimento de um ou de ambos os árbitros [artigo 6º, nº 2, alínea *b)*, do RJAT].

7.4.4. Designação de árbitro com formação em economia ou gestão

O RJAT prevê a possibilidade de designação de árbitros (adjuntos) licenciados em economia ou gestão nas questões de maior complexidade e que exijam um conhecimento específico de área não jurídica, devendo nesses casos o árbitro-presidente ser sempre um jurista com pelo menos 10 anos de comprovada experiência profissional na área do direito tributário (artigo 7º nº 3 do RJAT). Uma vez que a lei não define quais os critérios a considerar para efeitos de ponderação da designação, como árbitro não presidente, de licenciados em economia ou gestão, nos processos coletivos, cabe ao Conselho Deontológico aferir, casuisticamente, da complexidade das questões e da exigência de um conhecimento específico de área não jurídica, que justifiquem tal designação. Em termos práticos, e em face das questões concretas objeto do concreto pedido de pronúncia arbitral, pode o Conselho Deontológico solicitar parecer fundamentado ao Departamento Jurídico do CAAD sobre a necessidade ou pertinência de designação de um árbitro licenciado em economia ou gestão.

Até ao presente foram designados (licenciados em economia e gestão) como árbitros nos processos coletivos sem escolha de árbitro em cerca de 10% dos processos, constituindo tal possibilidade legal uma mais valia relevante atentos nas pretensões passíveis de arbitrabilidade.

7.4.5. As garantias de imparcialidade imprescindíveis ao funcionamento de tribunais

A imparcialidade é o requisito primacial de qualquer tribunal, que só se garante com a independência de quem administra a justiça, o que é reconhecido na arbitragem ao proclamar-se que *«os árbitros devem ser independentes e imparciais»* (artigo 9º, nº 3, da LAV2011).

Com o objetivo de garantir a imparcialidade dos tribunais arbitrais em matéria tributária o artigo 8º do RJAT acentuou os impedimentos dos árbitros, estabelecendo, para além dos impedimentos previstos no nº 1 do artigo 44º do Código do Procedimento Administrativo[79], mais os seguintes:

Nos dois anos anteriores ao da sua indicação como árbitro:

a) A pessoa designada tenha sido dirigente, funcionário ou agente da Administração Tributária, membro de órgãos sociais, trabalhador, mandatário, auditor ou consultor do sujeito passivo que seja parte no processo, de entidade que se encontre com aquele em relação de domínio, tal como esta é definida no Código das Sociedades Comerciais, ou de pessoa ou entidade que tenha interesse próprio na procedência da pretensão;

b) A pessoa designada tenha sido trabalhador, colaborador, membro, associado ou sócio de entidade que tenha prestado serviços de auditoria, consultoria e jurisconsultoria ou advocacia ao sujeito passivo.

[79] Nos termos do artigo 44º, nº 1, do Código do Procedimento Administrativo:
1 – Nenhum titular de órgão ou agente da Administração Pública pode intervir em procedimento administrativo ou em ato ou contrato de direito público ou privado da Administração Pública, nos seguintes casos:
a) Quando nele tenha interesse, por si, como representante ou como gestor de negócios de outra pessoa;
b) Quando, por si ou como representante de outra pessoa, nele tenha interesse o seu cônjuge, algum parente ou afim em linha reta ou até ao 2º grau da linha colateral, bem como qualquer pessoa com quem viva em economia comum;
c) Quando, por si ou como representante de outra pessoa, tenha interesse em questão semelhante à que deva ser decidida, ou quando tal situação se verifique em relação a pessoa abrangida pela alínea anterior;
d) Quando tenha intervindo no procedimento como perito ou mandatário ou haja dado parecer sobre questão a resolver;
e) Quando tenha intervindo no procedimento como perito ou mandatário o seu cônjuge, parente ou afim em linha reta ou até ao 2º grau da linha colateral, bem como qualquer pessoa com quem viva em economia comum;
f) Quando contra ele, seu cônjuge ou parente em linha reta esteja intentada ação judicial proposta por interessado ou pelo respetivo cônjuge;
g) Quando se trate de recurso de decisão proferida por si, ou com a sua intervenção, ou proferida por qualquer das pessoas referidas na alínea b) ou com intervenção destas.

Decerto por se sentirem insuficiências deste regime, o Conselho Deontológico do CAAD reforçou e densificou consideravelmente os impedimentos dos árbitros no Código Deontológico que elaborou ([80]), o que, acompanhado de uma interpretação teleológica rigorosa, poderá assegurar satisfatoriamente a imparcialidade.

É particularmente elucidativo da preocupação do Conselho Deontológico do CAAD nesta matéria, o dever de informação imposto aos árbitros nos nºs 4 a 6 do artigo 6º do Código Deontológico em que se estabelece o seguinte:

> *4. Após a sua designação e antes da confirmação da aceitação do encargo, os árbitros devem informar, por escrito, o Centro, as partes e, tratando-se de um tribunal coletivo, os outros árbitros, de qualquer facto, circunstância ou relação suscetível de originar dúvidas fundadas a respeito da sua independência, imparcialidade ou isenção.*
>
> *5. Entre os factos, circunstâncias e/ou relações abrangidos por este dever de revelação, incluem-se, entre outros:*
>
> *a) Qualquer relação profissional ou pessoal, com as partes ou com os seus representantes legais, que possa ser potencial causa de impedimento ou de escusa;*
>
> *b) Qualquer prestação anterior de serviço como árbitro, advogado, consultor, auditor, sócio, gestor de negócios, colaborador ou funcionário de uma das partes;*
>
> *c) Qualquer interesse, direto ou indireto, em questão semelhante à que deva ser decidida;*
>
> *d) Qualquer interesse económico ou financeiro, direto ou indireto, numa das partes ou no objeto da disputa;*
>
> *e) Qualquer participação em associações que possa originar suspeita fundada da sua capacidade para atuar com imparcialidade e isenção, designadamente associações envolvidas na instigação e/ou na prática de discriminação com base da raça, sexo, religião, nacionalidade ou orientação sexual.*
>
> *6. Havendo dúvida quanto à relevância de qualquer facto, circunstância e/ ou relação, prevalece sempre o dever de revelação.*

Visando assegurar a independência dos árbitros no exercício das suas funções, o artigo 9º, nºs 4 e 5, da LAV2011 [subsidiariamente aplicáveis por via do artigo29º, nº 1, alínea *c)*, do RJAT e do artigo 181º, nº 1, do CPTA] estabeleceram que «*os árbitros não podem ser responsabilizados por danos decor-*

[80] Disponível na página eletrónica do CAAD, em http://www.caad.org.pt.

rentes das decisões por eles proferidas, salvo nos casos em que os magistrados judiciais o possam ser» e que esta responsabilidade «*só tem lugar perante as partes*».

7.4.6. Requisitos dos árbitros

O artigo 7º do RJAT estabelece os requisitos de designação dos árbitros, determinando que «*são escolhidos de entre pessoas de comprovada capacidade técnica, idoneidade moral e sentido de interesse público*» e «*devem ser juristas com pelo menos 10 anos de comprovada experiência profissional na área do direito tributário, designadamente através do exercício de funções públicas, da magistratura, da advocacia, da consultoria e jurisconsultoria, da docência no ensino superior ou da investigação, de serviço na Administração Tributária, ou de trabalhos científicos relevantes nesse domínio*».

8. Prazos para pedir a constituição de tribunais arbitrais

8.1. Prazos para formular pedidos de pronúncia arbitral

No artigo 10º, nº 1, do RJAT estabelecem-se os prazos para apresentação do pedido de constituição do Tribunal Arbitral, que são de:

- 90 dias contado a partir dos factos previstos nos nºs 1 e 2 do artigo 102º do CPPT, quanto aos atos suscetíveis de impugnação autónoma e, bem assim, da notificação da decisão ou do termo do prazo legal de decisão do recurso hierárquico;
- 30 dias, contado a partir da notificação dos atos previstos nas alíneas *b)* e *c)* do artigo 2º, nos restantes casos.

8.1.1. Prazos para pedidos de ilegalidade de atos de liquidação, de autoliquidação, retenção na fonte e de pagamento por conta

Uma primeira conclusão segura que se retira da alínea *a)* do nº 1 do artigo 10º do RJAT é a de que à declaração de ilegalidade de todos os atos de liquidação, de autoliquidação, de retenção na fonte e de pagamento por conta, indicados na alínea *a)* do artigo 2º deste diploma, se aplica o prazo de 90 dias, previsto na alínea *a)*, pois a alínea *b)* daquele nº 1 do artigo 10º é aplicável apenas a atos enquadráveis nas alíneas *b)* e *c)* daquele artigo 2º.

8.1.1.1. Prazo quanto a atos de liquidação

Fixou-se o prazo de 90 dias, idêntico ao previsto no artigo 102º do CPPT para impugnação judicial, contado dos termos iniciais aí previstos, o que, aparentemente, seria uma solução razoável, por potenciar a coincidência da caducidade de direitos de impugnação e de apresentação de pedido de constituição do Tribunal Arbitral relativamente a cada um dos tipos de atos aí indicados.

Mas, o certo é que há normas que preveem termos iniciais especiais para impugnação judicial que não são ressalvados pelo artigo 10º do RJAT, o que conduz a que não haja coincidência entre o termo do prazo de apresentação de pedido de constituição do Tribunal Arbitral e o termo do prazo de impugnação judicial.

Uma das situações em que isso sucede, abrangendo uma enorme quantidade de atos, é a das liquidações de IRS, para que se prevê, na alínea *a)* do nº 4 do artigo 140º do CIRS, na redação da Lei nº 60-A/2005, de 30 de dezembro, que o prazo de impugnação judicial (e também de reclamação) não se conte a partir de qualquer dos termos iniciais indicados no nº 1 do artigo 102º, mas sim a partir dos 30 dias seguintes ao dia da notificação. Outro termo inicial especial de impugnação judicial está previsto no artigo 97º, nº 5, do CIVA, com remissão para os nºs 3 e 6 do artigo 78º.

É uma solução que, obviamente, tendo em conta que a fixação de prazos deve expressar um juízo legislativo de ponderação entre o interesse do contribuinte em ver eliminado juridicamente um ato que o afeta e o interesse público da segurança jurídica, é injustificável, pois, os imperativos de segurança jurídica que fundamentam a caducidade dos direitos de invalidação de atos tanto valem em relação à impugnação do ato perante tribunais tributários como à eliminação jurídica do ato através de declaração de ilegalidade proferida por tribunais arbitrais.

Nos casos em que ao ato de liquidação não se segue um ato prazo de pagamento voluntário (o que sucede quando deles não resulte imposto a pagar, mas antes um valor nulo, nem a pagar nem a reembolsar, ou imposto a reembolsar), o prazo de 90 dias contar-se-á da notificação do ato, de harmonia com o preceituado na alínea *e)* do nº 1 do artigo 102º do CPPT[81].

[81] Neste sentido, relativamente a um ato de liquidação de IRC de que resultou valor a reembolsar, pode ver-se o acórdão do STA de 24-09-2008, processo nº 621/08. Neste recurso, o contribuinte defendia que, nos casos em que da liquidação de IRC resultava imposto a reembolsar, o prazo de impugnação judicial de deveria contar da data em terminasse o prazo para ser efetuado o reembolso, à semelhança do que se prevê, como regra, na alínea *a)* do nº 1 do artigo 102º do CPPT (no caso, a norma equivalente do artigo 123º do CPT), para os casos em que há um pagamento a efetuar, na sequência da notificação da liquidação. Esta tese, porém, não tem qualquer suporte legal, pois a situação enquadra-se perfeitamente na hipótese pre-

8.1.1.2. Prazo nos casos de autoliquidação e retenção na fonte

Decorre da alínea *a)* do nº 1 do artigo 10º do RJAT que aos pedidos de declaração de ilegalidade de atos de autoliquidação e de retenção na fonte é aplicável o prazo de 90 dias, «*contado dos factos previstos nos nºs 1 e 2 do artigo 102º do CPPT*».

Dos termos iniciais indicados neste artigo 102º, são diretamente aplicáveis às situações de autoliquidação e de retenção na fonte os previstos para a impugnação nos casos de reclamações graciosas, em que o prazo se conta da notificação da decisão da reclamação ou da formação da presunção de indeferimento tácito, de harmonia com o preceituado nas alíneas *e)* e *d)* do nº 1, respetivamente.[82]

Porém, em face do teor expresso da alínea *a)* do nº 1 do artigo 10º do RJAT, o prazo para apresentação de pedido de constituição do Tribunal Arbitral será o de 90 dias, em qualquer dos casos[83].

Nos casos em que não há lugar a reclamação graciosa necessária[84] e ela não for facultativamente apresentada, a impugnação judicial e o pedido de pronúncia arbitral têm por objeto direto e imediato a autoliquidação ou a retenção na fonte, situações em que não é diretamente aplicável qualquer dos termos iniciais previstos nas alíneas *a)* a *e)* do no artigo 102º do CPPT e em que, por isso, será de aplicar o termo inicial residual previsto na sua alínea *f)*, que é o «*conhecimento dos atos lesivos dos interesses legalmente protegidos não abrangidos nas alíneas anteriores*». Neste caso, o momento do conhecimento do ato lesivo será o da apresentação da declaração em que se faz

vista na alínea *e)* do nº 1 do artigo 102º do CPPT, pelo que, não se estando perante uma lacuna de regulamentação, não há que fazer apelo a uma eventual aplicação analógica da referida alínea *a)* do mesmo nº 1.

[82] As decisões de reclamações são atos suscetíveis de impugnação autónoma, como decorre dos artigos 95º, nº 2, alínea *d)*, da LGT e 97º, nº 1, alínea *c)*, do CPPT.

[83] Não era, por isso, aplicável o prazo de 15 dias, previsto no nº 2 do artigo 102º do CPPT para a impugnação judicial de decisões expressas de reclamações graciosas, que veio a ser revogado pela Lei nº 82-E/2014, de 31 de dezembro.

[84] Apesar de a Administração Tributária ter excluído da sua vinculação aos tribunais arbitrais que funcionam no CAAD, através da Portaria nº 112-A/2011, de 22 de março, as «*pretensões relativas à declaração de ilegalidade de atos de autoliquidação, de retenção na fonte e de pagamento por conta que não tenham sido precedidos de recurso à via administrativa nos termos dos artigos 131º a 133º do Código de Procedimento e de Processo Tributário*», esta restrição deve interpretar-se como limitando-se aos casos em que a reclamação graciosa é necessária, à face do CPPT, como se refere no ponto 4.4.5.

a autoliquidação ou o momento em que houve conhecimento de que teve lugar a retenção na fonte.

No entanto, se, apesar de não se tratar de um caso de reclamação graciosa necessária, o contribuinte a apresentar[85], o prazo para impugnação contenciosa será o prazo especial de 90 dias a contar da notificação do indeferimento ou da formação de indeferimento tácito, em sintonia com o preceituado no nº 2 do artigo 102º e na alínea *a)* do nº 1 do artigo 10º do RJAT.

8.1.1.3. Prazo nos casos de pagamento por conta

A impugnação de pagamentos por conta depende sempre de prévia reclamação graciosa, como se depreende do artigo 133º, nº 2, do CPPT.

Por outro lado, nos casos em que a reclamação graciosa não é indeferida no prazo de 90 dias, considera-se tacitamente ***deferida*** (nº 4 daquele artigo 133º), pelo que apenas há lugar a impugnação nos casos de indeferimento expresso da reclamação graciosa.

Assim, relativamente a pagamentos por conta, o prazo para pedir a declaração de ilegalidade perante tribunais arbitrais, é o de 90 dias a contar da notificação da decisão de indeferimento da reclamação graciosa, aplicando-se o prazo previsto na alínea *a)* do nº 1 do artigo 10º do RJAT.

8.2.2. Decisões de reclamações graciosas e recursos hierárquicos

O prazo de 90 previsto na alínea *a)* do nº 1 do artigo 10º do RJAT aplica-se também aos pedidos de declaração de ilegalidade de indeferimento de recursos hierárquicos [quer o indeferimento seja expresso quer seja tácito, a que se faz referência expressa na alínea *a)*], bem como ao indeferimento de reclamações graciosas de atos de liquidação [é a estas que se reportava o nº 2 do artigo 102º do CPPT, que se refere na mesma alínea *a)*, não era, por isso, aplicável o prazo de 15 dias, previsto no nº 2 do artigo 102º do CPPT para a impugnação judicial de decisões expressas de reclamações

[85] A indicação feita na parte inicial do nº 3 do artigo 131º do CPPT de que o que aí se estabelece é «*sem prejuízo do disposto nos números anteriores*», leva a concluir que, também nos casos aí previstos, há possibilidade de apresentação de reclamação graciosa facultativa.
Por outro lado, se assim, não fosse, o contribuinte que desconhecesse a existência de orientações genéricas da Administração Tributária, que não é obrigado a conhecer, poderia perder o direito de impugnação contenciosa, por não a apresentar no prazo de 90 dias que resulta do nº 3, o que é incompaginável com o direito à tutela judicial efetiva, constitucionalmente garantido (artigos 20º, nº 1, e 268º, nº 4, da CRP).

graciosas, que veio a ser revogado pela Lei nº 82-E/2014, de 31 de Dezembro]. A remissão operada pelo nº 1 do artigo 10º do RJAT para o nº 2 do artigo 102º do CPPT é restrita ao termo inicial do prazo para a apresentação do pedido de pronúncia arbitral, não abrangendo, por isso, o prazo mais restrito de 15 dias para a impugnação, a contar da notificação do indeferimento (expresso) da reclamação graciosa. Assim, formando-se indeferimento tácito ou havendo lugar a notificação do indeferimento expresso da reclamação graciosa, os contribuintes dispõem sempre de um prazo de 90 dias para o efeito de apresentação do pedido de pronúncia arbitral.

8.2.3. Apreciação de questões relativas ao projeto de decisão

Na redação inicial do artigo 2º do RJAT previa-se a possibilidade de pedir aos tribunais arbitrais que funcionam no CAAD a apreciação de qualquer questão, de facto ou de direito, relativa ao projeto de decisão de liquidação, sempre que a lei não assegurasse a faculdade de deduzir a pretensão referida na alínea anterior.

Esta possibilidade foi eliminada pela Lei nº 64-B/2011, de 30 de Dezembro.

A estes pedidos, referidos na alínea *c)* do artigo 2º do RJAT, aplicava-se sempre o prazo de 30 dias, previsto na alínea *b)* do nº 1 do artigo 10º.

8.2.4. Atos suscetíveis de impugnação autónoma

Como resulta da alínea *a)* do nº 1 do artigo 10º do RJAT, aos pedidos de constituição de Tribunal Arbitral em que é pedida a declaração de ilegalidade de «*atos suscetíveis de impugnação autónoma*», a que são aplicáveis, no processo judicial tributário, os prazos previstos nos nºs 1 e 2 do artigo 102º do CPPT, é também aplicável o prazo de 90 dias.

São atos suscetíveis de impugnação autónoma, para além dos atos de liquidação [enquadráveis nas alíneas *a)* e *c)* do nº 1 daquele artigo 102º] e dos indeferimentos expressos ou tácitos de reclamações graciosas e recursos hierárquicos [enquadráveis na alíneas *d)* e *e)* do nº 1 e no nº 2 daquele artigo 102º], os «*restantes atos tributários mesmo quando não deem origem a qualquer liquidação*», a que se refere a alínea *b)* do nº 1 do mesmo artigo 102º.

Neste conceito inserem-se os atos de determinação da matéria coletável ou tributável por métodos indiretos quando não derem origem atos de liquidação (o que sucede nos casos em que a matéria coletável apurada for nula ou negativa ou exista isenção). Na verdade, estes atos são suscetíveis de impugnação autónoma, por força do disposto no artigo 86º, nº 3, da LGT. Por isso, será de aplicar aos pedidos de constituição de Tribunal Arbitral que visem a declaração de ilegalidade de atos deste tipo o prazo de 90 dias, previsto na alínea *a)* do nº 1 do artigo 10º do RJAT.

8.2.5. Atos não suscetíveis de impugnação autónoma

Como aos pedidos de constituição de Tribunal Arbitral relativos a declaração de ilegalidade de todos os atos suscetíveis de impugnação autónoma se aplica o prazo de 90 dias previsto na alínea *a)* do nº 1 do artigo10º do RJAT, o prazo de 30 dias previsto na alínea *b)*, para os «*restantes casos*» terá de ser aplicável a pedidos de declaração de ilegalidade de atos que ***não são suscetíveis de impugnação autónoma.***

À face da redação inicial do artigo 2º, nº 1, do RJAT, o prazo de 30 dias era aplicável aos pedidos de «*apreciação de qualquer questão, de facto ou de direito, relativa ao projeto de decisão de liquidação*», que se indicavam na alínea *c)*, que veio a ser revogada pela Lei nº 64-B/2011, de 30 de dezembro.

Atualmente, o prazo de 30 dias previsto na alínea *b)* do nº 1 do artigo 10º do RJAT apenas poderia ser potencialmente aplicável aos pedidos de declaração de ilegalidade de atos de determinação da matéria coletável por métodos indiretos que dão origem a liquidação de qualquer tributo, pois trata-se de atos que não são suscetíveis de impugnação autónoma (artigo 86º, nº 3, da LGT).[86]

No entanto, a Portaria nº 112-A/2011 afastou da vinculação da Autoridade Tributária e Aduaneira aos tribunais arbitrais todos os casos de pretensões relativas a atos em que houve utilização de métodos indiretos, seja de determinação da matéria coletável e seja de determinação da matéria tributável, quer deem quer não deem lugar a liquidação.

8.3. Prazo relativamente a atos que enfermem de nulidade ou sejam inexistentes

Os atos que enfermem de vício para que esteja prevista a sanção de nulidade[87] a impugnação pode ser feita a todo o tempo, como resulta do precei-

[86] Como se refere no ponto 4.5.2., ter-se-á pretendido permitir a intervenção dos tribunais arbitrais em situações em que não é viável a intervenção dos tribunais tributários, sendo sinal evidente disso, a possibilidade de lhes submeter a «*apreciação de qualquer questão, de facto ou de direito, relativa ao projeto de decisão de liquidação*», que se previa na alínea *c)* do nº 1 do artigo2º do RJAT, redação inicial.

[87] Os atos que nulos são indicados no artigo133º do CPA.

tuado no nº 3 do artigo 102º do CPPT, que está em sintonia com o disposto no artigo 134º, nº 2, do CPA de 1991, no artigo 162º, nº 2, do CPA de 2015, e no artigo 58º, nº 1, do CPTA.

O mesmo sucede se for invocada a inexistência[88] do ato impugnado, pois trata-se de uma forma de invalidade mais grave do que a nulidade e, por isso, por maioria de razão, se tem de aplicar o regime de impugnação a todo o tempo previsto para a nulidade[89].

Interpretado literalmente, o nº 1 do artigo 10º do RJAT excluiria o regime da arguição da nulidade e inexistência a todo o tempo, pois na alínea *a)* do seu nº 1 remete-se apenas para os nºs 1 e 2 do artigo 102º e não também para o nº 3, em que se estabelece que a nulidade é invocável a todo o tempo.

No entanto, o hipotético afastamento da regra da invocação das nulidades a todo o tempo seria uma solução incompreensível, pois trata-se de uma regra que vigora não só em relativamente a atos de liquidação (nos termos do referido nº 3 do artigo 102º do CPPT), mas também em relação à generalidade dos atos administrativos (artigos 134º, nº 2, do CPA de 1991, 162º, nº 2, do CPA de 2015 e 58º, nº 1, do CPTA) e não se vislumbra qualquer especialidade da declaração de ilegalidade por tribunais arbitrais que possa servir de fundamento ao estabelecimento de um regime diferente.

Designadamente, não podem valer para justificar o afastamento de pedidos de declaração de nulidade ou inexistência, razões de estabilidade jurídica, que são as que fundamentam a caducidade de direitos impugnatórios, pois a hipotética caducidade do direito perante os trabalhos não afastaria a possibilidade de formular idênticos pedidos perante os tribunais tributários.

Por isso, não se havendo qualquer justificação para a imposição de prazo para invocação da nulidade ou inexistência dos atos que podem ser objeto de pedidos de pronúncia arbitral, deverá interpretar-se aquela fixação de prazo como reportando-se apenas aos ***atos cuja impugnação está sujeita a prazo***. Nos casos em que a declaração da invalidade ***não está sujeita a prazo***, ela pode ser efetuada a todo o tempo, em sintonia com o princípio que se extrai dos referidos artigos 102º, nº 3, do CPPT, 134º, nº 2, do CPA de 1991, 162º, nº 2, do CPA de 2015 e 58º, nº 1, do CPTA, que é o entendimento

[88] A inexistência do ato impugnado está expressamente prevista no nº 1 do artigo124º do CPPT como causa de invalidade.

[89] Sobre este ponto, pode ver-se o acórdão do STA de 28-05-2003, processo nº 152/03.

que está também em coerência com a intenção manifestada da autorização legislativa em que o Governo se baseou para aprovar o RJAT de criar «*um meio processual alternativo ao processo de impugnação judicial*» (artigo 124º, nº 2, da Lei nº 3-B/2010, de 28 de abril).

9. Conteúdo do pedido de constituição do Tribunal Arbitral e pedido de pronúncia arbitral

9.1. Fundamentos do pedido de pronúncia arbitral

Estabelece-se no artigo 10º, nº 2, alínea *a)*, do RJAT que constituem fundamentos do pedido de pronúncia arbitral os que se preveem no artigo 99º do CPPT, como fundamentos de impugnação judicial.

Este artigo 99º admite como fundamento de impugnação «*qualquer ilegalidade*», constituindo as suas alíneas mera exemplificação dos tipos de vícios que pode afetar os atos tributários:

a) Errónea qualificação e quantificação dos rendimentos, lucros, valores patrimoniais e outros factos tributários;
b) Incompetência;
c) Ausência ou vício da fundamentação legalmente exigida;
d) Preterição de outras formalidades legais.

Constitui ilegalidade e, consequentemente vício do ato de liquidação, qualquer ofensa dos princípios ou normas jurídicas aplicáveis.

Os vícios dos atos administrativos ou atos tributários geradores de anulabilidade enquadram-se genericamente em quatro categorias: erro sobre os pressupostos de direito, erro sobre os pressupostos de facto, incompetência e vício de forma (incluindo neste último tipo os vícios procedimentais e a falta de fundamentação)[90].

9.2. Erro sobre os pressupostos de direito

Haverá erro sobre os pressupostos de direito sempre que na prática do ato tenha sido feita errada interpretação ou aplicação das normas legais, como as normas de incidência objetiva e subjetiva, as que fixam as taxas ou as que conferem isenções ou outros benefícios fiscais ou as que determinam a matéria tributável.

[90] Sobre o uso desta terminologia, consagrada na doutrina e na jurisprudência, pode ver-se MÁRIO ESTEVES DE OLIVEIRA, *Direito Administrativo*, volume I, páginas 564-566.

Pode, no entanto, ocorrer «*erro de direito acerca dos factos*», quando é pressuposto do ato «uma figura jurídica e os factos efetivamente existentes não materializam essa figura, mas o agente erradamente supôs que sim»[91].

9.3. Erro sobre os pressupostos de facto

Ocorrerá erro sobre os pressupostos de facto[92] quando houver uma divergência entre a realidade e a matéria de facto utilizada como pressuposto na prática do ato, como acontece, por exemplo, quando está erradamente quantificada a matéria tributável ou se dá como existente um facto tributário que não existiu.

O erro sobre os pressupostos de facto constitui vício de violação de lei, uma vez que, sendo os poderes legais exercidos no ato administrativo atribuídos para serem exercidos em determinadas condições, está em dissonância com a lei o seu uso em situações fácticas que não correspondem àquelas que estiveram subjacentes à atribuição de tais poderes[93].

9.4. Incompetência

O vício de incompetência ocorre quando a entidade que pratica o ato não for aquela a quem por força da lei ou ato administrativo esteja atribuída a competência para praticá-lo.

A competência para a prática dos atos tributários está prevista em várias leis tributárias, existindo disposições de carácter geral, que são o artigo 61º da LGT e o artigo10º do CPPT.

Porém, a competência pode ser delegada e subdelegada, em conformidade com o preceituado no artigo 62º da LGT, podendo o vício de incompetência assentar numa deficiência do ato de delegação ou subdelegação.

[91] Neste sentido, pode ver-se André Gonçalves Pereira, *Erro e Ilegalidade no Acto Administrativo*, página 201. Na mesma linha, pode ver-se o acórdão do Pleno da SCA do STA de 18-11-2010, processo nº 855/09.

[92] Sobre o uso desta terminologia, consagrada pela jurisprudência, pode ver-se Mário Esteves de Oliviera, *Manual de Direito Administrativo*, volume I, páginas 564-565.

[93] Marcello Caetano, *Manual de Direito Administrativo*, volume I, 10ª edição, página 503, refere que «*está implícita na lei ou constitui princípio geral de direito a norma segundo a qual os factos que sirvam de causa a um ato administrativo devem sempre ser verdadeiros*».

No entanto, em sentido diferente, pode ver-se Freitas do Amaral, *Curso de Direito Administrativo*, Volume II, página 400, que entende que «*o que se passa é que falta um requisito de validade que a lei exige, qual seja o de que a vontade da Administração seja uma vontade livre e esclarecida*».

9.5. Vícios de forma

9.5.1. Falta de fundamentação

A falta ou qualquer deficiência da fundamentação legalmente exigida constitui vício de forma, que, decerto pela sua frequência, vem autonomizado na alínea *c)* do artigo 99º do CPPT.

O dever de fundamentação expressa e acessível dos atos administrativos que afetem direitos ou interesses legalmente protegidos é imposto pelo artigo 268º, nº 3, da CRP e concretizado, para a generalidade dos atos administrativos, nos artigos 124º e 125º do CPA de 1991 e 152º e 153º do CPA de 2015.

Nos termos daquele nº 3 do artigo 268º *«os atos administrativos estão sujeitos a notificação aos interessados, na forma prevista na lei, e carecem de fundamentação expressa e acessível quando afetem direitos ou interesses legalmente protegidos»*.

No nº 4 do mesmo artigo, garante-se aos interessados recurso contencioso, com fundamento em ilegalidade, contra quaisquer atos administrativos, independentemente da sua forma, que lesem os seus direitos ou interesses legalmente protegidos.

Da conjugação destas duas normas resulta que o direito de impugnação contenciosa de atos lesivos, constitucionalmente reconhecido, não fica satisfeito com a mera possibilidade de os interessados os poderem impugnar judicialmente, antes se exigindo que seja proporcionada àqueles a possibilidade de os impugnarem com completo conhecimento das razões que os motivaram, isto é, trata-se de um direito à impugnação contenciosa com a ***máxima eficácia***[94].

A exigência legal e constitucional de fundamentação visa, primacialmente, permitir aos interessados o conhecimento das razões que levaram a autoridade administrativa a agir, por forma a possibilitar-lhes uma opção consciente entre a aceitação da legalidade do ato e a sua impugnação contenciosa.

Noutro plano, atinente ao interesse público, a exigência de fundamentação visará também assegurar a transparência da atividade administrativa, particularmente a observância dos princípios constitucionais da legalidade, da justiça, da igualdade e da imparcialidade, formulados no nº 2 do artigo 266º da CRP, e impor aos órgãos da Administração uma adequada

[94] Neste sentido, podem ver-se os acórdãos do STA de 06-06-2007, processo nº 155/07, e de 07-01-2009, processo nº 871/08.

apreciação e ponderação sobre a existência de razões de facto e de direito para praticar o ato com determinado conteúdo[95].

9.5.2. Vícios procedimentais

O conceito de preterição de formalidades legais abrange os restantes vícios de forma, como a não observância dos requisitos procedimentais e formais que devem observar-se para prática do ato.

São exemplo de preterição de formalidades legais, a falta de diligências obrigatórias, a falta de convocação das pessoas que devem intervir nelas ou a intervenção de pessoas que não devem nelas intervir, a falta de notificações legalmente exigidas e a não audição dois interessados sobre as questões de facto e de direito que relevem para a decisão procedimental.

10. Processo arbitral

10.1. Contagem dos prazos. Prazo que termina em férias judiciais

Um problema que se colocou à face da redação inicial do RJAT, em várias fases do processo arbitral, inclusivamente antes da sua constituição formal, é o da contagem dos prazos para a prática dos atos previstos nos RJAT, matéria sobre a qual não existia norma expressa.

A Lei nº 66-B/2012, de 31 de Dezembro, veio aditar o artigo 3º-A, determinando a aplicação do CPA aos prazos do procedimento arbitral e o CPC ao processo arbitral, e o artigo 17º-A, estabelecendo a suspensão dos prazos processuais em férias judiciais.

Se o prazo para apresentar pedido de constituição do Tribunal Arbitral terminar em domingo ou dia feriado transfere-se para o primeiro dia útil subsequente. O mesmo sucede nos casos de o prazo terminar em período de férias judiciais, como decorre da parte final da alínea *e)* do artigo 279º do Código Civil, caso em que o termo do prazo se transfere para o primeiro dia útil subsequente ao termo dessas férias.[96]

[95] Nesta linha, pode ver-se o acórdão da Secção do Contencioso Tributário do Supremo Tribunal Administrativo de 02-02-2006, processo nº 1114/05, em que se refere que «*o dever legal da fundamentação tem, a par de uma função exógena – dar conhecimento ao administrado das razões da decisão, permitindo-lhe optar pela aceitação do ato ou pela sua impugnação –, uma função endógena consistente na própria ponderação do ente administrador, de forma cuidada, séria e isenta*». Adotando esta jurisprudência, podem ver-se os acórdãos do STA de 06-10-2010, processo nº 667/10; e de 03-11-2010, processo nº 784/10.

[96] Sobre a multiplicidade de razões que justificam a aplicação desta regra, pode ver-se Jorge Lopes de Sousa, "A aplicação da rega do artigo 279º do Código Civil aos prazos de

10.2. Início do processo arbitral

O artigo 15º do RJAT estabelece que «*o processo arbitral tem início na data da constituição do Tribunal Arbitral, nos termos do nº 8 do artigo 11º*».

À face da redação inicial do RJAT, de harmonia com o disposto neste nº 8 do artigo 11º, o Tribunal Arbitral considerava-se constituído com a realização da reunião com os árbitros, o dirigente máximo do serviço da Administração Tributária e o sujeito passivo que se refere nos artigos 11º, nºs 1, alínea *c)*, e 7.

Com as alterações introduzidas no RJAT pela Lei nº 66-B/2012, de 31 de Dezembro, a referida reunião foi suprimida, passando a considerar-se constituído o Tribunal Arbitral no termo do prazo de 10 dias a contar da comunicação às partes da designação dos árbitros.

11. Efeitos da apresentação do pedido de constituição de Tribunal Arbitral

11.1. Revogação, ratificação, reforma ou conversão do ato que é objeto do pedido de pronúncia arbitral

11.1.1. Competência para revogação, ratificação, reforma ou conversão do ato cuja declaração de ilegalidade é pedida

Nos termos do artigo 13º, nº 1, do RJAT (na redação introduzida pela Lei nº 66-B/2012, de 31 de Dezembro), o dirigente máximo do serviço da administração tributária pode, no prazo de 30 dias a contar do conhecimento do pedido de constituição do Tribunal Arbitral, proceder à revogação, ratificação, reforma ou conversão do ato tributário cuja ilegalidade foi suscitada, praticando, quando necessário, ato tributário substitutivo, devendo notificar o presidente do Centro de Arbitragem Administrativa (CAAD) da sua decisão, Trata-se de uma possibilidade que tem paralelo no artigo 112º do CPPT, para o processo de impugnação judicial.

O dever de a Administração concretizar a revogação atos tributários ilegais é corolário dos princípios da justiça, da igualdade e da legalidade, que a Administração Tributária tem de observar na globalidade da sua atividade (artigo 266º, nº 2, da CRP e 55º da LGT)[97].

apresentação de pedidos de constituição do tribunal arbitral", em *Cadernos de Justiça Tributária*, nº 11, página 3.

[97] Neste sentido, podem ver-se os acórdãos do STA de 11-05-2005, recurso nº 319/05, e de 12-07-2006, processo nº 402/06,

No artigo 13º, nº 1, do RJAT atribui-se a competência para a revogação ao dirigente máximo do serviço da Administração Tributária e, decerto pela superior qualidade desta entidade, não se estabelece aqui o requisito de que no artigo 112º, nºs 1 e 2, do CPPT se faz depender a possibilidade de revogação pelos dirigentes dos órgãos periférico locais e regionais, que é o de «*a questão a resolver for de manifesta simplicidade*». No entanto, a competência atribuída neste artigo 13º, nº 1, do CPPT ao dirigente máximo do serviço pode ser delegada, ao abrigo da regra do artigo 62º, nº 1, da LGT, já que não é afastada esta possibilidade.

11.1.2. Prazo para a revogação, ratificação, reforma ou conversão do ato cuja declaração de ilegalidade é pedida

No artigo 13º, nº 1, do RJAT fixa-se o prazo de 30 dias a contar do conhecimento do pedido de constituição do Tribunal Arbitral para ser exercido pelo dirigente máximo do serviço o poder de revogação, ratificação, reforma ou conversão do ato cuja declaração de ilegalidade é pedida.

Findo o procedimento tributário, a Administração Tributária deverá proferir a decisão final (artigo 77º da LGT), devendo nela apreciar todas as questões que se suscitarem no procedimento (artigo 108º do CPA), ficando com a decisão definida, em princípio, a posição final da Administração Tributária em relação à situação tributária do contribuinte.

Em caso de impugnação judicial ou apresentação de pedido de pronúncia arbitral, é permitida à Administração Tributária a revogação do ato praticado (em que se englobam as possibilidades de reforma, ratificação e conversão, referidas no artigo 79º, nº 1, da LGT), dentro do prazo fixado nos artigos 111º, nº 1, 112º nº 1, do CPPT, no caso do processo de impugnação judicial, e do indicado no nº 1 do artigo 13º do RJAT, nos casos de pedido de pronúncia arbitral.

11.1.3. Prosseguimento do processo arbitral quando é praticado novo ato

No nº 2 do artigo 13º do RJAT, prevê-se apenas o prosseguimento do procedimento relativamente ao novo ato que substitua, total ou parcialmente, o que é objeto do pedido de pronúncia arbitral.

No entanto, se for praticado um ato revogatório sem nova regulação da situação jurídica, mas subsistirem efeitos produzidos pelo ato revogado, afigura-se que o processo poderá prosseguir em relação a esses efeitos, se foi pedida a sua eliminação, como permite o artigo 65º, nº 1, do CPTA, subsidiariamente aplicável, ao abrigo do artigo 29º, nº 1, alínea *c)*, do RJAT.

É o que sucede, por exemplo, quando o ato é revogado, mas subsistem prejuízos provocados por prestação de garantia, cuja indemnização foi pedida no processo de impugnação judicial, ao abrigo do nº 2 do artigo 171º do CPPT.

Numa situação deste tipo, estar-se-á perante uma eliminação apenas parcial do objeto do processo, que não deverá ser obstáculo ao seu prosseguimento para apreciação dos pedidos formulados que não foram satisfeitos pelo ato revogatório.

Se for praticado um novo ato em substituição, total ou parcial, do ato que é objeto do pedido de pronúncia arbitral, o dirigente máximo do serviço da Administração Tributária procede à notificação do sujeito passivo para, no prazo de 10 dias, se pronunciar, prosseguindo o procedimento relativamente a esse último ato se o sujeito passivo nada disser ou declarar que mantém o seu interesse (artigo 13º, nº 2, do RJAT).

Por isso, sendo o ato de substituição praticado dentro do prazo referido no nº 1 do artigo 13º do RJAT, o processo arbitral só se extingue se o sujeito passivo disser que não pretende o seu prosseguimento. Mas, pretendendo que o processo prossiga, o sujeito passivo pode alegar novos fundamentos e oferecer diferentes meios de prova [artigo 64º, nº 1, do CPTA, subsidiariamente aplicável, ao abrigo do artigo 29º, nº 1, alínea *c)*, do RJAT]. O requerimento referido deve ser apresentado no prazo de impugnação do ato revogatório e antes do trânsito em julgado da decisão que julgue extinta a instância (nº 2 deste artigo 64º do CPTA).

Se a substituição do ato ocorrer depois do decurso do prazo referido no nº 1 do artigo 13º do RJAT e não se basear em novos factos, o ato de substituição será ilegal, pois, findo aquele prazo, «*a Administração Tributária fica impossibilitada de praticar novo ato tributário relativamente ao mesmo sujeito passivo ou obrigado tributário, imposto e período de tributação, a não ser com fundamento em factos novos*». A ilegalidade do ato de substituição pode ser declarada no próprio processo arbitral, pois configura uma questão prévia em relação à do prosseguimento do processo, que cabe ao Tribunal Arbitral decidir.

Como atos de substituição, para efeitos impugnatórios, deverão considerar-se apenas os que introduzam na ordem jurídica uma regulação inovatória. Se, por exemplo, a administração tributária no prazo de 30 dias previsto no artigo 13º, nº 1, do RJAT revoga parcialmente o ato de liquidação impugnado e, posteriormente, emite novas liquidações que dão execução à decisão revogatória na sequência, definido o imposto que persiste, estar-se-á perante atos de execução, que têm natureza meramente confirmativa, já que não provocam qualquer alteração na ordem jurídica. Os atos confirmativos não são verdadeiros atos administrativos (ou tributários) na medida em que se limitarem a reafirmar o que já foi decidido pelo ato tributário exequendo, a nível da definição de situações jurídicas que este introduziu na ordem jurídica. É por essa razão que os atos de execução que não provocam qualquer alteração que não resultou já do ato exequendo não são contenciosamente impugnáveis e, se tiverem algum conteúdo inovador, apenas nessa parte inovadora, «por vícios próprios», podem ser objeto de processos impugnatórios, isto é, na medida em que não excedem a definição jurídica previamente efetuada pelo ato exequendo [artigo 182º, n.1, do CPA de 2015, na linha do artigo 151º, nº s 3 e 4, do CPA de 1991, subsidiariamente aplicáveis por força do disposto no artigo 2º, alínea *d)*, da LGT].

A proibição de prática de novos atos tributários com os mesmos fundamentos previstos no nº 3 do artigo 13º tem de ser entendida como reportando-se a verdadeiros atos tributários, atos que tenham natureza de atos administrativos, por produzirem efeitos jurídicos na situação individual e concreta do contribuinte que é seu destinatário (artigos 148º do CPA de 2015 e 120º do CPA de 1991), pois não se justifica essa proibição em relação a atos que nada alteram a situação anterior antes a concretizam.

Por isso, não se podem considerar ilegais novas liquidações, por violação do referido artigo 13º, nº 3, do RJAT, na medida em que concretizem o decidido no ato de revogação. Se, eventualmente, alguma ou algumas das novas liquidações exceder o que foi decidido pelo ato revogatório das liquidações iniciais, essas novas liquidações serão, apenas nessa medida, ilegais por violação do referido artigo 13º, nº 3, do RJAT.[98]

11.1.4. Substituição de atos com fundamento em factos novos

Se a substituição do ato que é objeto do processo se basear em ***factos novos***, ela é admissível, implicando modificação objetiva da instância (artigo 20º, nº 1, do RJAT). Neste caso, «*o dirigente máximo do serviço da Administração Tri-*

[98] Neste sentido, pode ver-se o acórdão arbitral de 30-04-2015, proferido no processo nº 656/2014-T.

butária notifica o Tribunal Arbitral da emissão do novo ato para que o processo possa prosseguir nesses termos, observando-se, quando aplicável, o disposto no artigo 64º do Código de Processo nos Tribunais Administrativos» (nº 2 do mesmo artigo). Isto é, o sujeito passivo pode requerer que o processo prossiga contra o novo ato, com a faculdade de alegação de novos fundamentos e do oferecimento de diferentes meios de prova, tendo o requerimento de ser apresentado no prazo de impugnação do ato revogatório e antes do trânsito em julgado da decisão que julgue extinta a instância.

Como «*factos novos*», neste contexto, deverão considerar-se factos **subjetivamente novos**, os que não eram do conhecimento da Administração Tributária quando terminou o prazo previsto no nº 1 do artigo 13º do RJAT, designadamente o seu conhecimento não era possível à face dos elementos recolhidos no procedimento tributário que serviu de base àquele ato.[99]

Na verdade, não teria razoabilidade aludir-se à possibilidade de prática de novos atos tributários apenas com base em factos objetivamente novos, factos que não existiam quando terminou o período de 30 dias e só ocorreram em data posterior a esse período. Com efeito, os atos de liquidação praticados pela Administração Tributária que se reportam a um determinado período de tributação são, naturalmente, praticados **depois desse período de tributação ter transcorrido** e têm como pressuposto **factos tributários** nele ocorridos, pelo que, manifestamente, não se justificaria uma hipotética preocupação do legislador em prever a prática de novos atos com base em **factos tributários** (pois são estes que podem servir de suporte à prática de novos atos tributários) que ocorressem em períodos posteriores àquele a que se reporta o ato impugnado.

Por outro lado, é manifesto que seria desacertada uma solução legislativa que impedisse a administração tributária de praticar novos atos com base em factos ocorridos no período de tributação a que se reporta o primeiro ato de liquidação, mas que desconhecia e não podia conhecer quando o praticou, designadamente por falta de cumprimento pelo sujeito passivo dos seus deveres de colaboração e, inclusivamente, fraude (por exemplo, falsificação de escrita).

[99] Essencialmente propondo este conceito de «factos novos», para efeitos de proibição de prática de novo atos tributários, pode ver-se ALBERTO XAVIER, *Conceito e Natureza do Acto Tributário*, pp. 573 e segs.

O Supremo Tribunal Administrativo manifestou-se neste sentido no acórdão de 03-02-2016, proferido no processo nº 01037/14, em que refere que «*seria contrário aos princípios da segurança jurídica e da protecção da confiança que se permitisse à AT a revisão do acto tributário anterior com base em factos de que já anteriormente tivesse conhecimento ou tivesse a possibilidade de conhecer*» e que «*não pode pretender-se que a única possibilidade de revisão da liquidação a favor da AT seja a da verificação de novos factos, não conhecidos no âmbito do procedimento de liquidação por responsabilidade do sujeito passivo, que não os fez conhecer ou omitiu, violando os deveres de colaboração a que está obrigado*».[100]

11.1.5. Extinção do processo arbitral

Se o ato cuja declaração de ilegalidade foi pedida for revogado totalmente e não houver efeitos produzidos que o sujeito passivo pretenda eliminar, o processo arbitral extinguir-se-á, como resulta do nº 4 do artigo 112º do CPPT, subsidiariamente aplicável, ao abrigo da alínea *a)* do nº 1 do artigo 29º do RJAT.

Este regime tem como pressuposto que o ato de revogação não pode ser revogado.

Em princípio, os atos de revogação, como atos administrativos que são, podem eles próprios ser revogados, respeitando as limitações legais previstas nos artigos 140º e 141º do CPA. Porém, o facto de se prever no artigo 112º,

[100] Sobre esta questão, pode ver-se JORGE LOPES DE SOUSA, "Preclusão do direito de praticar actos de liquidação à face do Regime Jurídico da Arbitragem em Matéria Tributária", *Cadernos de Justiça Tributária, nº 16*, página 3, em que se refere: «*uma interpretação no sentido de a proibição se reportar a factos objectivamente novos, ocorridos após o período de 30 dias previsto no artigo 13º, nº 1, do RJAT conduziria à conclusão intolerável de que bastaria impugnar um acto tributário em processo arbitral, com um qualquer fundamento [por exemplo, divergência sobre a relevância de um custo insignificante em IRC ou IRS (Imposto sobre o Rendimento das Pessoas Singulares)], para a Administração Tributária ficar definitivamente impedida de dar relevância a qualquer facto tributário referente ao mesmo contribuinte e ao mesmo imposto e período de tributação, inclusivamente rendimentos milionários obtidos no mesmo período que não tivessem sido declarados e fossem desconhecidos da Administração Tributária, inclusive os conexos com entidades não residentes, relativamente aos quais naquele artigo 45º, nº 7, da LGT se previu um enorme aumento do prazo de caducidade. Se assim fosse, o processo arbitral seria transformado, na prática, num mecanismo inaceitável de branqueamento de rendimentos esconsos, que ultrapassaria paroxisticamente qualquer dos já dificilmente aceitáveis (para os cidadãos cumpridores) regimes excepcionais de regularização de dívidas fiscais com que legislativamente se tem de forma reiterada premiado os autores de infracções fiscais, chegando ao limite inconcebível de essa "regularização", em que se traduziria a proibição de nova liquidação, ser obtida através do processo arbitral sem qualquer contrapartida, mesmo simbólica, para o erário público*».

nº 4, do CPPT a extinção do processo judicial imediatamente a seguir ao ato de revogação, sem esperar pela sua consolidação pelo decurso do prazo em que poderia ser revogado, revela inequivocamente que, na perspetiva legislativa, o ato de revogação de ato de liquidação praticado na sequência de impugnação do sujeito passivo elimina definitivamente da ordem jurídica esse ato de liquidação, não podendo, por isso, aquele ato revogatório ser revogado por ulterior decisão administrativa. É uma exceção àquela regra da revogabilidade dos atos revogatórios, que se compreende no âmbito do direito constitucional à tutela judicial efetiva, que abrange o direito à segurança jurídica gerado por uma decisão judicial, direito esse que ficaria desacautelado se a Administração Tributária pudesse, por um ato seu, obter, revogando o ato, a extinção do processo judicial que lhe foi movido, com a possibilidade de, ulteriormente, repor administrativamente a situação jurídica que levou o contribuinte a instaurar o processo judicial.

A natureza do ato revogatório praticado na sequência de pedido de constituição do Tribunal Arbitral é a mesma que tem um ato desse tipo praticado após dedução de impugnação judicial, pelo que deverá aplicar-se o mesmo regime.

Nas situações em que o procedimento cessar antes de constituído o Tribunal Arbitral, prevê-se no artigo 3º-A do RCPAT que o sujeito passivo seja reembolsado da taxa de arbitragem paga, com dedução de um valor para efeito da cobrança de encargos administrativos e de processamento, a fixar pelo Presidente do CAAD.

11.2. Preclusão dos direitos de impugnação contenciosa e administrativa do ato cuja declaração de ilegalidade é pedida

O artigo13º, nº 4, do RJAT estabelece que «*a apresentação dos pedidos de constituição de Tribunal Arbitral preclude o direito de, com os mesmos fundamentos, reclamar, impugnar, requerer a revisão, incluindo a da matéria coletável, ou a promoção da revisão oficiosa, ou suscitar pronúncia arbitral sobre os atos objeto desses pedidos ou sobre os consequentes atos de liquidação, exceto quando o procedimento arbitral termine antes da data da constituição do Tribunal Arbitral ou o processo arbitral termine sem uma pronúncia sobre o mérito da causa*».

A parte final desta norma sugere que a preclusão de direitos do sujeito passivo que deriva da apresentação do pedido de constituição de Tribunal Arbitral é condicional, renascendo os direitos precludidos se o procedimento arbitral terminar antes da data da constituição do Tribunal Arbitral ou o processo arbitral terminar sem uma pronúncia sobre o mérito da causa.

No entanto, os prazos para a reclamação, impugnação, revisão, promoção da revisão oficiosa, revisão da matéria tributável ou para suscitar nova pronúncia arbitral dos atos objeto da pretensão arbitral deduzida apenas se contam a partir da notificação da decisão arbitral nos casos em que a decisão arbitral puser termo ao processo sem conhecer do mérito da pretensão ***por facto não imputável ao sujeito passivo*** (artigo 24º, nº 3, do RJAT).

Por isso, quando o não conhecimento do mérito é imputável ao sujeito passivo, não havendo reinício dos prazos para exercício dos direitos referidos, os direitos de impugnação judicial e reclamação graciosa com fundamento em vícios geradores de mera anulabilidade já se terão extinto, em regra, por terem transcorrido os respetivos prazos.

Porém, ficará aberta, nestes casos de não conhecimento do mérito imputável ao sujeito passivo, a possibilidade de exercício de direitos quando não estiverem sujeitos a prazo, com sucede nos casos de nulidade[101] e, normalmente, haverá também possibilidade de promover a revisão oficiosa do ato tributário que, pode ser efetuada, em regra, no prazo de quatro anos ou a todo o tempo se o tributo não estiver pago, nos termos do artigo 78º da LGT.

Para além disso, será de aplicar subsidiariamente, ao abrigo da alínea *c)* do nº 1 do artigo 29º do RJAT, o regime previsto no artigo 87º, nº 8, do CPTA de 2015 (a que corresponde o artigo 89º, nº 2, do CPTA de 2004), em que se estabelece (com adaptação processo arbitral) que a absolvição da instância sem prévia emissão de despacho destinado ao suprimento de exceções ou irregularidades «*não impede o autor de, no prazo de 15 dias, contado da notificação da decisão, apresentar nova petição, com observância das prescrições em falta, a qual se considera apresentada na data em que o tinha sido a primeira, para efeitos da tempestividade da sua apresentação*».[102]

Se vier a ser proferida e não vier a ser revogada ou anulada a decisão arbitral sobre o mérito da pretensão, ficam definitivamente extintos os direitos de, com os mesmos fundamentos, reclamar, impugnar, requerer

[101] A impugnação judicial e reclamação graciosa de atos nulos não está sujeita a prazo, como resulta do artigo 134º, nº 2, do CPA e do artigo 102º, nº 3, do CPPT, e se refere no ponto 8.3..

[102] Aceitando este entendimento, podem ver-se o acórdão do Pleno do STA de 02-12-2015, processo nº 0180/15, e o acórdão do Pleno do STA de 16-04-2016, processo nº 0275/15. Sobre esta matéria, pode ver-se o ponto 14.7.3.2.

a revisão ou a promoção da revisão oficiosa, ou suscitar pronúncia arbitral sobre os atos objeto desses pedidos ou sobre os consequentes atos de liquidação (artigo 24º, nº 2, do RJAT).

No entanto, esta preclusão de direitos reporta-se apenas ***aos fundamentos invocados no pedido de pronúncia* arbitral** (como decorre da expressão «... *com os mesmos fundamentos...*» incluída no nº 4 do artigo 13º do RJAT, que revela que o objeto do processo é limitado pela causa de pedir invocada), não obstando a apresentação de pedido de constituição de Tribunal Arbitral a que os atos que são objeto do pedido de pronúncia arbitral sejam também objeto de meios impugnatórios contenciosos ou administrativos desde que aos atos sejam imputados ***vícios diferentes*** dos que lhe são imputados no processo arbitral.

O artigo 13º, nº 4, do RJAT trata de efeito de preclusão de direitos de impugnação durante a pendência do processo arbitral, tendo alcance equivalente à litispendência, mas dando-se sempre preferência ao processo arbitral. O artigo 24º, nº 2, do RJAT trata da preclusão de direitos posterior ao processo arbitral, tendo alcance semelhante ao do caso julgado.

11.2.1. Litispendência

A litispendência pressupõe a repetição de uma causa, estando a anterior ainda em curso, tendo por fim evitar que o tribunal seja colocado na alternativa de contradizer ou de reproduzir uma decisão anterior (artigo 580º, nºs 1 e 2, do CPC).

Sobre a litispendência podem ver-se os pontos 5.7.1. a 5.7.3.

11.3. Suspensão do processo de execução fiscal

O nº 5 do artigo 13º do RJAT estabelece que, na falta de disposição em contrário, o pedido de constituição de Tribunal Arbitral tem os efeitos da impugnação judicial, a nível da suspensão do processo de execução fiscal.

11.3.1. Suspensão da execução fiscal dependente de prestação de garantia da dívida

Os efeitos da impugnação judicial relativamente à suspensão do processo de execução fiscal estão previstos no artigo 169º, nº 1, do CPPT, em que se estabelece, além do mais, que a execução fica suspensa até à decisão do pleito em caso impugnação judicial, desde que tenha sido constituída garantia nos termos do artigo 195º ou prestada nos termos do artigo 199º ou a penhora garanta a totalidade da quantia exequenda e do acrescido.

À face dos nºs 6 e 7 do artigo 169º do CPPT, na redação da Lei nº 3-B/2010, de 18 de abril, vigente quando foi aprovado o RJAT, a mera apresentação de impugnação judicial, mesmo que não estivesse prestada garantia, tinha um efeito suspensivo provisório, até que terminasse o prazo de 15 dias, concedido ao executado para a prestar.

Com as alterações introduzidas nestes nºs 6 e 7 pela Lei nº 64-B/2011, de 30 de dezembro, veio estabelecer-se que a execução apenas se suspende com a efetiva prestação da garantia, mas mantém-se a suspensão em relação à efetivação da penhora, que só se concretiza, caso no prazo de 15 dias, a contar da apresentação de qualquer dos meios de reação previstos neste artigo, não tenha sido apresentada garantia idónea ou requerida a sua dispensa.

No entanto, se não for prestada garantia nesse prazo de 15 dias, poderá, ulteriormente, ser obtido efeito suspensivo, quando a garantia for prestada ou dispensada ou for efetuada penhora que garanta a totalidade da quantia exequenda e acrescido.

11.3.2. Pedido de dispensa de prestação de garantia

Embora o nº 7 do artigo 169º do CPPT, na redação da Lei nº 3-B/2010, de 18 de abril estabelecesse que, se a garantia não fosse prestada no prazo respetivo, se procederia de imediato à penhora, esta estatuição tinha de ser afastada nos casos em que tivesse sido formulado pedido de isenção de prestação de garantia, enquanto não fosse proferida decisão de indeferimento.

Na verdade, a dispensa de prestação de garantia é um substitutivo desta prestação, pelo que lhe devem ser atribuídos os mesmos efeitos, pois, se assim não fosse, inutilizar-se-ia o efeito primacial desta isenção, que corresponde a um direito dos contribuintes, reconhecido pelo artigo 52º, nº 4, da LGT.

A redação dada ao nº 7 deste artigo 169º pela Lei nº 64-B/2011, de 30 de dezembro, veio esclarecer este ponto, ao estabelecer que se procede à penhora caso no prazo de 15 dias «*não tenha sido apresentada garantia idónea* ***ou requerida a sua dispensa***».

A possibilidade de isenção de prestação de garantia depende de a prestação causar prejuízo irreparável ao contribuinte ou ser manifesta a sua falta de meios económicos revelada pela insuficiência de bens penhoráveis para o pagamento da dívida exequenda e acrescido, desde que, em qualquer dos casos, a insuficiência ou inexistência de bens não seja da responsabilidade do executado (artigo 52º, nº 4, da LGT).[103]

11.3.3. Apresentação do requerimento para prestação de garantia

A garantia parece que só pode ser prestada no processo de execução fiscal, não sendo, aplicável o artigo 103º, nº 4, do CPPT que estabelece que «*a impugnação tem efeito suspensivo quando, a requerimento do contribuinte, for prestada garantia adequada, no prazo de 10 dias após a notificação para o efeito pelo tribunal, com respeito pelos critérios e termos referidos nos nºs 1 a 6 e 10 do artigo 199º*».

Na verdade, não se enquadra na competência dos tribunais arbitrais, definida no artigo 2º do RJAT, fixar garantias com efeitos no processo de execução fiscal.

11.4. Suspensão e interrupção dos prazos de caducidade e prescrição da prestação tributária

No nº 5 do artigo 13º do RJAT estabelece-se ainda que a apresentação do pedido de constituição de Tribunal Arbitral tem os efeitos da apresentação de impugnação judicial a nível da suspensão e interrupção dos prazos de caducidade e de prescrição da prestação tributária.

11.4.1. Suspensão e interrupção da caducidade

As referências à suspensão e interrupção dos prazos de caducidade da prestação tributária reportam-se à ***caducidade do direito de liquidação*** e não propriamente da prestação tributária, pois é apenas em relação ao direito de liquidação que se prevê a extinção por caducidade, no artigo 45º da LGT.

À face do regime vigente, não há nenhuma situação em que ocorra a interrupção do prazo de caducidade, entendida como seu reinício (com inutilização do período de tempo anteriormente decorrido, em sintonia com o conceito fornecido pelo artigo 326º, nº 1, do Código Civil), prevendo-se apenas, no artigo 46º da LGT, várias situações de suspensão.

Situações de interrupção da caducidade do direito de liquidação estiveram previstas no nº 3 do artigo 46º da LGT, na redação introduzida pela

[103] Sobre o ónus da prova dos pressupostos da dispensa de prestação de garantia, pode ver-se o acórdão do Pleno do STA de 17-12-2008, processo nº 0327/08.

Lei nº 15/2001, de 5 de junho, que passou a ser o nº 4 do mesmo artigo na redação do Decreto-Lei nº 229/2002, de 31 de outubro[104], mas esta norma deve considerar-se revogada pela Lei nº 32-B/2002, de 30 de dezembro.[105]

Por outro lado, à face do regime vigente, a apresentação de impugnação judicial terá efeito suspensivo do prazo de caducidade do direito de liquidação nos casos previstos na alínea *d)* do nº 2 do artigo 46º da LGT, em que se estabelece que o prazo de caducidade suspende-se, em caso de o direito à liquidação resultar de reclamação ou impugnação, a partir da sua apresentação até à decisão.

Abrangem-se aqui os casos de anulação por vício de forma ou procedimental (como, por exemplo, falta de fundamentação ou preterição do direito de audição) e todos aqueles em que, mesmo ocorrendo anulação por vício de violação de lei substantiva, é possível renovar o ato total ou parcialmente depois de uma anulação administrativa ou judicial. É o que sucede, por exemplo, os casos em que houve uma liquidação de IRS em que a Administração Tributária entendeu aplicar regime simplificado, contra a vontade do contribuinte, que pretendia ser tributado com base na contabilidade (ou o contrário): anulada a liquidação baseada na matéria tributável determinada através do regime simplificado, haverá a possibilidade de liquidação com base na contabilidade, dentro do prazo de caducidade; como, em regra, se o prazo de caducidade do direito de liquidação corresse a nova liquidação já não poderia ser efetuada, a alínea *d)* evita essa caducidade, eliminado o período em que o processo de impugnação judicial esteve pendente. Nestas situações de anulação administrativa ou judicial do ato de liquidação, o direito à nova liquidação (é necessariamente

104 Atribuía-se aí efeito interruptivo da caducidade do direito de liquidação à notificação das correções aos elementos declarados pelo contribuinte que fossem suscetíveis de recurso hierárquico com efeito suspensivo da liquidação e à notificação da decisão de fixação da matéria coletável com recurso a métodos indiretos, nos casos em que fosse instaurado o procedimento de inspeção tributária, relativamente aos tributos incluídos no âmbito da inspeção.

105 Embora a Lei nº 32-B/2002, ao introduzir as alterações a este artigo 46º não tenha feito qualquer referência ao seu nº 4, que resultou da redação do Decreto-Lei nº 229/2002, referindo apenas como «Eliminado» o seu nº 3, o nº 4 também deve considerar-se eliminado, não só por não ser reproduzido na redação dada por esta Lei, mas também por esta também ter eliminado o nº 5 do artigo 45º, a que se reportava o nº 4 do artigo 46º. Essa eliminação do nº 4 confirma-se também com o facto de esta Lei nº 32-B/2002 ter alterado a epígrafe do artigo 46º, suprimindo nela a referência à interrupção da caducidade.

uma nova liquidação, pois houve uma primeira que é objeto da reclamação ou impugnação judicial) resulta de reclamação ou impugnação, pois a eliminação jurídica gera para a Administração Tributária um dever de reconstituir a situação que existira se não tivesse sido o praticado ato anulado, nos termos dos artigos 100º da LGT, 24º, nº 1, do RJAT e 173º, nº 1, do CPTA.

11.4.2. Suspensão e interrupção dos prazos de prescrição

O pedido de pronúncia arbitral quanto à legalidade de atos de liquidação tem os efeitos da impugnação judicial quanto ao prazo de prescrição da obrigação tributária:

- interrupção da prescrição (artigo 49º, nº 1, LGT);
- suspensão da prescrição, se a pendência do processo é fundamento de suspensão do processo de execução fiscal (artigo 49º, nº 4, LGT) por garantia ou sua dispensa, ou penhora (artigo 169º, nº 1, do CPPT).

12. Princípios do processo arbitral

O artigo 16º do RJAT arrola os seguintes princípios do processo arbitral:

- do contraditório;
- da igualdade das partes;
- autonomia do Tribunal Arbitral na condução do processo e na determinação das regras a observar;
- da oralidade e da imediação;
- da livre apreciação dos factos e a livre determinação das diligências de produção de prova necessárias;
- da cooperação e boa fé processual;
- da publicidade.

Porém, não são apenas estes os princípios que devem ser observado no processo arbitral, pois no artigo 29º, nº 2, referem-se também os princípios da celeridade, da simplificação processual e da informalidade processual.

12.1. Princípio do contraditório

O princípio do contraditório é assegurado, designadamente, através da faculdade conferida às partes de se pronunciarem sobre quaisquer questões de facto ou de direito suscitadas no processo, como se estabelece na alínea *a)* do artigo 16º do RJAT.

Um afloramento deste princípio encontra-se na alínea *b)* do nº 1 do artigo 18º do RJAT, em, que se impõe a audição das partes quanto a eventuais exceções que seja necessário apreciar e decidir antes de conhecer do pedido.

É um princípio básico do nosso direito processual, definido genericamente no artigo 3º, nº 3, do CPC, em que se estabelece que «*o juiz deve observar e fazer cumprir, ao longo de todo o processo, o princípio do contraditório, não lhe sendo lícito, salvo caso de manifesta desnecessidade, decidir questões de direito ou de facto, mesmo que de conhecimento oficioso, sem que as partes tenham tido a possibilidade de sobre elas se pronunciarem*».

Deverá entender-se que, apesar da falta de uma referência explícita naquela alínea *a)* do artigo 16º do RJAT, também no processo arbitral a observância deste princípio pode ser dispensada em caso de ***manifesta desnecessidade***.

Com efeito, a dispensa, em caso de manifesta desnecessidade, do dever de dar às partes oportunidade de se pronunciarem sobre todas as questões de facto e de direito suscitadas no processo, que se prevê naquele artigo 3º, nº 3, do CPC, é um mero corolário do princípio processual geral da proibição da prática de atos inúteis, enunciado, em termos gerais, no artigo 130º do mesmo Código.

Esta proibição da prática de atos inúteis vale também no processo arbitral, até por maioria de razão, atenta a especial preocupação de celeridade, expressamente indicada no nº 2 do artigo 29º do RJAT, como um dos princípios do processo arbitral.

Está-se perante uma situação de manifesta desnecessidade em assegurar o contraditório quando a solução da questão seja evidente, não sendo aceitável que haja séria controvérsia sobre ela por parte de quem possui os conhecimentos jurídicos exigíveis para intervenção em processos judiciais.

12.2. Princípio da igualdade das partes

O princípio da igualdade concretiza-se, nos termos do artigo 16º, alínea *b)*, do RJAT, no «*reconhecimento do mesmo estatuto substancial às partes, designadamente para efeitos do exercício de faculdades e do uso de meios de defesa*».

Trata-se de um princípio genericamente enunciado no artigo 98º da LGT para o processo judicial tributário, que estabelece que «*as partes dis-*

põem no processo tributário de iguais faculdades e meios de defesa» e que também se enuncia no artigo 3º-A do CPC.

12.3. Princípio da autonomia do Tribunal Arbitral na condução do processo e na determinação das regras a observar

A alínea *c)* do artigo 16º do RJAT enuncia o princípio da autonomia do Tribunal Arbitral na condução do processo e na determinação das regras a observar com vista à obtenção, em prazo razoável, de uma pronúncia de mérito sobre as pretensões formuladas.

Permite-se nesta norma que o Tribunal Arbitral fixe regras diferentes das que estão previstas no RJAT para a tramitação do processo, o que está em sintonia com o princípio da adequação formal, enunciado no artigo 547º do CPC de 2013, em que se estabelece que, «*o juiz deve adotar a tramitação processual adequada às especificidades da causa e adaptar o conteúdo e a forma dos atos processuais ao fim que visam atingir, assegurando um processo equitativo*».

No artigo 265º-A do CPC, na redação anterior à de 2013, o princípio da adequação formal era enunciado nestes termos: «*quando a tramitação processual prevista na lei não se adequar às especificidades da causa, deve o juiz, oficiosamente, ouvidas as partes, determinar a prática dos actos que melhor se ajustem ao fim do processo, bem como as necessárias adaptações*».

Na formulação do atual artigo 547º não se faz referência à prévia audição das partes, mas o princípio do contraditório recomenda que, pelo menos quanto à supressão de meios probatórios, seja dada às partes oportunidade de se pronunciarem, se não se tratar de situação em que seja manifesta a sua inutilidade. O artigo 630º, nº 2, do CPC, ao prever a admissibilidade de recurso nestas situações em que as decisões de adequação formal contendem com a admissibilidade de meios probatórios, revela que, pelo menos nestes casos, não se trata de decisões de mero expediente.

Não haverá obstáculo, porém, em face dos «*princípios da celeridade, simplificação e informalidade processuais*» a que se deve atender no processo arbitral, nos termos do artigo 29º, nº 2, do RJAT, o Tribunal Arbitral defina a tramitação processual sem prévia audição das partes, com possibilidade de reapreciação no caso de alguma das partes manifestar discordância. A prática que tribunais arbitrais que funcionam no CAAD vêm adotando neste sentido revela grandes vantagens a nível da celeridade e o em princípio da informalidade dá-lhe suficiente cobertura.

De qualquer forma, independentemente da audição as partes, a definição da tramitação cabe ao Tribunal Arbitral, tendo em atenção as circunstâncias do caso e da complexidade do processo, como se estabelece no artigo 18º, nº 1, alínea *a)*, do RJAT.

Em qualquer caso, a tramitação a adotar não pode deixar de assegurar os princípios da igualdade e do contraditório e obstar a que sejam praticados atos inúteis.

Uma concretização deste princípio encontra-se no artigo 19º do RJAT, que define no *princípio da livre condução do processo*, em matéria de realização de diligências probatórias.

Esta autonomia do Tribunal Arbitral na condução do processo e na determinação das regras a observar reconduz-se a que, apesar de o artigo 29º do RJAT indicar legislação subsidiariamente aplicável, a sua aplicação no processo arbitral dependerá sempre de decisão do Tribunal Arbitral, não sendo automaticamente aplicáveis no processo arbitral as normas que seriam aplicáveis a processos idênticos nos tribunais tributários, devendo ter-se especial atenção à compatibilidade de regimes previstos na legislação subsidiária com a celeridade que se pretende obter nos processos arbitrais.

12.3.1. Prova testemunhal

As testemunhas a inquirir em processos arbitrais deverão ser apresentadas pelas partes, como está ínsito no nº 2 do artigo 2º do RCPAT, os estabelecer que «*os encargos com a produção de prova são suportados **diretamente** pelas partes*». Na verdade, o regime da obrigatoriedade de comparência das testemunhas, com imposição de multas pela falta de comparência (artigo 508º, nº 4, do CPC) que vigora nos tribunais estaduais, pressupõe que lhes seja reconhecido o direito ao pagamento de uma compensação pelas despesas que suportem para comparecerem, nos termos dos artigos 16º, nº 1, alínea *e)*, e 17º, nº 5, e Tabela IV anexa ao RCP).

Por outro lado, aos tribunais arbitrais não são atribuídos os poderes de coerção que lhes permitam impor a comparência de testemunhas, designadamente o poder de ordenar a sua comparência sob custódia, nos casos de falta de comparência sem justificação que se prevê no nº 4 do artigo 508º do CPC para os tribunais estaduais.

Na verdade, essa possibilidade está constitucionalmente reservada à «*comparência perante **autoridade judiciária** competente*» [artigo 27º, nº 3, alínea *h)*, da CRP] e são autoridades judiciárias o juiz e o Ministério Público.[106]

Uma confirmação de que aos tribunais não estaduais não são atribuídos tais poderes de coerção encontra-se no artigo 38º, nº 1, da LAV, em que se prevê que «*quando a prova a produzir dependa da vontade de uma das partes ou de terceiros e estes recusem a sua colaboração, uma parte, com a prévia autorização do Tribunal Arbitral, pode solicitar ao tribunal estadual competente que a prova seja produzida perante ele, sendo os seus resultados remetidos ao Tribunal Arbitral*».

Poderá, eventualmente, admitir-se a possibilidade de notificação de testemunhas, em conformidade com artigo 119º do CPPT, mas sem a indicação de que a comparência é obrigatória e de que a falta injustificada implica responsabilidade por multa.

Poderá ser requerida a produção de prova testemunhal por videoconferência, o já tem sido admitido pelos tribunais arbitrais que funcionam no CAAD, embora a falta de controle da situação em que os depoimentos são prestados poder afetar a sua força probatória. Neste contexto, deve ter-se presente que no CPPT apenas se admite a produção de prova por teleconferência prestada noutro tribunal tributário (nº 4 do artigo 119º).[107] De qualquer forma, a prova testemunhal está globalmente sujeita ao princípio da livre apreciação, enunciado no nº 5 do artigo 607º do CPC e no nº 1 do artigo 19º do RJAT.

Em face da referida regra do nº 2 do artigo 2º do RCPAT, de que os «*encargos com a produção de prova são suportados diretamente pelas partes*», mesmo que o Tribunal Arbitral decida efetuar notificação de testemunhas, não caberá ao CAAD pagar-lhes compensação pelas despesas que suportarem para comparecerem. Será um esclarecimento que é conveniente que seja incluído nas notificações, para que não sejam frustradas eventuais expectativas.

O número de testemunhas a inquirir não poderá exceder 3 por cada facto nem o total de 10 por cada ato tributário impugnado [artigo 118º,

[106] Neste sentido, Gomes Canotilho e Vital Moreira, *Constituição da República Portuguesa Anotada*, 4ª edição, volume I, página 483. O artigo 1º, alínea *b)*, do Código de Processo Penal considera autoridade judiciaria o juiz, o juiz se instrução e o Ministério Público, cada um relativamente aos actos processuais que cabem na sua competência.

[107] Já houve casos em que, em inquirições através de videoconferência, se geraram dúvidas de que as testemunhas estivessem a ler depoimentos escritos.

nº 1, do CPPT, aplicável aos processos arbitrais tributários por força do disposto no artigo 29º, nº 1, alínea *c)*, do RJAT].

12.4. Princípios da oralidade e da imediação

O artigo 16º, alínea *d)*, do RJAT refere os princípios da oralidade e a imediação, como princípios operativos da discussão das matérias de facto e de direito.

A enunciação destes princípios tem subjacente a perspetiva legislativa de que com a sua observância se consegue uma mais rápida e eficiente decisão.

No entanto, no contencioso tributário, relativamente a declaração de ilegalidade de atos de liquidação, de determinação da matéria tributável e coletável e de fixação de valores patrimoniais, a que se limitam as competências dos tribunais arbitrais no artigo 2º do RJAT, o princípio da oralidade tem muito menos importância do que assume no processo civil, pois, em regra, a mais relevante matéria de facto baseia-se em prova documental, o que é corolário de o procedimento tributário em que são praticados esses atos ser um processo escrito.

A prática dos tribunais arbitrais que funcionam no CAAD, designadamente no caso de tribunais coletivos, tem demonstrado que, frequentemente, há grande dificuldade em agendar reuniões em que têm de se reunir as disponibilidades das agendas dos três árbitros e dos representantes das partes e conjugá-las com as dos serviços do CAAD, pelo que a necessidade de assegurar o princípio da oralidade pode reconduzir-se a atrasos na tramitação do processo.

Por outro lado, sendo a discussão por escrito das matérias de facto e de direito perfeitamente adequada ao contencioso tributário, como está implicitamente reconhecido nos artigos 120º e 121º do CPPT, ao preverem a discussão de todas as matérias por escrito no processo de impugnação judicial, os tribunais arbitrais deverão optar pela discussão por escrito, ao abrigo dos poderes de definição da tramitação processual e da determinação das regras a observar, que lhe conferem os artigos 16º, alínea *c)*, e 18º, nº 1, alínea *a)*, do RJAT, sempre se isso se mostre recomendável para a celeridade da prolação da decisão de mérito.

Na verdade, o princípio da oralidade não é um fim em si mesmo, justificando-se por razões de simplificação e celeridade, devendo ceder quando o Tribunal Arbitral entender, ao abrigo da sua autonomia na condução do processo que lhe garante o artigo 16º, alínea *c)*, do RJAT, que, nomeadamente nos casos em que tenham de ser apreciadas questões complexas, que é mais conveniente a prática de atos por escrito.

Por outro lado, a prática de atos por escrito poderá beneficiar a celeridade, designadamente nos casos em que haja dificuldade em encontrar disponibilidade das agendas de todos os árbitros e dos representantes das partes para a realização das reuniões imprescindíveis para prática de atos orais.

Sobre a conveniência e dispensar a realização de reuniões, sempre que possível, pode ver-se o ponto 14.

12.5. Princípio da livre apreciação dos factos e a livre determinação das diligências de produção de prova necessárias, de acordo com as regras da experiência e a livre convicção dos árbitros

O Tribunal Arbitral não está obrigado à realização de todas as diligências que sejam requeridas pelos intervenientes processuais, devendo realizar e ordenar apenas diligências que considere úteis ao apuramento da verdade, como é corolário do princípio processual geral de proibição de atos inúteis (artigo 137º do CPC).

Esta regra que resulta da alínea *e)* do artigo 16º do RJAT, está em sintonia com o princípio do inquisitório, definido no artigo 99º, nº 1, da LGT, em que se estabelece que «*o tribunal deve realizar ou ordenar oficiosamente todas as diligências que se lhe afigurem úteis para conhecer a verdade* relativamente aos factos alegados ou de que oficiosamente pode conhecer».

É o critério do Tribunal Arbitral que prevalece no que concerne a determinar quais as diligências que são úteis para o apuramento da verdade, sendo inevitável em tal determinação uma componente subjetiva, ligada à convicção dos árbitros.

No entanto, a necessidade da realização das diligências pode ser controlada objetivamente, em face da sua real utilidade para o apuramento da verdade, podendo, por isso, ser apreciada em recurso a correção da decisão de recusa de realização de qualquer diligência. Assim, se for requerida pelas partes a realização de uma diligência, o Tribunal Arbitral só não a deve levar a cabo se a considerar inútil ou dilatória, em decisão fundamentada[108].

[108] Neste sentido, para o contencioso tributário, pode ver-se o acórdão do STA de 05-04-2000, processo nº 24713.

O princípio da livre apreciação das provas indicado no artigo 19º, nº 1, do RJAT, e genericamente enunciado no nº 5 do artigo 607º do CPC, significa apenas a libertação do juiz das regras severas e inexoráveis da prova legal, sem que, entretanto, se queira atribuir-lhe o poder arbitrário de julgar os factos sem prova ou contra as provas.[109]

> «*A liberdade de que aqui se fala não é, nem deve implicar nunca o arbítrio, ou sequer a decisão irracional, puramente impressionisto-emocional que se furte, num incondicional subjetivismo, à fundamentação e à comunicação. Trata-se antes de uma liberdade para a objetividade – não aquela que permita uma "intime conviction", meramente intuitiva, mas aquela que se determina por uma intenção de objetividade, aquela que se concede e que se assume em ordem a fazer triunfar a verdade objetiva, isto é, uma verdade que transcenda a pura subjetividade e que se comunique e imponha aos outros – que tal só pode ser a verdade do direito e para o direito. Isto significa, por um lado, que a exigência de objetividade é ela própria um princípio de direito (cfr. R. V. HIPEKL, Der deutsche Strafprozess, 386, s.), ainda no domínio da convicção probatória, e implica, por outro lado, que essa convicção só será válida se for fundamentada já que de outro modo não poderá ser objetiva. O que envolve, por sua vez, duas importantes consequências:*
>
> - *havendo a convicção probatória de ser fundamentada, deverá ser motivada ou (quando as leis processuais o não exijam formalmente) motivável;*
> - *sujeita à exigência de objetividade, enquanto princípio jurídico, não deixará de ser controlável mesmo pelos tribunais de recurso com competência apenas "de direito" (STJ, como tribunal de "revista"), sempre que a violação do princípio da objetividade for evidente sem outras averiguações probatórias (cfr. artigo712º, nº 1, b), do Cód. Proc. Civil)*
> - *assim, p. ex., quando for contraditória (ilógica), quando estiver em flagrante e insanável contradição com os elementos adquiridos nos autos, quando for impossível ou evidentemente errada a sua conclusão, de acordo com as regras válidas da experiência, etc.*».[110]

Este princípio foi já, por diversas vezes, objeto de apreciação em sede arbitral. No âmbito do Processo Arbitral nº 8/2012-T, de 23-02-2012, foi defendido que "*O Tribunal julga a matéria de facto de acordo com o princípio*

[109] ALBERTO DOS REIS, *Código de Processo Civil Anotado*, volume III, página 245 e, em sentido semelhante, volume IV, página 570.

[110] CASTANHEIRA NEVES, *Sumários de Processo Criminal*, Coimbra, 1968, páginas 50-51.

da livre apreciação da prova em relação àquelas que não tenham valor legalmente tabelado, consagrado no artigo 655º do Código de Processo Civil, aplicável ao processo arbitral por força do disposto no artigo 29º, nº 1, alínea e), do DL. nº 10/2011, e tendo em conta regras estabelecidas, em processo tributário, nos artigos 110º, nº 7, e 115º do Código de Procedimento e de Processo Tributário (CPPT). Em relação às provas de valor legal tabelado, categoria em que se inserem os documentos autênticos, seguir-se-á a regra estabelecida na lei para esse tipo de provas, sendo a daqueles fixada no artigo 371º, nº 1, do Código Civil. O Tribunal entende o princípio da livre apreciação das provas de valor não tabelado no sentido de vinculação legal institucional às regras objetivas da técnica, da ciência, da razão ou da experiência comum"[111] .

A 2ª parte do nº 5 do artigo 607º do CPC dá suporte explícito a este entendimento ao estabelecer que «*a livre apreciação não abrange os factos para cuja prova a lei exija formalidade especial, nem aqueles que só possam ser provados por documentos ou que estejam plenamente provados, quer por documentos, quer por acordo ou confissão das partes*».

12.6. Princípios da cooperação e boa fé processual, aplicável aos árbitros, às partes e aos mandatários

Estes princípios, referidos no artigo 16º, alínea *f)*, do RJAT, estão enunciados nos artigos 7º e 8º do CPC, subsidiariamente aplicáveis, por força do disposto no artigo 29º, nº 1, alínea *e)*, do RJAT.

Em sintonia com estes princípios, na condução e intervenção no processo, devem os árbitros, as partes e seus mandatários atuar com boa fé, cooperando entre si, concorrendo para se obter, com brevidade e eficácia, a justa composição do litígio (artigos 7º, nº 1, e 8º do CPC).

O Tribunal Arbitral pode, em qualquer altura do processo, ouvir as partes, seus representantes ou mandatários judiciais, convidando-os a fornecer os esclarecimentos sobre a matéria de facto ou de direito que se afigurem pertinentes e dando-se conhecimento à outra parte dos resultados da diligência (artigo 8º, nº 2, do CPC). As pessoas aqui referidas são obrigadas a comparecer sempre que para isso forem notificadas e a prestar os esclarecimentos que lhes forem pedidos, sem prejuízo do direito de recusa legítima, nos termos do nº 3 do artigo 417º do mesmo Código (artigo 8º, nº 3, do CPC).

[111] Disponível no site oficial do CAAD *in* http://www.caad.org.pt .

Sempre que alguma das partes alegue justificadamente dificuldade séria em obter documento ou informação que condicione o eficaz exercício de faculdade ou o cumprimento de ónus ou dever processual, deve o Tribunal Arbitral, sempre que possível, providenciar pela remoção do obstáculo (artigo 8º, nº 4, do CPC).

Nos processos arbitrais, em que a preocupação com a celeridade está mais presente do que nos processos dos tribunais judiciais, o cumprimento dos deveres de colaboração e boa fé assume especial relevância, designadamente num ponto que se tem vindo a mostrar o maior obstáculo à celeridade, que é a disponibilidade de todos os intervenientes processuais para agendamento de reuniões com tribunais coletivos.

12.7. Princípio da publicidade

O princípio da publicidade reporta-se à divulgação das decisões arbitrais, que é obrigatória, devendo as decisões ser expurgadas de quaisquer elementos suscetíveis de identificar a pessoa ou pessoas a que dizem respeito.

A publicidade das decisões dos tribunais superiores da jurisdição administrativa e fiscal é efetuada nos termos do artigo 30º do CPTA, só não o sendo para os tribunais tributários de 1ª instância por razões de ordem prática, ligadas à onerosidade do tratamento necessário para expurgar as decisões dos elementos identificativos dos interessados particulares.

Mas, relativamente às decisões de tribunais arbitrais em matéria fiscal, a publicidade justifica-se mais intensamente, por ser primordial assegurar a transparência em julgamentos efetuados sob a égide de uma entidade privada em matéria em que está em causa um interesse público essencial, que é o da igualdade na repartição dos encargos públicos.

A explicação para a exigência de publicação foi notavelmente dada pelo Senhor Presidente do Conselho Deontológico do CAAD na sessão de apresentação do novo regime de arbitragem fiscal, que ocorreu em Lisboa, no dia 14-12-2010[112], nos seguintes termos:

> «*Seria perigoso porém assinalar, como hoje aqui fazemos, o momento histórico da introdução da arbitragem no âmbito do direito fiscal, sem que se tome a oportunidade para refletir sobre a complexidade dessa expansão, tendo em conta a função jurisdicional a desempenhar pelos tribunais arbitrais e os interesses objeto dos litígios que neles, a partir de agora, darão entrada.*

[112] Publicada em *http://www.caad.org.pt/index.php/content/content/id/47.*

(...)

Assim, e logo à partida, é preciso que o regime de arbitragem tributária ora constituído consiga afastar receios de que, por via da arbitragem, as partes consigam contornar as imposições legais que sobre si recaem, e que façam letra morta dos princípios da legalidade e da igualdade entre contribuintes em matéria tributária, com a capacidade negocial diferenciada das partes a sobrepor-se ao princípio da tributação de acordo com a sua real capacidade contributiva.

Princípio que, sublinhe-se, é de importância vital para a legitimidade do nosso sistema fiscal, e, como tal, também para a aceitação, pelo contribuinte, do seu dever solidário de pagar impostos.

O afastamento de um tal receio depende, em última instância, da qualidade das sentenças arbitrais que venham a ser emitidas pelos tribunais arbitrais fiscais em funcionamento sob os auspícios do CAAD, e que têm de ser, pelo menos, tão rigorosas quanto as normalmente prolatadas pelos tribunais judiciais.

O que neste contexto significa, muito em concreto, que as decisões arbitrais devem ser expressa e claramente fundamentadas, bem como dar provas inequívocas de uma aplicação correta, objetiva e igualitária das leis tributárias, sem concessões a influências indevidas ou a arranjos oportunistas.

Uma fiabilidade que deverá ser, de resto, submetida ao controlo da comunidade fiscal alargada, nela incluídos os contribuintes, sendo este controlo possibilitado pela publicidade – isto é, pela publicação célere e de fácil acesso online das decisões arbitrais.

Noutras palavras, a sentença arbitral tem de ser pública, clara e persuasiva, mostrando-se inequivocamente apta a salvaguardar os direitos e interesses das partes, sejam eles os direitos ou interesses privados injustamente lesados pela máquina fiscal, seja ele o interesse público, que à Administração Tributária compete primeiramente prosseguir, dentro e fora do processo arbitral, mas que o próprio Tribunal Arbitral não pode deixar de ter em linha de conta, quando nele todos os contribuintes são afinal contrainteressados».

A publicidade da totalidade das decisões do CAAD em matéria tributária tem sido assegurada no endereço *https://caad.org.pt/tributario/decisoes/*.

13. Tramitação do processo arbitral

13.1. Receção do requerimento de pronúncia arbitral. Indeferimento liminar

Na redação inicial do RJAT, o artigo 17º, nº 1, estabelecia que, «*recebido o requerimento a que refere o artigo 10º, o Tribunal Arbitral notifica o dirigente máximo do serviço da Administração Tributária para, no prazo de 15 dias, apresentar resposta e, caso queira, solicitar a produção de prova adicional*».

Na redação introduzida pela Lei nº 66-B/2012, de 31 de Dezembro, a parte inicial foi substituída, passando a dizer-se «*recebida a notificação da constituição do Tribunal Arbitral a enviar pelo Presidente do Conselho Deontológico no termo do prazo previsto no nº 8 do artigo 11º, o Tribunal Arbitral constituído notifica, por despacho, o dirigente máximo do serviço da administração tributária para, no prazo de 30 dias, apresentar resposta e, caso queira, solicitar a produção de prova adicional*».

Como se vê pela referência ao «Tribunal Arbitral» que aqui se faz, a aplicação desta norma tem lugar apenas depois da constituição do Tribunal Arbitral, que não ocorre automaticamente com a apresentação do pedido de constituição do Tribunal Arbitral, mas apenas com o decurso do prazo para as partes se oporem à designação de árbitros, nos termos do artigo 15º do RJAT, com remissão para o artigo 11º, nºs 1, alínea *c)*, 7 e 8.

Isto é, com a entrada do pedido de constituição do Tribunal Arbitral, antes de este ser constituído, é observado o preceituado no artigo 13º do RJAT, sendo a tramitação assegurada pelos serviços do CAAD e não pelo Tribunal Arbitral.

Só depois de o Tribunal Arbitral estar constituído é que, por iniciativa deste, se dá cumprimento à notificação do dirigente máximo do serviço da Administração Tributária para apresentar resposta.

Antes de determinar a notificação do dirigente máximo do serviço para apresentação de resposta, o Tribunal Arbitral deverá apreciar se ele enferma de deficiências ou irregularidades sanáveis, designadamente se satisfaz todos os requisitos indicados no nº 2 do artigo 10º do RJAT, devendo providenciar para que sejam sanadas as deficiências ou irregularidades que o possam ser (nº 2 do artigo 110º do CPPT, subsidiariamente aplicável). É certo que, no artigo 18º, nº 1, alínea *c)*, do RJAT, prevê-se que, na denominada «primeira reunião do Tribunal Arbitral», seja formulado convite às partes para correção das suas peças processuais, quando necessário, mas, não parece ser conveniente, antes pelo contrário, que tal correção se faça quanto mais cedo melhor, pois, em regra, a correção tardia implica a repetição de atos processuais. De qualquer forma, o princípio da informalidade (artigo 29º, nº 2, do RJAT) permite ao Tribunal Arbitral adotar o procedimento que julgar mais adequado.

A prolação de despachos de indeferimento liminar insere-se no princípio básico de economia processual, que contém a sua expressão máxima na proibição da prática de atos inúteis (artigo 130º do CPC). Por isso, em matéria de indeferimento liminar, a regra é a de que ele só não é possível quando o chamamento ao processo da parte contrária é efetuado oficiosamente pela secretaria e não havendo intervenção inicial do Tribunal Arbitral (como se infere dos artigos 226º e 590º do CPC).

Assim, a coerência valorativa do sistema jurídico, que é o primacial elemento interpretativo (artigo 9º, nº 1, do CC), impõe a conclusão de que será admissível o indeferimento liminar da petição de impugnação judicial e também do pedido de pronúncia arbitral ([113]).

De harmonia com o preceituado no artigo 89º do CPTA, subsidiariamente aplicável, atenta a natureza do caso omisso, a processos de impugnação de atos, o pedido de pronúncia arbitral deve ser liminarmente indeferido quando for manifesto:

- que é inepto [artigos 98º, nº 1, alínea *a)*, do CPPT, 89º, nº 1, alínea *b)*, do CPTA e artigo 186º, nº 1, do CPC];
- que falta personalidade ou capacidade judiciária ao requerente [artigos 89º, nº 1, alínea *c)*, do CPTA];
- que o ato impugnado é inimpugnável [artigo 89º, nº 1, alínea *i)*, do CPTA];
- que falta legitimidade ao requerente ou à entidade demandada [artigo 89º, nº 1, alínea *e)*, do CPTA];
- que o pedido de constituição do Tribunal Arbitral foi apresentado depois do termo do prazo legal aplicável [artigo 89º, nº 1, alínea k), do CPTA];

[113] Relativamente à situação paralela prevista no artigo 110º, nº 1, do CPPT para o processo de impugnação judicial, o STA tem aceitado pacificamente a possibilidade de indeferimento liminar de petições de impugnação judicial, como pode ver-se pelos seguintes acórdãos: de 10-03-2005, processo nº 1022/04; de 25-05-2005, processo nº 400/05; de 22-02-2006, processo nº 1253/05; de 05-04-2006, processo nº 1286/05; e de 27-05-2009, processo nº 76/09.

- que ocorre litispendência ou existe caso julgado [artigo 89º, nº 1, alínea *l*), do CPTA];[114]
- que há contrainteressados e não forem identificados [artigo 89º, nº 1, alínea *e*), do CPTA].[115]

13.2. Remessa do processo administrativo ao Tribunal Arbitral

No prazo da resposta, a Administração Tributária deve remeter ao Tribunal Arbitral o processo administrativo em que foi praticado o ato cuja declaração é pedida.

Não se prevê um regime especial para o não cumprimento deste dever, deverá aplicar-se subsidiariamente, com as necessárias adaptações, o regime previsto no artigo 84º, nºs 5 e 6, do CPTA, ao abrigo do disposto no artigo 29º, nº 1, alínea *c*), do RJAT[116].

A falta do envio do processo administrativo não obsta ao prosseguimento do processo e determina que os factos alegados pelo sujeito passivo se considerem provados, se aquela falta tiver tornado a prova impossível ou de considerável dificuldade (artigo 84º, nº 5, do CPTA).

Da junção aos autos do processo administrativo é dado conhecimento a todos os intervenientes no processo (nº 6 do mesmo artigo 84º). Não se

[114] Os conceitos e requisitos das exceções de litispendência e o caso julgado constam dos artigos 580º e 581º do CPC.

[115] Embora não sejam frequentes as situações em que em processos em que é pedida a declaração de ilegalidade de atos tributários há contrainteressados, por a relação jurídica tributária, normalmente, se estabelecer apenas entre um determinado contribuinte e a Administração Tributária, há situações em que elas podem ocorrem, designadamente nos casos em que sejam indicados no ato várias pessoas como sujeitos passivos, como sucede, designadamente, em IRS liquidado com base no agregado familiar, nos termos do artigo 13º, nº 2, do CIRS, em que não é indiferente para os seus membros a forma como ele se considera constituído nem ser tributado no âmbito dele ou fora dele e, por exemplo, nos casos em que se discute de a responsabilidade por determinado tributo cabe ao proprietário ou ao usufrutuário ou possuidor ou fruidor ou locatário.

[116] No artigo 84º, nº 4, do CPTA estabelece-se que «*na falta de envio do processo administrativo sem justificação aceitável, pode o juiz determinar a aplicação de sanções pecuniárias compulsórias, nos termos do artigo 169º, sem prejuízo do apuramento da responsabilidade civil, disciplinar e criminal a que haja lugar.*». Nem o RJAT nem a LAV2011 referem a possibilidade de os tribunais arbitrais aplicarem sanções compulsórias e no artigo 38º desta Lei, prevê-se a possibilidade de solicitar a intervenção dos tribunais estaduais, nos casos de recusa de colaboração, o que revela que os tribunais arbitrais não dispõem dos poderes processuais que são atribuídos aos tribunais estaduais, em matéria compulsiva.

prevê, nem no CPPT nem no CPTA, a notificação de todo o conteúdo do processo administrativo, mas apenas a notificação da sua junção.

Como resulta da parte final do nº 2 do artigo 17º do RJAT, conjugado com o nº 5 do artigo 110º do CPPT, adaptado ao processo arbitral, o Tribunal Arbitral pode, a todo o tempo, ordenar ao serviço periférico local a remessa do processo administrativo, mesmo na falta de resposta do dirigente máximo do serviço.

14. Primeira reunião do Tribunal Arbitral

Prevê-se no artigo 18º do RJAT que, após a apresentação da resposta, se realize a denominada «*primeira reunião do Tribunal Arbitral*».

Normalmente, é também a última reunião anterior à decisão final, designadamente quando não há lugar à realização de diligências probatórias e as partes preterem do direito de marcação de uma nova reunião para o efeito de realização de alegações orais.

Por outro lado, a prática do CAAD tem mostrado que, em muitos casos, designadamente quando não é requerida prova testemunhal ou não se justifica que ela seja produzida, não tem utilidade apreciável a realização da reunião e implica atraso na tramitação do processo, para além de despesas para as partes para o CAAD e para os membros do Tribunal Arbitral. Em situações deste tipo, os princípios da autonomia do Tribunal Arbitral na condução do processo, da celeridade, da simplificação e informalidade processuais (artigos 19º, nº 2, e 29º, nº 2, do RJAT) recomendam que se dispense a realização da reunião prevista no artigo 18º, prosseguindo o processo com alegações escritas facultativas, em que, inclusivamente pode ser dada resposta a exceções que tenham sido suscitadas.

Da mesma forma, em regra não se justificará realizar uma reunião para decidir convidar as partes a corrigirem peças processuais, nos termos da alínea *c)* do nº 1 do artigo 18º, afigurando-se mais célere a formulação desse convite por escrito, logo que sejam constatadas as deficiências.

A prática do CAAD tem demonstrado que sobretudo nos casos em que há lugar a intervenção a tribunais arbitrais coletivos a oralidade, pressupondo a realização de reuniões, é um considerável entrave à celeridade, como se referiu no ponto 12.4.

14.1. Exceções

Na reunião prevista no artigo 18º devem ser ouvidas as partes sobre eventuais obstáculos ao conhecimento do mérito da causa, se a questão for suscitada pelo Tribunal Arbitral, ou ser ouvido o sujeito passivo, se a exceção foi suscitada pela Administração Tributária.

Não haverá obstáculo, porém, a que, nos casos em que a exceção for suscitada pela Administração Tributária na sua resposta, o sujeito passivo se pronuncie por escrito, na sequência da respetiva notificação, embora nesse caso, exercido dessa forma o direito de contraditório, não deva ser ouvido novamente sobre essa matéria na reunião prevista no artigo 18º, o que é corolário do princípio da igualdade das partes, enunciado no artigo 16º, alínea *b)*, do RJAT.

Na verdade, essa pronúncia por escrito não terá qualquer inconveniente, em termos de celeridade, antes pelo contrário, permitirá até ao Tribunal Arbitral apreciar as exceções e, eventualmente, mesmo pronunciar-se sobre as exceções logo na reunião referida. Por outro lado, a discussão de questões jurídicas por escrito proporciona, em regra, uma análise mais profunda do que a discussão oral e evita possíveis delongas provocadas por dificuldade em agendar reuniões.

Por isso, não há obstáculo a que o Tribunal Arbitral aceite essa pronúncia, ao abrigo dos poderes de determinação das regras a observar que lhe confere a alínea *c)* do artigo 16º do RJAT, interpretados em sintonia com os princípios da celeridade, simplificação e informalidade processuais, referidos no nº 2 do seu artigo 29º.

14.2. Alegações orais

No nº 2 do artigo 18º do RJAT prevê-se que, se forem necessárias alegações orais, seja indicada uma data para elas serem proferidas.

Também aqui, pelas razões que se referem no ponto anterior, não haverá inconveniente em que as alegações sejam apresentadas por escrito.

Como resulta do próprio texto do nº 2 do artigo 18º do RJAT, as alegações não são obrigatórias na tramitação dos processos arbitrais (à semelhança do que sucede no processo de impugnação judicial, à face dos arts. 120º e 121º, nº 1, do CPPT), devendo haver lugar a elas apenas quando sejam necessárias, o que caberá ao Tribunal Arbitral decidir.

Em regra, as alegações não serão necessárias quando se mostre que o sujeito passivo tem conhecimento dos atos relevantes do processo administrativo, junto nos termos do artigo 17º, nº 2, do RJAT, e os argumentos invocados pela Administração Tributária na sua resposta tiverem sido apreciados antecipadamente pelo sujeito passivo no pedido de pronúncia arbitral.

14.3. Marcação de data para ser preferida decisão arbitral

Estabelece-se no nº 2 do artigo 18º do RJAT que, na reunião que nele se refere, deverá ser comunicada às partes a data para a decisão arbitral.

No caso de não haver lugar a diligências probatórias tal indicação poderá, em regra, ser efetuada, mas, no caso contrário, não poderá fazer-se tal comunicação, pois pode haver necessidade de adiar diligências marcadas (como se prevê expressamente no nº 2 do artigo 19º do RJAT) ou serem realizadas novas diligências na sequência do resultado de outras.

De qualquer modo, a não prolação da decisão na data comunicada às partes não tem qualquer consequência processual, visando apenas impor ao Tribunal Arbitral que atue de forma diligente, designadamente respeitando o prazo de seis meses a contar do início do processo arbitral, previsto no nº 1 do artigo 21º do RJAT. No entanto, quando não puder proferir a decisão na data anunciada, o Tribunal Arbitral deverá comunicar às partes nova data.

14.4. Princípio da livre condução do processo

O artigo 19º do RJAT estabelece que a falta de comparência de qualquer das partes a ato processual, a inexistência de defesa ou a falta de produção de qualquer prova solicitada não obstam ao prosseguimento do processo e à consequente emissão de decisão arbitral com base na prova produzida, de acordo com o princípio da livre apreciação de prova e da autonomia do Tribunal Arbitral na condução do processo.

Trata-se de uma concretização do princípio enunciado na alínea *c)* do artigo 16º do RJAT, que visa assegurar a celeridade na prolação da decisão.

Porém, não sendo a celeridade um fim em si mesmo, sendo necessário primacialmente assegurar a qualidade da decisão de mérito, o nº 2 do mesmo artigo 19º prevê a possibilidade de o Tribunal Arbitral permitir a prática de ato omitido ou a repetição de ato ao qual a parte não tenha comparecido, bem como o respetivo adiamento. Este poder deverá ser exercido tendo em vista a presumível influência que as diligências a realizar possam ter na decisão da causa. Mas, será um poder/dever, impondo ao

Tribunal Arbitral a realização das diligências omitidas, sempre que reconheça a sua presumível utilidade.

No artigo 40º, nº 3, da LAV2011, estabelece-se que *«as questões respeitantes à ordenação, à tramitação ou ao impulso processual poderão ser decididas apenas pelo árbitro presidente, se as partes ou os outros membros do Tribunal Arbitral lhe tiverem dado autorização para o efeito»*.

Trata-se de uma solução que poderá também ser adotada na arbitragem tributária, pois a LAV deve considerar-se subsidiariamente aplicável, *ex vi* dos artigos 29º, nº 1, alínea *c)*, do RJAT e 181º, nº 1, do CPTA e, de qualquer forma, poderá ser adotada, ao abrigo dos poderes conferidos ao Tribunal Arbitral pela alínea *c)* do artigo 16º do RJAT, para condução do processo e determinação das regras a observar com vista à obtenção, em prazo razoável, de uma pronúncia de mérito sobre as pretensões formuladas.

14.5. Decisão arbitral

14.5.1. Prazo para proferir decisão

Nos termos do artigo 21º do RJAT a decisão arbitral deve ser emitida e notificada às partes no prazo de seis meses a contar da data do início do processo arbitral.

Este início do processo arbitral não ocorre com a apresentação do pedido de constituição do Tribunal Arbitral, mas apenas com a concretização desta constituição, nos termos do artigo 15º do RJAT, após o decurso do prazo para oposição das pares a designação dos árbitros, nos termos do artigo 11º, º 8.

O prazo conta-se seguidamente, de harmonia com o preceituado no artigo 279º, alínea *c)*, do Código Civil, terminando às 24 horas do dia que corresponda, dentro do último mês, à data de início; mas, se no último mês não existir dia correspondente, o prazo finda no último dia desse mês.

À mesma solução se chega por via do artigo 138º, nº 1, do CPC, que prevê o decurso contínuo de prazos processuais, sem qualquer suspensão, mesmo em período de férias judiciais, quando a duração é de seis meses ou mais.[117]

[117] Com o aditamento ao RJAT do artigo 17º-A, pela Lei nº 66-B/2012, de 31 de dezembro, passou a ser claro que *«o prazo processual, estabelecido por lei ou fixado por despacho arbitral, suspende-se durante as férias judiciais, nos termos do artigo 144º do Código de Processo Civil, com as necessárias adaptações»*. No entanto, em relação ao prazo de seis meses para emissão e notificação da decisão arbitral não se coloca a questão da suspensão, não só por os prazos dessa duração não se suspenderem em férias judiciais, como decorre do nº 1 do artigo 138º do CPC de

Poderá, porém, o Tribunal Arbitral determinar a prorrogação do prazo por sucessivos períodos de dois meses, com o limite de seis meses, comunicando às partes essa prorrogação e os motivos que a fundamentam (artigo 21º, nº 2, do RJAT).

Em qualquer caso, não bastará proferir a decisão dentro do prazo aplicável, sendo necessário que respetiva notificação também se efetue dentro dele, como resulta do texto no do 1 do artigo 21º do RJAT.

Findo o prazo máximo, extinguem-se os poderes jurisdicionais do Tribunal Arbitral, terminando o processo.

Nesta situação, se a não prolação de decisão não for imputável ao sujeito passivo, deverá entender-se, com base em analogia com a situação regulada no nº 3 do artigo 24º do RJAT, que se reiniciam os prazos para o sujeito passivo apresentar reclamação, impugnação, revisão, promoção da revisão oficiosa, revisão da matéria tributável ou para suscitar nova pronúncia arbitral dos atos objeto da pretensão arbitral.

Será de admitir, porém, que os poderes jurisdicionais renasçam quando houver uma norma que o determine, como será o caso dos nºs 2 e 3 do artigo 80º, nº 2, da Lei nº 28/82, de 15 de Novembro.

14.5.2. Elaboração da decisão arbitral

14.5.2.1. Pluralidade de decisões

No processo arbitral pode ser proferida mais que uma decisão, designadamente quando for necessário apreciar exceções ou outras questões prévias de que dependa a própria marcha do processo (por exemplo, a necessidade ou não de realização de diligências de prova pode depender de a questão ou questões que a elas se reportam poderem ser objeto de pronúncia arbitral).

Essa possibilidade está pressuposta, quanto às exceções, na alínea *b)* do nº 1 do artigo 18º do RJAT. Mas, deverá ser utilizada generalizadamente quanto a quaisquer questões que possam influenciar a marcha do processo, o que tem cobertura nos poderes de que são atribuídos ao Tribunal Arbitral de conduzir o processo autonomamente e determinar as regras a observar [artigo 16º, alínea *c)*, do RJAT].

2013, que corresponde àquele artigo 144º, mas também por não se tratar de um prazo para a prática de ato processual, com o alcance que se visa nestas normas, em que se pressupõe a disponibilidade integral do prazo por quem tem o dever de praticar o ato.

Relativamente à decisão sobre o mérito do pedido de declaração de ilegalidade e demais pretensões formuladas pelo sujeito passivo, o nº 1 do artigo 22º do RJAT permite que, quando o tribunal que profere a decisão é coletivo, ela seja decomposta em pronúncias parciais.

A utilidade destas pronúncias parciais, apenas permitida no caso de tribunal coletivo, ocorre nas situações em que há mais que uma questão a apreciar e há maiorias formadas por árbitros diferentes sobre essas questões. Nestes casos, os árbitros podem proferir votos de vencido quanto à decisão arbitral e quanto às pronúncias parciais (artigo 22º, nº 5, do RJAT).

14.5.2.2. Como é proferida a decisão

As decisões, quando são proferidas por tribunal coletivo, são tomadas por maioria (que engloba a unanimidade, naturalmente) dos seus membros, como estabelece o artigo 22º, nº 1, do RJAT.

Poderão, porém, surgir situações em que não seja possível formar maioria sobre uma mesma questão, por os três árbitros defenderem soluções diferentes, e, nesse caso, deverá a decisão ser proferida pelo presidente do tribunal, em sintonia com o disposto na 2ª parte do artigo 40º da LAV2011. Embora a LAV não venha expressamente indicada no artigo 29º do RJAT como legislação subsidiária, a sua aplicação é viabilizada pela remissão que na alínea *c)* no seu nº 1 é feita para «*as normas sobre organização e processo nos tribunais administrativos e tributários*», pois entre elas inclui-se o artigo 181º, nº 1, do CPTA, em que se estabelece que o Tribunal Arbitral «funciona nos termos da lei sobre arbitragem voluntária, com as devidas adaptações».

De qualquer forma, em caso de não se formar uma maioria prevalece a posição do presidente, como decorre do poder de desempate previsto na alínea *d)* do nº 4 do artigo 43º-A do ETAF de 2015, aplicável aos tribunais tributários por remissão do artigo 48º do mesmo diploma (a semelhança do que também se prevê no artigo 659º, nº 3, do CPC, para análogas decisões proferidas por tribunais colegiais).

Os árbitros têm um dever de diligência, imposto pelo artigo 11º do Código Deontológico do CAAD em que se estabelece que «*o árbitro deve conduzir a arbitragem da forma mais rápida, eficaz e económica que for compatível com o respeito pelas garantias processuais das partes*» e «*deve consagrar à sua função todo o tempo e atenção que sejam necessários à cabal compreensão e julgamento dos factos objecto da lide*». O árbitro deve «desempenhar as suas funções em conformidade com a lei e com o Regulamento de Arbitragem do Centro», e «respeitar os prazos neles fixados».

Nos tribunais coletivos cabe ao presidente do tribunal, no exercício das funções de direção do processo próprias desse cargo, assegurar que o processo tramite com a celeridade adequada e decidir como devem ser repartidas as funções entre os árbitros, em termos equitativos, em sintonia com as regras da alínea *c)* do nº 4 do artigo 43º-A do ETAF de 2015, aplicável aos tribunais tributários por remissão do artigo 48º do mesmo diploma, e do artigo 287º do CPPT.

Neste contexto, há que ter presente que, nos termos da alínea *b)* do artigo 21º do CPPT, aplicável aos processos arbitrais tributários por força do disposto no artigo 29º, nº 1, alínea *c)*, do RJAT, as decisões dos tribunais singulares devem ser proferidas no prazo de **20 dias**, a contar da data em que o processo estiver pronto para decisão, prazo esse que deve ser observado quando se trate de tribunal singular.

Nos casos de tribunais coletivos o prazo para proferir decisão é de 30 dias, a partir da data em que o processo estiver pronto para decisão, em conformidade como preceituado no artigo 607º, nº 1, do CPC, subsidiariamente aplicável por força do disposto no artigo 29º, nº 1, alínea *e)*, do RJAT.[118]

Os árbitros têm o dever de estarem disponíveis para cumprimento dos prazos legais, no âmbito dos seus deveres de lealdade para com o processo e para com os outros árbitros que lhes impõe o nº 5 do artigo 2º do Código Deontológico do CAAD.

Se algum árbitro se recusar a tomar parte na votação da decisão, os outros árbitros podem proferir sentença sem ele, sendo as partes informadas dessa recusa (artigo 40º, nº 2, da LAV2011).

A recusa ou falha dos árbitros no cumprimento dos seus deveres, designadamente quando se refletem «*na condução adequada dos procedimentos ou na sua condução diligente, dentro de prazos regulamentarmente razoáveis*», constitui fundamento para afastamento do processo, nos termos da alínea *d)* do artigo 5º do e do nº 2 do artigo 8º do Código Deontológico do CAAD.

Para além disso, a falta de lealdade para com o processo arbitral e para com os outros árbitros são fundamentos de exoneração dos árbitros pelo

[118] É idêntico o prazo para ser elaborado projecto de acórdão nos tribunais superiores, como decorre do preceituado no artigo 657º, nº 1, do CPC.

Conselho Deontológico do CAAD, nos termos do nº 10 do artigo 2º do Código Deontológico.

14.5.2.3. Conteúdo da decisão

O artigo 22º, nº 2, do RJAT estabelece que «*é aplicável à decisão arbitral o disposto no artigo 123º, primeira parte, do Código de Procedimento e de Processo Tributário, relativamente à sentença judicial*».

Esta fórmula é imprecisa pois o referido artigo 123º não tem propriamente duas ou mais partes, mas dois números, em que se refere o seguinte:

> ***1 – A sentença identificará os interessados e os factos objeto de litígio, sintetizará a pretensão do impugnante e respetivos fundamentos, bem como a posição do representante da Fazenda Pública e do Ministério Público, e fixará as questões que ao tribunal cumpre solucionar.***
>
> ***2 – O juiz discriminará também a matéria provada da não provada, fundamentando as suas decisões.***

Devendo presumir-se que o legislador «*soube exprimir o seu pensamento em termos adequados*» (artigo 9º, nº 1, do Código Civil), aquela referência à «*primeira parte*» do artigo 123º do CPPT não se reportará ao seu nº 1, pois, se fosse isso o que se pretendia dizer, ter-se-ia feito referência explícita a esse nº 1.

Por outro lado, estabelecendo-se no nº 2 daquele artigo 123º o dever de discriminar a matéria de facto provada da não provada, que se engloba na fundamentação de facto da decisão, é seguro que aquela referência à «*primeira parte*» do artigo 123º não terá em vista afastar esta fundamentação, pois no nº 3 do mesmo artigo 22º do RJAT estabelece-se expressamente o dever de, além do mais, indicar as «*razões de facto*» que motivaram a decisão.

Para além disso, a fundamentação, de facto e de direito, das decisões dos tribunais é um imperativo constitucional, pois, nos termos do artigo 205º, nº 1, da CRP, «*as decisões dos tribunais que não sejam de mero expediente são fundamentadas na forma prevista na lei*», Por isso, a interpretação compatível com a Constituição que se deve fazer daquele nº 2 do artigo 22º do RJAT será no sentido de não se pretender com ele afastar o dever de fundamentação de facto da decisão do Tribunal Arbitral.

Por isso, é de concluir que aquela referência à «*primeira parte*» do artigo 123º reportar-se-á ao seu nº 1, em que se podem divisar várias partes:

- o dever de identificar os interessados e os factos objeto de litígio;
- o dever de sintetizar a pretensão do impugnante e respetivos fundamentos;
- o dever de sintetizar a posição do representante da Fazenda Pública e do Ministério Público; e
- o dever de fixar as questões que ao tribunal cumpre resolver.

Relativamente à identificação dos factos objeto do litígio, é inequívoco que deve ser efetuada na decisão arbitral, pois ela é explicitamente imposta pelo nº 3 do artigo 22º do RJAT.

Por outro lado, destas «*partes*» do nº 1 do artigo 123º, a única que é insuscetível de aplicação nos seus precisos termos é a que se refere à síntese das posições do representante da Fazenda Pública e do Ministério Público, pois estas entidades não têm intervenção nos processos arbitrais tributários, pois a legitimidade passiva é atribuída ao dirigente máximo do serviço (artigo 17º, nº 1, do RJAT).

No entanto, dizendo-se que apenas é aplicável a «*primeira parte*» do artigo 123º, parece que também se dispensarão os deveres de sintetizar a pretensão do impugnante e respetivos fundamentos e fixar as questões que ao tribunal cumpre resolver.

Esta simplificação, que poderia ser de alguma utilidade em tribunais que tivessem de decidir grandes quantidades de processos, por, no conjunto, pode proporcionar considerável economia de tempo, não parece de utilidade apreciável nos tribunais arbitrais que funcionam no CAAD, em que os números de processos que são decididos não é muito elevado.

De qualquer forma, o que é seguro é que não haverá que inconveniente, antes pelo contrário, em que as decisões arbitrais observem o que consta do artigo 123º do CPPT, com exceção da referência à posição do Ministério Público e com a adaptação de a posição do representante da Fazenda Pública ser substituída pela posição do dirigente máximo do serviço.

Na decisão arbitral devem ser apreciadas todas as questões jurídicas suscitadas pelas partes e também as que sejam de conhecimento oficioso[119], cuja resolução não deva considerar-se prejudicada pela solução dada a outras (artigos 660º, nº 2, do CPC), começando pelas questões proces-

[119] O juiz não pode conhecer de questões que não tenham sido suscitadas pelas partes, salvo tratando-se questões de conhecimento oficioso (artigo 660º, nº 2, do CPC).

suais que possam determinar a absolvição da instância (artigo 660º, nº 1, do CPC), indicadas no artigo 288º do CPC, se não foram apreciadas em anterior decisão autónoma.

No que concerne à apreciação dos vícios do ato impugnado, deverá ser observada a ordem indicada no artigo 124º do CPPT, subsidiariamente aplicável por força do disposto no artigo 29º, nº 1, alínea *a)*, do RJAT. Está ínsito no estabelecimento de uma ordem de conhecimento de vícios que, uma vez reconhecida a existência de um vício suscetível de levar à eliminação do ato da ordem jurídica com efetiva tutela da posição jurídica do impugnante (designadamente, que obste à renovação do ato com o mesmo sentido), ficará prejudicado o conhecimento de outros vícios imputados ao ato impugnado, pois, se fosse necessário conhecer sempre de todos os vícios imputados ao ato impugnado, seria indiferente a ordem da sua apreciação.

Por força do disposto no nº 2 do artigo 2º do RJAT, o julgamento é feito com base no direito constituído, sendo vedado o recurso à equidade.

A decisão arbitral é assinada por todos os árbitros e é nela indicada a data em que foi proferida, sendo remetido um exemplar assinado da decisão a cada uma das partes (nº 3 do artigo 22º do RJAT).

Nos casos de tribunal coletivo, «*o acórdão definitivo é lavrado de harmonia com a orientação que tenha prevalecido, devendo o vencido, quanto à decisão ou quanto aos simples fundamentos, assinar em último lugar, com a sucinta menção das razões de discordância*» [artigo 663º, nº 1, do CPC, aplicável aos processos arbitrais tributários por força do disposto no artigo 29º, nº 1, alínea *c)*, do RJAT].

A declaração de voto de vencido, tratando-se de «*sucinta menção das razões de discordância*» e não tendo qualquer relevância decisória, deve ser proferida até à data indicada para a decisão, como está ínsito naquele artigo 663º, nº 1, do CPC, não se podendo justificar o seu diferimento para sua elaboração.

Deverá ainda ser indicado o lugar e que foi proferida a decisão arbitral, que releva para determinação do Tribunal Central Administrativo competente para a apreciação das impugnações previstas no artigo 27º do RJAT, de harmonia com o preceituado nos artigos 59º, nº 1, da LAV2011, aplicável, com adaptação, por força do disposto nos artigos 181º do CPTA e 29º, alínea *c)*, do RJAT.

14.5.2.4. Custas

De harmonia com o disposto no artigo 12º do RJAT, pela constituição de Tribunal Arbitral é devida taxa de arbitragem, cuja regulamentação veio a ser efetuada pelo Regulamento de Custas nos Processos de Arbitragem Tributária.

Nos casos em que o sujeito passivo não designa árbitro, paga, na data do envio do pedido de constituição do Tribunal Arbitral, a taxa de arbitragem inicial, que corresponde a 50% da taxa de arbitragem resultante da Tabela I anexa ao RCPAT. O valor correspondente aos 50% remanescentes da taxa de arbitragem é pago pelo sujeito passivo antes da data fixada pelo Tribunal Arbitral, na reunião referida no artigo 18º do RJAT, para a prolação da decisão arbitral (artigo 4º, nºs 2 e 3, do RCPAT).

A fixação do montante e a eventual repartição pelas partes das custas diretamente resultantes do processo arbitral deve ser efetuada na decisão arbitral que vier a ser proferida pelo Tribunal Arbitral (artigo 12º, nº 2, do RJAT e artigo 4º, nº 4, do RCPAT).

Nos casos em que o sujeito passivo manifesta a intenção de designar árbitro paga, na data do envio do pedido de constituição do Tribunal Arbitral, a taxa de arbitragem pela totalidade (artigo 12º, nº 3, do RJAT). Nestes casos a taxa de arbitragem é integralmente suportada pelo sujeito passivo, independentemente de vir a ter ou não êxito no processo (artigo 5º, nº 2, do RCPAT).

Concretizando estes regimes de custas, o artigo 22º, nº 4, do RJAT estabelece que «*da decisão arbitral proferida pelo Tribunal Arbitral consta a fixação do montante e a repartição pelas partes das custas diretamente resultantes do processo arbitral, quando o tribunal tenha sido constituído nos termos previstos no nº 1 e na alínea a) do nº 2 do artigo 6º*».

Nos casos, previstos na alínea *b)* do nº 2 do artigo 6º do RJAT, em que o Tribunal Arbitral funciona com árbitros designados pelas partes, não é necessária a fixação do montante das custas e sua repartição, pois o sujeito passivo que optar por essa modalidade de Tribunal Arbitral assume o encargo de pagar a totalidade das custas, cujo montante é previamente fixado e pago antes do pedido de constituição do Tribunal Arbitral, de harmonia com o disposto no referido nº 3 do artigo 12º do RJAT e do artigo 5º, nºs 1 e 2, do RCPAT.

14.5.2.4.1. Inaplicabilidade da possibilidade de dispensa de pagamento de custas

Nos processos arbitrais, não há lugar a dispensa total ou parcial de custas, designadamente em função da complexidade do processo ou da conduta processual das partes (como para os processos dos tribunais estaduais se admite no nº 7 do artigo 6º do Regulamento das Custas Processuais).

Na verdade, os tribunais arbitrais que funcionam no CAAD inserem-se no âmbito da arbitragem institucionalizada, em que os custos do processo arbitral, designadamente os honorários dos árbitros e as suas despesas, não são fixados em convenção de arbitragem ou em acordo escrito entre os árbitros e as partes, como se prevê no artigo 17º, nº 1, da LAV, nem são fixados pelos árbitros, nos termos do nº 2 do mesmo artigo, sendo antes fixados pela própria instituição que organiza a arbitragem.

No caso do CAAD, existe uma Tabela de Honorários dos Árbitros, que é apresentada aos árbitros designados para cada processo arbitral no momento em que é comunicada a designação, consumando-se com a aceitação um contrato entre os árbitros designados e o CAAD, nos termos do qual estes se comprometem perante o CAAD a prestar os seus serviços no processo arbitral mediante os honorários propostos.

Os árbitros não celebram qualquer acordo de honorários com as partes ou sobre os custos globais do processo arbitral, resultando a determinação do montante a pagar pelo requerente do processo arbitral do RCPAT, cujas regras são implicitamente aceites pelo requerente, ao formular o pedido de constituição do Tribunal Arbitral.

Uma dessas regras é a de que «*para além dos casos expressamente previstos neste regulamento, não há lugar a reembolso, devolução ou compensação, a qualquer título*» (artigo 4º, nº 6, do referido Regulamento), pelo que o requerente da arbitragem sabe antecipadamente quais as situações processuais em que pode reaver parte ou a totalidade da quantia paga e também, obviamente, aquelas em que o pagamento ou pagamentos que efetuar têm natureza de pagamentos definitivos.

A esta luz, a fixação do montante das custas pelo Tribunal Arbitral, na decisão final, prevista nos artigos 12º, nº 2, e 22º, nº 4, do RJAT, tem natureza meramente certificativa, não tendo subjacente a atribuição aos árbitros de qualquer poder para ponderarem qual é a taxa adequada. Essa fixação justifica-se apenas para existir um título que permita imputar à administração tributária a responsabilidade pelo pagamento das custas imediatamente, quando ficar total ou parcialmente vencida, na decisão arbitral ou, futuramente, no caso de aquela só ficar vencida na sequência de provimento de recurso de decisão arbitral.

Uma prova inequívoca de que é essa a razão dessa fixação do montante das custas na decisão arbitral encontra-se no facto de, nos casos em que o requerente da arbitragem opta pela escolha de árbitro, não se prever a fixação na decisão arbitral do montante das custas como resulta da comparação dos nºs 2 e 3 do artigo 12º e da parte final do nº 4 do artigo 22º do RJAT. Na verdade, nestes casos em que o requerente da arbitragem opta por escolher árbitro, é ele quem tem de suportar integral e antecipadamente os encargos da arbitragem, mesmo que obtenha vencimento no processo, nos termos do artigo 5º, nº 2, daquele Regulamento e do artigo 12º, nº 3, do RJAT, e é pelo facto de não ter de ser fixada a responsabilidade por custas da Autoridade Tributária e Aduaneira que não se tem de incluir na decisão arbitral a fixação do seu montante. Neste contexto é de notar, que, nos casos em que o requerente não opta pela escolha de árbitro, a fixação do montante das custas na decisão arbitral justifica-se sempre, mesmo que improceda completamente o pedido de pronúncia arbitral (caso em que da decisão arbitral não resulta qualquer responsabilidade por custas para a Autoridade Tributária e Aduaneira), pois o decidido pode vir a ser alterado por via de recurso.

Quanto ao requerente da arbitragem, a responsabilidade por custas está previamente definida através das taxas de arbitragem inicial e subsequente que aceitou pagar antes de ser proferida a decisão arbitral, como resulta da regra do não reembolso, devolução ou compensação, a qualquer título, que consta do artigo 4º, nº 6 do Regulamento de Custas.

Por isso, não há que distinguir, para efeitos da responsabilidade por custas entre os casos de maior ou menor complexidade.

14.6. Dissolução do tribunal

14.6.1. Notificação da decisão arbitral

No artigo 23º do RJAT estabelece-se que *«após a notificação da decisão arbitral, o Centro de Arbitragem Administrativa notifica as partes do arquivamento do processo, considerando-se o Tribunal Arbitral dissolvido nessa data»*.

À face do texto do artigo 23º do RJAT, a notificação da decisão arbitral nele prevista é efetuada pelo CAAD, tanto no caso de ser proferida por tribunais arbitrais com árbitros designados pelo CAAD, como naqueles em que os árbitros são designados pelas partes.

Uma distinção entre as duas situações, para este efeito, estava prevista em trabalhos preparatórios do RJAT, em que se pressupunha que, nos casos de árbitros designados pelas partes, o Tribunal Arbitral funcionava à margem do CAAD, a quem era remetido o processo arbitral depois de findo.

Esta solução não foi mantida na redação final, em que se prevê que os tribunais arbitrais funcionem sempre no CAAD (artigo 4º, nº 2, do RJAT).

No entanto, no artigo 27º, n. 1, do RJAT encontra-se um vestígio dessa anterior solução ao falar-se em «*notificação da decisão arbitral ou da notificação prevista no artigo 23º, no caso de decisão arbitral emitida por tribunal coletivo cuja intervenção tenha sido requerida nos termos da alínea b) do nº 2 do artigo 6º*».

14.6.2. Alteração da decisão arbitral

14.6.2.1. Retificação e esclarecimento da sentença. Suprimento de omissão quanto a custas

São de aplicar na arbitragem tributária das possibilidades de retificação e esclarecimento da sentença, que se preveem no artigo 45º da LAV2011 e que, na arbitragem voluntária, não podem sequer ser afastadas por convenção das partes, como se infere da parte inicial do nº 1 daquele artigo.

Na verdade, as possibilidades de aperfeiçoamento das decisões arbitrais que aqui se preveem, que não implicam uma alteração do sentido da decisão, são também aplicáveis a generalidade das decisões judiciais [artigos 667º e 669º, nº 1, alínea *a)*, do CPC na redação doo Decreto-Lei nº 303/2007, e 24 de agosto, e arts. 614º a 615º, nº 1, alínea *c)*, e 617º do CPC na redação de 2013] e, na arbitragem tributária, são reclamadas pelos princípios da celeridade e simplificação processual, que são diretriz primordial na determinação do regime processual a aplicar (artigo 29º, nº 2, do RJAT), pois a alternativa ao uso de tais faculdades pelo Tribunal Arbitral seria a intervenção de outro tribunal em impugnação ou recurso da decisão. Para além disso, não há qualquer especificidade das decisões arbitrais em matéria tributária que possa justificar que não existam em relação a elas as mesmas possibilidades que vigoram em relação à generalidade das decisões arbitrais, pelo que aquele regime da LAV2011 será subsidiariamente aplicável, ao abrigo do artigo 29º, alínea *c)*, do RJAT e do artigo 181º, nº 1, do CPTA.

Assim, a notificação do arquivamento do processo, com a consequente dissolução do Tribunal Arbitral, prevista no artigo 23º do RJAT, deverá aguardar o decurso do prazo de 30 dias subsequentes à receção da notificação da decisão arbitral em que «*qualquer das partes pode, notificando disso a outra, requerer ao Tribunal Arbitral, que retifique, no texto daquela, qualquer erro de cálculo, erro material ou tipográfico ou qualquer erro de natureza idêntica*» ou «*esclareça alguma obscuridade ou ambiguidade da sentença ou dos seus fundamentos*» (artigo 45º, nºs 1 e 2, da LAV2011).

O mesmo regime deve aplicar-se à omissão da referência a custas, nos casos em que ela deve consta da decisão arbitral, que são aqueles «*o tribunal tenha sido constituído nos termos previstos no nº 1 e na alínea a) do nº 2 do artigo 6º*» (artigo 22º, nº 2, do RJAT). Na verdade, a omissão quanto a custas é englobada pelo artigo 614º do CPC no conceito de «erro material».

O Tribunal Arbitral poderá também, nos 30 dias seguintes à data da notificação da sentença, retificar qualquer erro daqueles tipos (nº 4 do artigo 45º da LAV2011).

O esclarecimento faz parte integrante da sentença (artigo 45º, nº 3, da LAV2011).

De harmonia com o disposto no nº 6 do artigo 45º da LAV2011, adaptado à arbitragem tributária, o Tribunal Arbitral pode prolongar, se necessário, o prazo de que dispõe para retificar e esclarecer a sentença, sem prejuízo da observância do prazo máximo fixado para a ser proferida a decisão arbitral, fixado nos termos do artigo 21º do RJAT.

A entender-se aplicável este regime, no caso de ter sido interposto recurso ou ter sido impugnada a decisão arbitral nos termos dos artigos 25º e 27º do RJAT, deverá fazer-se aplicação do regime previsto nos nºs 3 e 4 do artigo 617º do CPC, adaptados à situação:

- o recurso ou impugnação que tenha sido interposto fica a ter por objeto a nova decisão, podendo o recorrente ou impugnante, no prazo de 10 dias, dele desistir, alargar ou restringir o respetivo âmbito, em conformidade com a alteração sofrida, e o recorrido responder a tal alteração, no mesmo prazo;
- se o recorrente, por ter obtido o suprimento pretendido, desistir do recurso ou impugnação, pode o recorrido, no mesmo prazo, requerer a subida dos autos para decidir da admissibilidade da alteração introduzida na sentença, assumindo, a partir desse momento, a posição de recorrente.

Em face destas possibilidades processuais, a notificação do arquivamento do processo, que implica a dissolução do Tribunal Arbitral, nos termos do artigo 23º do RJAT, apenas deverá ser efetuada depois de proferida decisão sobre o pedido de retificação ou esclarecimento ou decorrido o prazo de 30 dias em que ele pode ser formulado.

14.6.2.2. Reforma da decisão pelo Tribunal Arbitral

A reforma de decisão implica uma alteração do seu sentido pelo tribunal que a proferiu.

Está prevista quando a custas no artigo 616º, nº 1, do CPC, sendo o requerimento apresentado perante o próprio tribunal que proferiu a decisão, nos casos em que dela não cabe recurso (nº 3, do mesmo artigo).

Nos termos do nº 2 do mesmo artigo 616º, «*não cabendo recurso da decisão, é ainda lícito a qualquer das partes requerer a reforma da sentença quando, por manifesto lapso do juiz: a) Tenha ocorrido erro na determinação da norma aplicável ou na qualificação jurídica dos factos; b) Constem do processo documentos ou outro meio de prova plena que, só por si, impliquem necessariamente decisão diversa da proferida*».

Tem sido admitidas pela jurisprudência arbitral estas possibilidades de reforma da decisão arbitral, através da aplicação subsidiária destas normas, por via do disposto no artigo 29º, nº 1, alínea *e)*, do RJAT.

14.6.3. Decisão adicional

No artigo 45º, nº 5, da LAV2011 estabelece-se ainda que «*salvo convenção das partes em contrário, qualquer das partes pode, notificando disso a outra, requerer ao Tribunal Arbitral, nos 30 dias seguintes à data em que recebeu a notificação da sentença, que profira uma sentença adicional sobre partes do pedido ou dos pedidos apresentados no decurso do processo arbitral, que não hajam sido decididas na sentença. Se julgar justificado tal requerimento, o tribunal profere a sentença adicional nos 60 dias seguintes à sua apresentação*».

Esta possibilidade de ser proferida sentença adicional não parece ser de aplicar no âmbito da arbitragem tributária, pois, por um lado, não se está perante uma lacuna de regulamentação, uma vez que a omissão de pronúncia está prevista como fundamento de impugnação da decisão arbitral [artigo 28º, nº 1, alínea *c)*, do RJAT] e, por outro lado, naquela norma pressupõe-se a faculdade de as partes estabelecerem convenção em contrário e a arbitragem tributária não tem base convencional, o que obsta a essa faculdade.

Por isso, é inviável aplicar na arbitragem tributária o regime da LAV2011, tal como aí se prevê.

Assim, não se justificando que, por via de aplicação subsidiária se imponha na arbitragem o que na arbitragem voluntária é meramente facultativo, deverá entender-se que não será de aplicar o referido regime.

14.7. Efeitos da decisão arbitral

Na autorização legislativa concedida ao Governo pelo artigo 124º da Lei nº 32-B/2010, de 28 de abril, estabelece-se, na alínea *b)* do seu nº 4, que deveriam definir-se como «*como efeitos da sentença proferida a final pelo Tribunal Arbitral, da anulação, da declaração de nulidade ou de inexistência do ato recorrido ou do reconhecimento do direito ou do interesse legalmente protegido dos contribuintes*».

O artigo 24º do DL nº 10/2011, de 20 de janeiro, concretiza esta diretriz.

14.7.1. Vinculação da Administração Tributária

O artigo 24º, nº 1, do RJAT estabelece que «*a decisão arbitral sobre o mérito da pretensão de que não caiba recurso ou impugnação vincula a Administração Tributária a partir do termo do prazo previsto para o recurso ou impugnação*».

Esta fórmula é deficiente, pois, sendo de 30 dias a contar da notificação da decisão arbitral o prazo do recurso com fundamento em oposição de julgados (artigos 25º, nº 3, do RJAT e 152º, nº 1, do CPTA), a vinculação não poderá ocorrer antes dele se esgotar, designadamente não poderá ocorrer com o decurso do prazo de 15 dias, previsto no artigo 27º, nº 1, do RJAT para a impugnação da decisão arbitral.

Por outro lado, também não é precisa a referência a «*a decisão arbitral sobre o mérito da pretensão de que não caiba recurso ou impugnação*», pois, não havendo alçada nos tribunais arbitrais, de todas as decisões arbitrais sobre o mérito da pretensão há possibilidade de recurso e de impugnação (independentemente da consistência dos seus fundamentos).

Por isso, esta expressão deverá interpretar-se com o sentido de referenciar a decisão arbitral de que já não possa ser interposto recurso.

14.7.2. Início dos efeitos das decisões arbitrais

14.7.2.1. Início de efeitos da decisão que não conhece do mérito

Se a decisão arbitral não conhece do mérito da pretensão que é objeto do processo, dela não cabe recurso, pois apenas é admissível de decisões sobre o mérito (artigo 25º, nºs 1 e 2, do RJAT).

Mas, dessa decisão há possibilidade de impugnação, que tem efeito suspensivo (artigo 28º, nº 2, com remissão para o artigo 26º do RJAT).

Se não é apresentada impugnação, os efeitos da decisão produzem-se a partir do termo do prazo para a impugnação, que é de 15 dias a contar da notificação da decisão arbitral ou, nos casos em que o Tribunal Arbitral funciona com árbitros designados pelas partes, da notificação de arquivamento do processo, prevista no artigo 23º (artigo 27º, nº 1, do RJAT)[120].

Se for apresentada impugnação, os efeitos da decisão arbitral, se ela for mantida, produzir-se-ão a partir do trânsito em julgado da decisão que a apreciar.

14.7.2.2. Início de efeitos da decisão que conhece do mérito

Como resulta do nº 1 do artigo 24º do RJAT, a vinculação da Administração Tributária pela decisão que conhece do mérito ocorre «*a partir do termo do prazo previsto para o recurso ou impugnação*».

O prazo de recurso para o Tribunal Constitucional é de 10 dias (artigo 75º, nº 1, da Lei nº 28/82, de 15 de novembro)

A impugnação das decisões arbitrais pode ter lugar em 15 dias (artigo 27º, nº 1, do RJAT)

O recurso para uniformização tem o prazo de 30 dias (artigo 152º, nº 1 do CPTA), que nos processos arbitrais tributários é contado da data da notificação da decisão (e não do trânsito em julgado da decisão recorrida) por força do disposto no artigo 25º, nº 3, do RJAT.

Antes de estar esgotado este último prazo, o recurso pode sempre ser interposto, pelo que não fica vinculada a Administração Tributária pela decisão arbitral.

Como resulta deste regime, não se aplica o do artigo 146º, nº 2, do CPPT em que se refere que o prazo de execução espontânea das sentenças e acórdãos dos tribunais tributários conta a partir da data em que o processo tiver sido remetido ao órgão da Administração Tributária competente para a execução, podendo o interessado requerer a remessa no prazo de 8 dias após o trânsito em julgado da decisão.

No processo arbitral tributário, o prazo de execução espontânea da decisão conta-se do termo do prazo de impugnação ou recurso, ou do

[120] Embora o artigo 23º refira duas notificações, uma da decisão arbitral e outra do arquivamento, a «*notificação prevista no artigo 23º, no caso de decisão arbitral emitida por tribunal coletivo cuja intervenção tenha sido requerida nos termos da alínea b) do nº 2 do artigo 6º*» terá de ser a notificação do arquivamento, pois a notificação da decisão arbitral já está prevista anteriormente.

trânsito em julgado da decisão que vier a ser proferida sobre eles, o que está em consonância com o artigo 100º da LGT que estabelece vinculação ***imediata*** da Administração Tributária à plena reconstituição da situação que existiria se não tivesse sido cometida a ilegalidade, em caso de procedência da pretensão do sujeito passivo.

14.7.3. Efeitos de decisão que não conhece do mérito

A decisão arbitral que não conhece do mérito tem como consequência, a partir do momento em que não pode ser apresentada impugnação nem recurso ou transita em julgado a decisão judicial que julgar improcedente impugnação ou recurso que tenha sido apresentado, a cessação dos efeitos atribuídos à apresentação do pedido de constituição do Tribunal Arbitral, indicados no artigo 13º, nº 5, do RJAT.

14.7.3.1. Efeitos da decisão que não conhece do mérito relativamente à suspensão da execução fiscal e prescrição

Cessam, partir do momento em que a decisão arbitral se tornar definitiva, os efeitos de suspensão da execução fiscal e os efeitos suspensivo e interruptivo da prescrição da obrigação tributária, que tiverem sido atribuídos ao pedido de constituição do Tribunal Arbitral.

Relativamente à prescrição, começa a contar-se um novo prazo de prescrição desde o início, se se tratar de primeira interrupção, ou, no caso contrário, retoma-se a contagem o prazo que decorreu antes da apresentação do pedido de constituição do Tribunal Arbitral (artigo 49º, nºs 1, 2 e 4, da LGT).

14.7.3.2. Efeitos da decisão que não conhece do mérito quanto a direitos impugnatórios

Se o não conhecimento do mérito tiver por fundamento ***facto não imputável ao sujeito passivo***, reiniciam-se os prazos de reclamação, impugnação, revisão oficiosa ou nova pronúncia arbitral, a contar da notificação da decisão arbitral (artigo 24º, nº 3 do RJAT).

É de salientar que, por força do teor expresso da parte final do nº 3 do artigo 24º do RJAT, o reinício dos prazos tem lugar com a ***notificação da decisão arbitral***, não sendo relevante, para este efeito, o momento em que ela se torna definitiva.

Se o não conhecimento do mérito tiver por fundamento ***facto imputável ao sujeito passivo***, a decisão arbitral não tem qualquer efeito sobre o reinício dos prazos referidos, podendo o interessado utilizar ainda esses meios referidos se estiver em tempo (como se conclui *a contrario* do nº 3 do artigo 24º, conjugado como o nº 4 do artigo 13º do RJAT).

Apesar de não se reiniciar o prazo, o sujeito passivo poderá estar em tempo, designadamente para a arguição de nulidades ou suscitar a revisão do ato tributário (que pode ser em 4 anos ou mesmo a todo o tempo se o tributo não estiver pago, nos termos do artigo 78º, nº 1, da LGT).

Para além disso, como já se referiu no ponto 11.2, será de aplicar subsidiariamente, ao abrigo da alínea *c)* do nº 1 do artigo 29º do RJAT, o regime previsto no artigo 87º, nº 8, do CPTA de 2015 (a que corresponde o artigo 89º, nº 2, do CPTA de 2004), em que se estabelece (com adaptação processo arbitral) que a absolvição da instância sem prévia emissão de despacho destinado ao suprimento de exceções ou irregularidades «*não impede o autor de, no prazo de 15 dias, contado da notificação da decisão, apresentar nova petição, com observância das prescrições em falta, a qual se considera apresentada na data em que o tinha sido a primeira, para efeitos da tempestividade da sua apresentação*».[121]

Na verdade, como se refere no acórdão de 26-06-2017, proferido no processo arbitral nº 93/2017-T:

- o artigo 24º, n. 3, do RJAT «*regula apenas os efeitos da decisão que não conhece do mérito por facto não imputável ao sujeito passivo, estabelecendo que, nesses casos renascem os direitos de impugnação administrativa e contenciosa, com completa eliminação do tempo decorrido, o que constitui uma solução privilegiada para o contribuinte, à face do regime geral previsto no Código de Processo nos Tribunais Administrativos, subsidiariamente aplicável ao contencioso tributário por força do artigo 2º, alínea c), do CPPT*».
- «*Mas, desta regra não se pode concluir, a contrario, que quando o conhecimento do mérito seja imputável a facto do sujeito passivo, não há qualquer possibilidade de renovação dos direitos impugnatórios*».
- «*Na verdade, a legislação processual geral afasta a perda imediata de direitos substantivos por força de decisões judiciais que se abstêm de conhecer do mérito (artigo 279º, nº 2, do CPC) o mesmo sucedendo com a legislação do contencioso administrativo (artigo 87º, nº 8, do CPTA), que é prioritariamente aplicável subsidiariamente aos processos tributários, nos termos da alínea c) do artigo 2º do CPPT e da alínea c) do nº 1 do artigo 29º do RJAT*».

[121] Aceitando este entendimento, podem ver-se o acórdão do Pleno do STA de 02-12-2015, processo nº 0180/15, e o acórdão do Pleno do STA de 16-04-2016, processo nº 0275/15.

- *«No caso de uso de meios processuais impugnatórios com prazos curtos, como é o de apresentação do pedido de pronúncia arbitral, a inviabilidade de renovação do seu uso reconduzir-se-ia, na prática, à perda do direito que se pretendia exercer, pois, em regra, não haveria prazo disponível a contar do termo inicial do prazo de impugnação.*
- *Por isso, em consonância com o princípio constitucional da proporcionalidade (artigo 18º, nº 2 da CRP), que assume relevo primordial quando estão em causa direitos fundamentais, como é o de impugnação contenciosa de actos lesivos (artigos 20º, nº 1, e 268º, nº 4, da CRP), tem de se interpretar aquele artigo 24º, nº 3, do RJAT como não admitindo uma hipotética interpretação a contrario, no sentido de o não conhecimento do mérito por facto imputável ao contribuinte não permitir o uso do meio normal de renovação do direito impugnatório que for aplicável, na sequência de decisão de absolvição da instância.*
- *Isto é, a interpretação correcta daquele artigo 24º, nº 3, é a de que quando o não conhecimento do mérito não for imputável ao sujeito passivo, este disporá de todos os meios de impugnação administrativa e contenciosa aí indicados com o prazo inicial renovado; quando o não conhecimento do mérito for imputável ao sujeito passivo, este disporá do meio geral de renovação de impugnação contenciosa com o prazo especial previsto na legislação subsidiariamente aplicável na sequência de decisões de absolvição da instância.*

14.7.4. Efeitos de decisão que julga improcedente a pretensão formulada pelo sujeito passivo

A decisão arbitral de improcedência faz cessar os efeitos que a apresentação do pedido de constituição do Tribunal Arbitral teve a nível de suspensão da execução fiscal e sobre o decurso do prazo de prescrição, em termos semelhantes aos que tem a decisão que não conhece do mérito. Trata-se de efeitos provisórios, ligados à pendência do processo arbitral, pelo que o termo do processo implica a sua cessação.

14.7.4.1. Preclusão definitiva dos direitos de impugnação com os mesmos fundamentos

A decisão arbitral preclude o direito de o sujeito passivo, com os mesmos fundamentos, reclamar, impugnar, requerer a revisão ou a promoção da revisão oficiosa, ou suscitar pronúncia arbitral sobre os atos objeto desses pedidos ou sobre os consequentes atos de liquidação (artigo 24º, nº 2, do RJAT).

A preclusão de direitos de impugnatórios com os mesmos fundamentos já resulta da mera apresentação de pedido de constituição do Tribunal Arbitral, nos termos do nº 4 do artigo 13º do RJAT. Mas, esta preclusão está condicionada à prolação de uma decisão de mérito no processo arbitral, como se prevê na parte final do mesmo número.

O que se estabelece no nº 2 do artigo 24º é corolário da verificação da condição referida, com que se torna definitiva a preclusão daqueles direitos.

Trata-se de um efeito semelhante ao que têm as decisões judiciais transitadas em julgado, previsto no artigo 619º, nº 1, do CPC, conjugado com os artigos 580º e 581º do mesmo Código.

Como no caso julgado, a preclusão reporta-se apenas à invocação dos ***mesmos fundamentos*** de ilegalidade que foram invocados no processo arbitral, o que está em sintonia com a regra da 2ª parte do nº 4 do artigo 580º do CPC em que se esclarece que a causa de pedir nas ações de anulação é o facto concreto ou a nulidade específica que se invoca para obter o efeito pretendido[122].

14.7.5. Efeitos de decisão que julga procedente a pretensão formulada pelo sujeito passivo

14.7.5.1. Preclusão do direito de a Administração Tributária praticar novo ato tributário

Findo o prazo previsto no nº 1 do artigo 13º do RJAT, em que o dirigente máximo do serviço da Administração Tributária pode revogar o ato cuja declaração de ilegalidade é pedida no processo arbitral, a Administração Tributária fica impossibilitada de praticar novo ato tributário relativamente ao mesmo sujeito passivo ou obrigado tributário, imposto e período de tributação, a não ser com fundamento em factos novos (nº 3 do mesmo artigo).

O nº 3 do artigo 24º reafirma esta preclusão, mas é duvidoso o seu alcance.

Na verdade, ao contrário da proibição que se estabelece no nº 3 do artigo 13º, que é absoluta durante a pendência do processo arbitral, a preclusão prevista no nº 3 do artigo 24º não pode contrariar os poderes/deveres que a Administração Tributária tem dar execução à decisão arbitral favorável ao sujeito passivo, que se especificam no nº 1 do mesmo artigo.

[122] Sobre este ponto, pode ver-se o ponto 5.7.1.

Com efeito, resulta explicitamente das alíneas *a)*, *b)* e *d)* do nº 1 do artigo 24º que, em caso de procedência da pretensão apresentada pelo sujeito passivo são impostos à Administração Tributária os deveres de *«praticar o acto tributário legalmente devido em substituição do acto objecto da decisão arbitral»*, *«restabelecer a situação que existiria se o ato tributário objeto da decisão arbitral não tivesse sido praticado, adotando os atos e operações necessários para o efeito»* e de *«liquidar as prestações tributárias em conformidade com a decisão arbitral»*.

Por isso, esta preclusão referida no nº 4 do artigo 24º do RJAT não se pode aplicar às situações de procedência da pretensão arbitral quando a prática pela Administração Tributária de um novo ato de liquidação não é incompatível com a decisão, pois esta prática inclui-se no âmbito dos deveres de execução da decisão arbitral favorável ao sujeito passivo. Por exemplo, se é declarada a ilegalidade de um ato de liquidação apenas com fundamento em vício de forma (como falta de fundamentação) ou em vício procedimental (como preterição do direito de audição) ou vício de violação de lei que não impede a renovação, não há obstáculo, havendo mesmo o dever de, em execução da decisão arbitral, a Administração Tributária praticar um novo ato com base nos mesmos factos e com o mesmo sentido, desde que ele não enferme do vício que justificou a declaração de ilegalidade.

Assim, a proibição que consta do nº 4 do referido artigo 24º, de a Administração Tributária praticar novo ato tributário relativamente ao mesmo sujeito passivo ou obrigado tributário e período de tributação, salvo nos casos em que este se fundamente em factos novos diferentes dos que motivaram a decisão arbitral, tem de ser interpretada restritivamente, em sintonia com as als. *b)* e *d)* do seu nº 1 e o dever de executar a decisão ai previsto, por forma a não abranger os atos de liquidação que devam ser praticados para cumprimento do dever de restabelecer a situação que existiria se não tivesse sido praticado o ato objeto da decisão arbitral.

Aliás, nem se podem confundir os atos de liquidação praticados pela administração tributária em execução de julgado com os que pode praticar por sua iniciativa, no exercício do poder procedimental de proferir decisões de natureza administrativa e tributária tendo em vista a prossecução dos interesses públicos que está legal e constitucionalmente incumbida de prosseguir, mas está antes a dar cumprimento ao dever de acatar as decisões jurisdicionais, que lhe impõe o artigo 204º da CRP e é explicitado no artigo 100º da LGT e no artigo 24º, nº 1, do RJAT. Ao dar execução às decisões arbitrais, a administração tributária não está a exercer o poder administrativo de praticar atos tributários na prossecução dos interesses públicos que lhe compete prosseguir, mas está antes a dar cumprimento ao dever de acatar as decisões jurisdicionais, que lhe impõe o artigo 204º da CRP e aquelas normas da LGT e do RJAT.

Na sequência da decisão judicial anulatória, a Administração poderá voltar a ter poder para conformar novamente a situação regulada no ato anulado, nos casos em que é viável a renovação do ato, sem ofensa do julgado anulatório. Porém, esses poderes já não são os de conformação autónoma da situação jurídica que detinha ao praticar o ato, conferidos para o desempenho da sua missão de prossecução do interesse público em conformidade com a sua interpretação da legalidade, mas sim poderes dependentes e limitados que derivam da obrigatoriedade de retirar as consequências jurídicas da decisão judicial anulatória, que lhe impõe o dever de reconstituir a situação que existiria se o ato anulado não tivesse sido praticado[123]. Por isso, nem sequer tem de ser instaurado qualquer procedimento inspetivo relativo à execução de julgado, nem qualquer novo procedimento de liquidação[124], sem prejuízo da observância dos princípios e regras procedimentais, na medida em que a atividade administrativa não se limite à concretização do julgado exequendo, como resulta do artigo 2º do CPA, já que se está perante um procedimento administrativo especial.[125]

[123] Neste sentido, foi proferido o acórdão arbitral de 7/2/2017, proferido no proc. 494/2016-T, com explícita concordância do Pleno do STA no recurso que dele foi interposto, decidido pelo acórdão de 07-06-2017, proferido no processo nº 0237/17. Sobre a amplitude e natureza dos poderes da Administração no âmbito da execução de julgados anulatórios, pode ver-se Jorge Lopes de Sousa, "Obstáculos práticos à tutela judicial efectiva no contencioso administrativo", *Scientia Ivridica*, nº 325, pp. 61 e segs., especialmente pp. 74-80, e em Código de Procedimento e de Processo Tributário Anotado e Comentado, 2011, vol. II, pp. 522-523.

[124] Neste sentido, pode ver-se o acórdão do STA de 13/7/2016, proferido no processo nº 0658/16, em que se entendeu que "*a obrigação que impende sobre a administração fiscal decorrente do artigo 100º da LGT – A administração tributária está obrigada, em caso de procedência total ou parcial de reclamações ou recursos administrativos, ou de processo judicial a favor do sujeito passivo, à imediata e plena reconstituição da situação que existiria se não tivesse sido cometida a ilegalidade, compreendendo o pagamento de juros indemnizatórios, nos termos e condições previstos na lei – (cfr. artigo 205º, nº 2, da CRP) não implica que se elabore um novo procedimento conducente a uma liquidação ou até a uma nova liquidação. Bastará, para que se cumpra o julgado, que o funcionário da Administração Tributária responsável pelo processo executivo, como no caso dos autos, proceda ao cálculo do novo imposto a pagar em conformidade com o mesmo julgado e disso dê conhecimento ao interessado, expurgando, assim, dos autos, o valor indevidamente considerado*".

[125] Como se entendeu no acórdão do Pleno da Secção do Contencioso Administrativo do STA de 07-02-2006, processo nº 048140, o procedimento administrativo relativo à execução de

No entanto, como decorre do teor expresso do nº 1 do artigo 24º do RJAT, a prática de atos de execução da decisão arbitral que sejam desfavoráveis ao contribuinte apenas pode ter lugar *"até ao termo do prazo previsto para a execução espontânea das sentenças dos tribunais judiciais tributários"*, *pelo que, decorrido este período, fica precludido, nos termos do nº 4, o direito de a Administração Tributária "praticar novo acto tributário relativamente ao mesmo sujeito passivo ou obrigado tributário e período de tributação"*, com fundamento nos factos que *"motivaram a decisão arbitral"*. Esta limitação temporal, que implica a inadmissibilidade legal de a Administração Tributária, após o decurso do prazo de execução espontânea de julgados, praticar novo ato tributário lesivo para o contribuinte, com fundamento nos mesmos factos que motivaram a decisão arbitral, está em consonância com a diretriz primordial da autorização legislativa em que se baseou a aprovação do RJAT pelo Governo, de *"reforçar a tutela eficaz e efectiva dos direitos e interesses legalmente protegidos dos contribuintes"* (nº 3 do artigo 124º da Lei nº 3-B/2010, de 28 de Abril) e alinha-se com a preocupação de «imprimir uma maior celeridade na resolução de litígios que opõem a administração tributária ao sujeito passivo» (preâmbulo do DL nº 10/2011, de 20 de Janeiro), que está bem patente na diretriz da autorização legislativa de «*fixação, como limite temporal para a prolação da sentença arbitral e subsequente notificação às partes, do prazo de seis meses a contar do início do processo arbitral tributário, com possibilidade de prorrogação, devidamente fundamentada, por idêntico período*»[126].

Poderia aventar-se a possibilidade de a preclusão prevista no nº 4 se reportar às situações previstas no nº 3, em que o processo arbitral termina sem uma decisão de mérito, prolongando, assim, após a decisão arbitral, a proibição que consta do nº 3 do artigo 13º. Mas, se é certo que se compreende essa proibição durante o processo, por a permanente instabilidade do ato poder afetar a tramitação do processo, não se compreenderia que uma decisão que não conhece do mérito da pretensão, que recaiu unicamente sobre a relação processual (por exemplo, que tenha considerado intem-

julgado é «um procedimento com vista à execução da decisão judicial, com prazos próprios e regras específicas de preclusão. Este procedimento administrativo prévio à execução (judicial) é um procedimento administrativo especial (...) dentro do qual é admissível a prática pela Administração de um ato válido de conteúdo idêntico».

[126] Prazo este que contrasta com o prazo de 2 anos, previsto no nº 2 do artigo 96º do CPPT para a prolação de decisões em 1ª instância pelos tribunais tributários em processos não urgentes, que, como se sabe, é frequentemente excedido.

pestivo o pedido de constituição do Tribunal Arbitral ou que o requerente carece de legitimidade processual), tenha efeitos extraprocessuais definitivos relativamente à situação jurídica criada com o ato cuja declaração de ilegalidade é pedida, afastando a aplicação das regras que preveem a possibilidade de liquidação adicional com fundamento em erros de direito (por isso, com base nos mesmos factos), que se encontram em várias leis tributárias (por exemplo, os artigos 99º do CIRC e 89º do CIRS).

A preclusão do direito de a administração tributária praticar novos atos não abrange os que se baseiem em «*factos novos*».

Como «*factos novos*» devem considerar-se os que forem subjetivamente novos, designadamente os que a administração tributária não conhecia nem tinha obrigação de conhecer no momento em que praticou o ato ou atos que foram objeto do processo arbitral.

Sobre esta questão, pode ver-se o ponto 11.1.3. e, mas desenvolvidamente, Jorge Lopes de Sousa, Preclusão do direito de praticar atos de liquidação à face do "Regime Jurídico da Arbitragem em Matéria Tributária", em *Cadernos de Justiça Tributária, nº 16,* páginas 3 e seguintes.

14.7.5.2. Dever de Administração Tributária executar as decisões dos tribunais arbitrais

Por força do disposto no artigo 205º, nº 2, da CRP, «*as decisões dos tribunais são obrigatórias para todas as entidades públicas e privadas e prevalecem sobre as de quaisquer outras autoridades*».

Esta norma, englobada entre os «*princípios gerais*» da Constituição relativos aos «*Tribunais*» é aplicável também aos tribunais arbitrais, que são um dos tipos de tribunais nela previstos (artigo 209º, nº 2).

A regra geral sobre execução de decisões em matéria tributária favoráveis ao sujeito passivo, é enunciada no artigo 100º da LGT, que estabelece que «*a Administração Tributária está obrigada, em caso de procedência total ou parcial de reclamações ou recursos administrativos, ou de processo judicial a favor do sujeito passivo, à imediata e plena reconstituição da situação que existiria se não tivesse sido cometida a ilegalidade, compreendendo o pagamento de juros indemnizatórios, nos termos e condições previstos na lei*».

Nas quatro alíneas do nº 1 do artigo 24º do RJAT explicita-se o conteúdo do dever de executar as decisões dos tribunais arbitrais.

No entanto, o cumprimento do dever de executar e as consequências do seu incumprimento situam-se a jusante do processo arbitral, pois os tribunais arbitrais que funcionam no CAAD não têm competências executivas, como resulta do artigo 2º, nº 1, do RJAT.

Por isso, caso a Administração Tributária não dê cumprimento ao dever de executar ou cumpra esse dever em termos diferentes daqueles que o sujeito passivo entende serem adequados, este terá de utilizar o processo de execução de julgados previsto no artigo173º e seguintes do CPTA, aplicáveis por força do disposto no 29º, nº 1, alíneas *a)* e *c)* do RJAT, e nos artigos 102º da LGT, e 146º, nº 1, do CPPT.

No entanto, poderá não ser necessário praticar qualquer ato em execução de julgado, designadamente nos casos em que não tenha sido efetuado o pagamento nem prestada garantia e não seja possível a renovação do ato anulado.

Em situações deste tipo, a mera anulação, eliminando o ato de liquidação da ordem jurídica, poderá ser suficiente para assegurar a reconstituição da situação que existiria se ele não tivesse sido praticado. Poderá, porém, haver necessidade de realizar tarefas de execução relativas à eliminação de eventuais atos consequentes que tenham sido praticados, nomeadamente a extinção de processo de execução fiscal que tenha sido instaurado para cobrança coerciva da quantia liquidada.

Se os atos e operações necessários para executar a decisão arbitral não forem especificados na decisão, designadamente através de pronúncias condenatórias, caberá à Administração decidir quais os que deve praticar em execução espontânea

14.7.5.3. Prazo para execução espontânea

De harmonia com o disposto no artigo 175º, nºs 1 e 3, do CPTA, o prazo para cumprimento do dever de executar é de três meses ou 30 dias, conforme a execução envolva ou não atos para além do pagamento de uma quantia pecuniária.

Uma vez que, nos termos do nº 1 do artigo 24º do RJAT, a decisão arbitral «*vincula a Administração Tributária a partir do termo do prazo previsto para o recurso ou impugnação*», o prazo que for aplicável contar-se-á a partir do termo do prazo do recurso para uniformização de jurisprudência, que é de 30 dias a contar da notificação da decisão arbitral, nos termos dos artigos 25º, nº 3, do RJAT e 152º, nº 1, do CPTA, prazo este que é mais longo do que o aplicável à impugnação e ao recurso para o Tribunal Constitucional.

O prazo de execução de decisões arbitrais deverá contar-se nos termos do artigo 87º do CPA, com suspensão aos sábados, domingos e feriados.[127]

Embora aos prazos do procedimento tributário, por força do disposto no nº 1 do artigo 20º do CPPT, não se aplique esta regra do CPA, mas sim as do artigo 279º do Código Civil (em que os prazos não se suspendem), no caso em apreço há, no nº 1 do artigo 102º da LGT e no nº 1 do artigo 146º do CPPT, remissões globais para as normas que regulam as execuções de julgados proferidos por tribunais administrativos e, por isso, deverão aplicar-se as normas sobre prazos com o sentido e alcance que têm relativamente a esses julgados. A única especialidade, explicitada no nº 2 deste artigo 146º do CPPT, que afasta o regime das execuções de julgados no contencioso administrativo, refere-se ao termo inicial da contagem do prazo de execução e não à forma como ele é contado. Por isso, estando pressuposto no artigo 175º do CPTA que os prazos previstos nos seus nºs 1 e 3 se suspendem, nos termos do artigo 87º do CPA, é com essa suspensão que os prazos devem ser entendidos na execução de julgados proferidos por tribunais tributários.

A execução dos julgados anulatórios de atos de liquidação, nos casos em que a quantia liquidada foi cobrada e o ato não pode ser renovado, reconduzir-se-á ao pagamento ao contribuinte da quantia paga, acrescida ou não de juros indemnizatórios.

Se apenas houver lugar, em execução de julgado, à restituição do imposto cuja liquidação foi declarada ilegal na decisão arbitral, a execução espontânea da decisão anulatória deverá efetuar-se no prazo de 30 dias.

No entanto, se houver lugar ao pagamento de ***juros indemnizatórios***, será aplicável o prazo especial de 90 dias, para liquidação e pagamento, previsto no artigo 61º, nº 3, do CPPT.

[127] Para o contencioso administrativo, o Pleno da Secção do Contencioso Administrativo do STA uniformizou jurisprudência no sentido de que o prazo de três meses previsto no artigo 175º, nº 1, do CPTA deve ser considerado um prazo procedimental, suspendendo-se aos sábados, domingos e feriados, nos termos do artigo 72º, nº 1, alínea *b)*, do CPA de 1991 (acórdãos do Pleno da SCA de 25-1-2006, processo nº 024690A, e de 14-10-2010, processo nº 0941/05A). O que se reconduz a que o prazo de três meses seja convertido num prazo de 90 dias, como defendem MÁRIO AROSO DE ALMEIDA E CARLOS CADILHA, *Comentário ao Código de Processo nos Tribunais Administrativos*, 2ª edição, página 990, cuja doutrina é aceite no referido acórdão de 14-10-2010.

14.7.5.4. Prática de ato legalmente devido em substituição do objeto da decisão

A alínea *a)* do nº 1 do artigo 24º do RJAT indica, como primeiro exemplo de dever de execução, praticar o ato tributário legalmente devido em substituição do ato objeto da decisão arbitral.

Não é claro o alcance próprio desta alínea, em matéria de execução de decisões arbitrais.

As situações em que, à face do CPTA, há o ***dever de prática de ato devido***, são aquelas em que o interessado dirigiu uma pretensão à administração, que pode ser satisfeita por um ato com determinado conteúdo, mas a pretensão não obteve satisfação, por ter sido indeferida expressamente ou por ter decorrido o prazo legal para decisão sem ela ter sido proferida. Se a decisão do tribunal considerada ilegal a recusa ou omissão da prática do ato administrativo requerido, condena a administração à prática desse ato e, em certas situações, até o substitui.

Esse regime consta dos artigos 66º a 71º do CPTA.

No contencioso tributário, este regime tem aplicação evidente nos casos em que o contribuinte requerer à Administração Tributária o reconhecimento de um benefício fiscal não automático. Se esse benefício fiscal não for reconhecido, a Administração Tributária, no caso de procedência de pedido de declaração de ilegalidade da recusa de reconhecimento do benefício fiscal, teria de praticar o ato de deferimento do pedido apresentado. Mas, estas matérias estão fora do âmbito das competências dos tribunais arbitrais que funcionam no CAAD, à face do preceituado no artigo 2º, nº 1, do RJAT.

Poderia aventar-se que a prática de ato legalmente devido a que alude a alínea *a)* do nº 1 do artigo 24º do RJAT é a obrigação de liquidar em conformidade com o decidido, mas esse dever está explicitamente referido na alínea *d)* do nº 1 do artigo 24º do RJAT, pelo que, a ser este o alcance daquela alínea *a)*, ela seria inútil.

Assim, parece que a referida alínea *a)* do nº 1 do artigo 24º só terá de aplicação nos casos em o sujeito passivo requereu a fixação de uma determinada matéria tributável, em substituição da que foi fixada pela Administração Tributária, e vem a ser declarada a ilegalidade da matéria de facto fixada.

14.7.5.5. Restabelecimento da situação que existiria se o ato tributário objeto da decisão arbitral não tivesse sido praticado

Na alínea *b)* do nº 1 do artigo 24º do RJAT impõe-se à Administração Tributária o dever de «*restabelecer a situação que existiria se o ato tributário objeto da decisão arbitral não tivesse sido praticado, adotando os atos e operações necessários para o efeito*».

O artigo 173º, nº 1, do CPTA, que estabelece o princípio geral sobre execução de julgados anulatórios de atos administrativos, preceitua que «*sem prejuízo do eventual poder de praticar novo ato administrativo, no respeito pelos limites ditados pela autoridade do caso julgado, a anulação de um ato administrativo constitui a Administração no dever de reconstituir a situação que existiria se o ato anulado não tivesse sido praticado, bem como de dar cumprimento aos deveres que não tenha cumprido com fundamento naquele ato, por referência à situação jurídica e de facto existente no momento em que deveria ter atuado*».

Comparando as duas fórmulas, constata-se que no RJAT não se inclui a parte inicial do artigo 173º, nº 1, do CPTA, em que se faz referência ao «*eventual poder de praticar novo ato administrativo, no respeito pelos limites ditados pela autoridade do caso julgado*».

No entanto, a omissão de referência à possibilidade de praticar um novo ato não significa que a Administração Tributária não possa renovar o ato, desde que tal seja compatível com o decidido pelo Tribunal Arbitral, o que resulta com clareza da alínea *d)* do nº 1 do artigo 24º do RJAT, que refere o dever de «*liquidar as prestações tributárias em conformidade com a decisão arbitral*».

Porém, resultando dos atos de liquidação a imposição de deveres aos destinatários, eles ***não poderão ter efeito retroativo***, pois tal é proibido pelo nº 2 do artigo 173º do CPTA, relativamente atos que envolvam a imposição de deveres e encargos. Por isso, os efeitos dos atos que imponham deveres ao sujeito passivo, apenas produzem efeitos em relação a ele a partir do momento em que a sua renovação ocorre.

Nos casos em que o motivo de declaração de nulidade ou da anulação do ato impugnado foi um vício procedimental ou de forma (como falta de audição do contribuinte ou falta de fundamentação) ou incompetência, não haverá, em princípio, obstáculo a que a Administração Tributária pratique um novo ato expurgado do vício que motivou a anulação.

Poderá, porém, colocar-se a questão de haver impedimento à prática de novo ato derivado dos prazos de caducidade da liquidação aplicáveis (artigo 45º da LGT).

No entanto, o mais adequado entendimento do regime de execução de julgados será o de que, durante o período de execução espontânea, a Administração na sequência de anulação do ato, tem o referido «*poder de praticar novo ato administrativo, no respeito pelos limites ditados pela autoridade do caso julgado*» (artigo 173º, nº 1, do CPTA), não tendo outras limitações que não sejam as derivadas da autoridade da decisão anulatória e as previstas no procedimento de execução de julgados.[128]

Durante este período de execução espontânea de julgados, a Administração Tributária não está a exercer o seu poder autónomo de praticar atos tributários, no âmbito do procedimento tributário próprio para essa prática, estando, antes, por força do disposto no artigo 100º da LGT e 24º, nº 1, alínea *b)*, do RJAT, a exercer um poder/dever de executar o julgado criado pela decisão anulatória, poder esse a exercer no âmbito do procedimento especial de execução espontânea de julgados, regido, em primeira linha, pelas suas regras próprias, visando a «*reconstituição da legalidade do ato ou situação objeto do litígio*» *imposta por aquele artigo100º, em que se inclui o restabelecimento da «situação que existiria se o ato tributário objeto da decisão arbitral não tivesse sido praticado».*

Pela mesma razão de o poder/dever de executar decisões anulatórias ser autónomo em relação ao poder/dever geral de liquidar tributos, a Administração Tributária não está condicionada pelas limitações temporais que a lei estabelece para exercício deste último poder/dever, mas sim pelos limites temporais próprios da execução de julgados.

Isto significa que, na sequência de anulação contenciosa de um ato de liquidação, por vício que não obsta à renovação do ato, a Administração Tributária poderá e deverá praticar, dentro do prazo de execução espontânea, um novo ato de liquidação expurgado do vício que foi fundamento da anulação, independentemente do decurso ou não do prazo de caducidade

[128] Como se entendeu no acórdão do Pleno da Secção do Contencioso Administrativo do STA de 07-02-2006, processo nº 048140, o procedimento administrativo relativo à execução de julgado é «*um procedimento com vista à execução da decisão judicial, com prazos próprios e regras específicas de preclusão. Este procedimento administrativo prévio à execução (judicial) é um procedimento administrativo especial (...) dentro do qual é admissível a prática pela Administração de um ato válido de conteúdo idêntico*». Na mesma linha, escreveu-se no acórdão da SCA do STA de 02-07-1996, processo nº 30778, AP-DR de 15-03-1999, página 4864, que «*decorre do regime da execução traçado pelo DL 256-A/77 que existe um novo processo decisório perante a Administração ativa, agora virado para a execução da sentença, com prazos próprios*».

que valia para o exercício do primitivo poder autónomo de praticar o ato de liquidação. Mas, apenas durante esse período legal de execução espontânea a Administração Tributária fica investida pela decisão anulatória no poder de praticar esse ato de liquidação, que não poderá ter eficácia retroativa, por ser desfavorável ao contribuinte (nº 2 do referido artigo 173º).

Por isso, a proibição de praticar atos dotados de eficácia retroativa, que consta do nº 2 do artigo 173º do CPTA, não é obstáculo à prática de um novo ato de liquidação em execução de julgado, desde que os seus efeitos lesivos se produzam apenas a partir da prática deste novo ato.

Se a Administração Tributária não executar espontaneamente a decisão anulatória, praticando um novo ato de liquidação no prazo de execução espontânea, extinguir-se-á o poder de aquela praticar um novo ato que emana da decisão anulatória, pelo que a prática de novos atos só será possível se puder basear-se ainda no poder originário que é concedido à Administração Tributária para praticar atos de liquidação. Neste caso, o exercício deste poder estará sujeito às regras gerais do procedimento tributário e aos limites temporais impostos pelas regras sobre caducidade do direito de liquidação, isto é, poderá ser praticado um ato de liquidação compatível com o que tiver sido decidido na sentença anulatória [se violar o caso julgado o ato será nulo, nos termos do artigo 162º, nº 2, alínea, *i)*, do CPA] se não tiver transcorrido já a totalidade do prazo de caducidade do direito de liquidação[129].

É esta a solução que, para além ser a que resulta linearmente dos textos legais, é a mais equilibrada, pois, encontrando a caducidade do direito de liquidação o seu fundamento específico na necessidade de certeza e segurança jurídica, não há obstáculo a que uma nova liquidação ocorra no período de execução de julgado, uma vez que, durante esse período, isso é algo com que o contribuinte deve contar.

Por outro lado, a aplicação do prazo de caducidade do direito de liquidação a situação em que o dever de liquidação resulta de uma decisão anulatória, reconduzir-se-ia a que, em muitos casos, quando a liquidação

[129] Neste contexto, é de ter presente que o prazo de caducidade do direito de liquidação suspende-se nas situações previstas no artigo 46º, nº 2, da LGT, entre as quais se inclui, na alínea *d)*, a pendência de processo de reclamação ou impugnação judicial, quando o direito a efetuar a nova liquidação resulta da decisão desse processo. Este regime é aplicável aos processos arbitrais tributários, por força da remissão para o regime do processo de impugnação judicial que se faz no artigo 13º, nº 5, do RJAT.

é efetuada muito próximo do termo do prazo legal de caducidade (o que, na prática, ocorre em grande parte dos casos de liquidações adicionais), fosse inviável concretizar a adequada execução do julgado, com a efetivação e notificação da devida liquidação, pois, mesmo considerando a suspensão do prazo de caducidade prevista no artigo 46º, nº 1, alínea *d)*, da LGT, muitas vezes não será possível efetuar a liquidação e a respetiva notificação antes de ter decorrido o prazo de caducidade. Ora, esta inviabilidade de renovar o ato, na sequência de uma decisão anulatória, nos casos em que é possível renová-lo sem o vício que motivou a anulação, está em manifesta dissonância com a intenção legislativa de que seja reconstituída «*a legalidade do ato ou situação objeto do litígio*» e de que seja reconstituída «*a situação que existiria se o ato anulado não tivesse sido praticado*», afirmada nos artigos 100º da LGT e 173º, nº 1, do CPTA.

Por isso, é esta a solução mais acertada, que se tem de presumir ter sido legislativamente consagrada (artigo 9º, nº 3, do CC).

14.7.5.6. Revisão dos atos tributários que se encontrem numa relação de prejudicialidade ou de dependência com os atos tributários objeto da decisão arbitral

Na alínea *c)* do nº 1 do artigo 24º do RJAT, impõe-se à Administração Tributária, em execução de julgado, «*rever os atos tributários que se encontrem numa relação de prejudicialidade ou de dependência com os atos tributários objeto da decisão arbitral, designadamente por se inscreverem no âmbito da mesma relação jurídica de imposto, ainda que correspondentes a obrigações periódicas distintas, alterando-os ou substituindo-os, total ou parcialmente*».

Esta disposição tem como campo de aplicação específico as situações em que a ilegalidade do ato objeto da decisão tem reflexos em outros atos, estendendo o dever de reposição da legalidade a todos os atos que estejam numa relação de prejudicialidade ou dependência em relação a ele.

Incluem-se neste dever de revisão tanto os atos relativos ao imposto liquidado pelo ato cuja declaração de ilegalidade foi declarada, como atos relativos a impostos diferentes: por exemplo, a declaração de ilegalidade de um ato de fixação da matéria tributável por métodos indiretos, pode ter sido fundamento para liquidações adicionais de IVA e IRC (ou IVA e IRS); estando ambas liquidações dependentes do ato de fixação da matéria tributável, a declaração de ilegalidade deste ato implicará dever de revisão das duas liquidações.

14.7.5.7. Liquidação das prestações tributárias em conformidade com a decisão arbitral ou abster-se de as liquidar

Impõe-se à Administração Tributária, na alínea *d)* do nº 1 do artigo 24º do RJAT, o dever de liquidar prestações tributárias ou abster-se de as liquidar.

O dever de efetuar novas liquidações existe nos casos em que é possível efetuá-las sem incorrer no vício que justificou a declaração de ilegalidade, o que sucede nos casos de vícios formais ou procedimentais (como falta de fundamentação e preterição do direito de audição) e poderá suceder em caso de vícios de violação de lei (por exemplo, a anulação de uma liquidação por erro na aplicação da taxa, não impedirá que seja praticada uma nova liquidação com aplicação da taxa correta).

O dever de a Administração Tributária se abster de liquidar existe nos casos em que não é possível elaborar uma nova liquidação sem incorrer na ilegalidade declarada na decisão arbitral. Por exemplo, se se efetuou uma liquidação com base num determinado facto tributário e foi declarada a sua ilegalidade por esse facto não se ter verificado, não será possível efetuar qualquer nova liquidação com base nesse facto.

14.7.5.8. Pagamento de juros indemnizatórios e juros de mora

O nº 5 do artigo 24º do RJAT estabelece que *«é devido o pagamento de juros, independentemente da sua natureza, nos termos previsto na lei geral tributária e no Código de Procedimento e de Processo Tributário»*.

14.7.5.8.1. Juros indemnizatórios

14.7.5.8.1.1. Requisitos do direito a juros indemnizatórios

Nos processos arbitrais tributários há lugar ao pagamento de ***juros indemnizatórios***, em caso de procedência da pretensão do sujeito passivo, nos termos dos artigos 43º, nºs 1 e 2, e 100º da LGT, quando se determine que houve erro imputável aos serviços de que resulte pagamento da dívida tributária em montante superior ao legalmente devido, considerando-se também haver erro imputável aos serviços no casos em que, apesar da liquidação ser efetuada com base na declaração do contribuinte, este ter seguido, no seu preenchimento, as orientações genéricas da Administração Tributária, devidamente publicadas.

Assim, os requisitos do direito a juros indemnizatórios previsto no nº 1 do artigo 43º da LGT são os seguintes:

- que haja um erro num ato de liquidação de um tributo;
- que ele seja imputável aos serviços (diretamente ou por via de orientações genéricas);
- que a existência desse erro seja determinada em processo de reclamação graciosa ou de impugnação judicial;
- que desse erro tenha resultado o pagamento de uma dívida tributária em montante superior ao legalmente devido.

Embora não se refira expressamente, no nº 1 deste artigo 43º da LGT, que o ato viciado por erro deve ser um ato de liquidação, são os atos deste tipo os que provocam diretamente o pagamento de uma dívida tributária e, por isso, terá de ser a atos desse tipo que se reporta esta disposição. No entanto, para afetar o ato de liquidação, o erro pode ocorrer em qualquer ato anterior, inserido no processo global de liquidação, desde que o ato final venha a nele assentar. Será o caso do erro no ato de fixação da matéria coletável que é a base do ato de liquidação.

Fora dos casos em que é o contribuinte a determinar o montante do imposto a pagar, a liquidação é feita pelos serviços e, por isso, os erros de direito, consubstanciados na aplicação da lei a determinados factos, serão imputáveis à Administração Tributária. Porém, mesmo nestes casos, poderá suceder que a errada aplicação da lei tenha por base uma errada informação do sujeito passivo e, nesses casos, não poderá imputar-se à Administração Tributária a responsabilidade pelo erro que afete a liquidação.

A utilização da expressão «***erro***» e não «***vício***» ou «***ilegalidade***» para aludir aos factos que podem servir de base à atribuição de juros, revela que se teve em mente apenas os vícios do ato anulado a que é adequada essa designação, que são o ***erro sobre os pressupostos de facto*** e ***o erro sobre os pressupostos de direito***. Com efeito, há vícios dos atos administrativos e tributários a que não é adequada tal designação, nomeadamente os vícios de forma e a incompetência, pelo que a utilização daquela expressão «***erro***» tem um âmbito mais restrito do que a expressão «***vício***». Por outro lado, é usual utilizar-se a expressão «***vícios***» quando se pretende aludir genericamente a todas as ilegalidades suscetíveis de conduzirem à anulação dos atos, como é o caso dos artigos 101º (arguição subsidiária de ***vícios***) e 124º (ordem de conhecimento dos ***vícios*** na sentença) ambos do CPPT. Por isso, é de concluir que o uso daquela expressão «***erro***», tem um alcance restritivo do tipo de vícios que podem servir de base ao direito a juros indemnizatórios.

A imputabilidade dos erros à Administração Tributária é independente da prova da existência de culpa concreta de qualquer dos seus órgãos, funcionários ou agentes, ou mesmo da prova da culpa global dos serviços. Trata-se de uma responsabilidade objetiva, não dependente de culpa. O texto dos nºs 1 e 3 do artigo 43º não é decisivo, mas refere que são devidos juros quando se verificarem os factos aí indicados, sem qualquer alusão ao carácter culposo da atuação da administração, mesmo a nível de culpa do serviço globalmente considerado. De qualquer modo, mesmo que se entenda que se trata de responsabilidade assente na culpa, a letra da lei, ao referir a imputabilidade do erro aos serviços, aponta manifestamente no sentido de poder servir de base à responsabilidade por juros indemnizatórios a falta do próprio serviço, globalmente considerado, não sendo necessário demonstrar a culpa de qualquer dos órgãos, funcionários ou agentes da Administração Tributária. A Administração Tributária tem deveres genéricos de atuação em conformidade com a lei (artigos 266º, nº 1, da CRP e 55º da LGT), pelo que, independentemente da prova da culpa de qualquer das pessoas ou entidades que a integram, qualquer ilegalidade não resultante de uma atuação do sujeito passivo ou de terceiro será imputável aos próprios serviços. Esta culpa está, em regra, conexionada com a própria prática de uma liquidação ilegal e, por isso ilícita[130], havendo mesmo uma presunção legal de culpa da Administração, relativamente à prática de atos jurídicos ilícitos (artigo 10º, nº 2, do RRCEE). No entanto, já antes deste novo regime da responsabilidade civil extracontratual dos entes públicos era de adotar o entendimento de que, quando uma determinada conduta constitui um facto que à face da lei é qualificável como ilegal, deve fazer-se decorrer da constatação da ilegalidade a existência de culpa, por ser algo que em regra se liga ao próprio carácter ilícito do facto, só sendo de afastar se se demonstrar que ela, no caso, não ocorre[131].

14.7.5.8.1.2. Regulamentação do regime de pagamento de juros indemnizatórios

A regulamentação do regime de pagamento de juros indemnizatórios consta do artigo 61º do CPPT.

[130] No domínio da responsabilidade extracontratual por atos de gestão pública a ilegalidade implica ilicitude (artigo 6º, nº 1, do DL nº 48051, de 21-11-1967 e artigo 9º da Lei nº 67/2007, de 31 de dezembro).

[131] Neste sentido, pode ver-se o acórdão do STA de 24-04-2002, processo nº 117/02.

Cabe à entidade que execute a decisão judicial da qual resulte esse direito determinar o pagamento dos juros indemnizatórios a que houver lugar (artigo 61º, nº 2, do CPPT).

Os juros indemnizatórios serão liquidados e pagos no prazo de 90 dias contados a partir do início do prazo da sua execução espontânea (nºs 3 e 4 do artigo 61º do CPPT).

Os juros são contados desde a data do pagamento indevido do imposto até à data do processamento da respetiva nota de crédito, em que são incluídos (nº 5 do mesmo artigo).

O interessado pode ainda, no prazo de 30 dias contados do termo do prazo de execução espontânea da decisão, reclamar, junto do competente órgão periférico regional da Administração Tributária, do não pagamento de juros indemnizatórios no caso da execução de uma decisão judicial de que resulte esse direito (nº 7 do artigo 61º do CPPT).

14.7.5.8.2. Juros de mora

Relativamente a juros de mora, só serão devidos se for excedido o prazo de execução espontânea: os juros de mora são consequência deste excesso de prazo de execução e não da ilegalidade declarada na decisão arbitral.

14.7.5.8.3. Juros indemnizatórios e juros de mora relativamente ao mesmo período de tempo

Os juros indemnizatórios e os juros de mora são presumivelmente, na perspetiva legislativa, uma compensação adequada dos prejuízos que a privação da quantia paga ilegalmente provoca ao sujeito passivo, pelo que será de afastar, em princípio, a possibilidade de cumulação de juros moratórios e indemnizatórios relativamente ao mesmo período de tempo, pois não se pode justificar uma dupla compensação pela mesma privação da disponibilidade da quantia indevidamente paga.[132]

Por isso, resultando dos artigos 100º da LGT e 61º, nº 5, do CPPT, que, quando há lugar a juros indemnizatórios derivados da procedência de processos impugnatórios, eles cobrem todo o período que vai desde o paga-

[132] É neste sentido que o STA tem vindo a pronunciar-se, uniformemente, como pode ver-se pelos seguintes acórdãos: de 19-12-2001, processo nº 26608; de 20-10-2004, processo nº 338/04; de 02-05-2007, processo nº 9/07; do Pleno de 24-10-2007, processo nº 1095/05; de 11-02-2009, processo nº 1003/08; de 02-03-2011, processo nº 880/10.

mento indevido até à emissão da nota de crédito, tem de se concluir que, nessas situações, não haverá lugar a pagamento de juros de mora, pois, se este fosse efetuado, ocorreria uma cumulação de juros relativamente ao mesmo período de privação da quantia paga.

A esta regra não é obstáculo o facto de a Lei nº 64-B/2011, de 30 de dezembro, ter aditado um nº 5 ao artigo 43º, em que se atribui ao sujeito passivo o direito a juros de mora a uma taxa equivalente ao dobro dos juros de mora previstos para as dívidas ao Estado e outras entidades públicas. Estabelecendo-se que estes juros de mora agravados são devidos relativamente ao período entre o termo do prazo de execução e a emissão da nota de crédito, é de concluir que, nos casos em que esteja em causa executar uma decisão e se trate de uma situação enquadrável no nº 1, em que são devidos juros indemnizatórios, estes juros de mora serão cumuláveis com os indemnizatórios, pois estes são «*contados desde a data do pagamento indevido do imposto até à data do processamento da respetiva nota de crédito, em que são incluídos*» (artigo 61º, nº 5, do CPPT). No entanto, trata-se de um regime excecional, com evidente **natureza sancionatória e compulsória**, que ressalta da taxa agravada, em que a atribuição de juros de mora não tem em vista compensar os prejuízos presumivelmente sofridos pelo contribuinte com a privação da quantia paga, antes visa compelir a Administração Tributária a executar tempestivamente as decisões transitadas em julgado, o que é reclamado pelo direito à tutela judicial efetiva reconhecido aos contribuintes (artigo 20º, nºs 1 e 4, da CRP), que inclui o direito à execução das decisões que lhe sejam favoráveis (artigo 2º, nº 1, do CPC). Isto é, a excecional atribuição de juros de mora prevista no referido nº 5 do artigo 43º, em vez de ter afinidade funcional indemnizatória com os juros indemnizatórios, tem, antes, **identidade teleológica com as sanções pecuniárias compulsórias** que o CPTA, no nº 3 do seu artigo 179º, prevê como meio para compelir a administração a executar as decisões judiciais anulatórias de atos administrativos.

Por se tratar de um **regime excecional**, previsto apenas para os casos de inexecução tempestiva de ***decisões judiciais*** transitadas em julgado, como explicitamente se refere no nº 5 do artigo 43º da LGT, com evidente alcance restritivo, ele não será aplicável em situações em que o direito a juros indemnizatórios decorre de decisões administrativas, quer as previstas no nº 1, quer as indicadas no nº 3 do mesmo artigo 43º da LGT. A diferença de tratamento das duas situações será justificada pelo facto de que, quando está em causa a execução de uma decisão judicial, o incumprimento assume a gravidade de uma violação direta de um dever constitucional, imposto à Administração Tributária pelo nº 2 do artigo 204º da CRP, que estabelece que «*as decisões dos tribunais são obrigatórias para todas as entidades pública*».

Como estabelecem os nºs 3 e 4 do artigo 142º da Lei nº 64-B/2011, de 30 de dezembro, o novo regime de juros de mora previsto no nº 5 do artigo 43º é aplicável imediatamente às decisões transitadas em julgado cuja execução esteja pendente, mas os novos juros só se contam com referência ao período que decorrer a partir da entrada em vigor daquela Lei, que ocorreu em 01-01-2012, o que confirma que não se tem em vista compensar os prejuízos sofridos pelo sujeito passivo.

Assim, é de interpretar restritivamente o artigo 102º da LGT, como aplicando-se apenas aos casos em que não há lugar a juros indemnizatórios, isto é, os casos em que a anulação não é motivada por erro imputável aos serviços, pois quando não é esta a razão da anulação há sempre lugar a juros indemnizatórios (artigo 43º, nº 1, da LGT). ([133]) Haverá, assim, lugar a juros de mora, apenas a partir do termo do prazo de execução espontânea, se o tributo não for devolvido até esse momento e a anulação que fundamenta a restituição do tributo pago se basear em vício de forma, incluindo o vício procedimental, incompetência ou erro imputável ao contribuinte.

14.8. Inexecução do julgado

No caso de não ser dada pela Administração Tributária espontânea execução à decisão arbitral, o sujeito passivo pode utilizar o processo de execução de julgado junto do tribunal tributário competente.

O tribunal tributário territorialmente competente será o do lugar da arbitragem, como decorre do artigo 90º, nº 2, do CPC e do 59º, nº 9, da LAV2011, subsidiariamente aplicável, por força do disposto na alínea *c)* do nº 1 do artigo 29º do RJAT e no artigo 181º, nº 1, do CPTA.

A decisão arbitral de que não caiba recurso e que já não seja suscetível de alteração tem o mesmo carácter obrigatório entre as partes que a sentença de um tribunal estadual transitada em julgado e a mesma força executiva que a sentença de um tribunal estadual (artigo 42º, nº 7, da LAV2011).

[133] Neste sentido, pode ver-se o acórdão do STA de 11-02-2009, processo nº 1003/08.

15. Recurso e impugnação da decisão arbitral

15.1. Decisões recorríveis e impugnáveis

O artigo 124º, nº 4, alínea *h)*, da lei nº 3-B/2010, de 28 de abril, que integra a autorização legislativa em que o Governo se baseou para aprovar o RJAT, estabelece que este regime deveria consagrar a regra da irrecorribilidade da sentença proferida pelo Tribunal Arbitral, prevendo a possibilidade de recurso, para o Tribunal Constitucional, apenas nos casos e na parte em que a sentença arbitral recuse a aplicação de qualquer norma com fundamento na sua inconstitucionalidade ou aplique norma cuja inconstitucionalidade tenha sido suscitada;

O RJAT, no artigo 25º, só prevê possibilidade de recurso de decisões finais sobre o mérito:

- para o Tribunal Constitucional na parte em que recuse a aplicação de qualquer norma com fundamento na sua inconstitucionalidade ou que aplique norma cuja inconstitucionalidade tenha sido suscitada;
- para o Supremo Tribunal Administrativo quando esteja em oposição, quanto à mesma questão fundamental de direito, com acórdão proferido pelo Tribunal Central Administrativo ou pelo Supremo Tribunal Administrativo.

Para além disso, no RJAT, no nº 1 do seu artigo 27º, prevê a possibilidade de impugnação de todas as decisões, mesmo as que não sejam de mérito, com fundamentos limitados.

A restrição dos recursos justifica-se por razões de celeridade, mas o regime previsto não a garante, pois, com razão ou sem ela, a decisão arbitral pode sempre ser impugnada a decisão e podem ser interpostos recursos.

15.2. Legitimidade para recurso

De harmonia com o disposto nos nºs 1 e 3 do artigo 280º do CPPT, tem legitimidade para recorrer ou impugnar a decisão arbitral quem fique vencido, considerando-se como tal, a parte que não obteve plena satisfação dos seus interesses na causa.

Em conformidade com o preceituado no artigo 141º, nº 2, do CPTA, adaptado ao processo arbitral, considera-se também vencido o sujeito passivo que, tendo invocado várias causas de invalidade contra o mesmo ato tributário, tenha decaído relativamente à verificação de alguma delas, na medida em que o reconhecimento, pelo tribunal de recurso, da existência dessa causa de invalidade impeça ou limite a possibilidade de renovação do ato anulado.

15.3. Recurso para o Tribunal Constitucional

No artigo 25º, nº 1, do RJAT só se prevê a possibilidade de recurso para o Tribunal Constitucional relativamente a decisões de mérito.

No entanto, por força do artigo 280º, nº 1, al. *a)* da CRP, relativamente a decisões que recusem a aplicação de qualquer norma com fundamento na sua inconstitucionalidade ou ilegalidade por violação de lei com valor reforçado, terá sempre de se admitir recurso para o Tribunal Constitucional, pelo que será materialmente inconstitucional aquele artigo 25º, nº 1, se for interpretado como afastando os recursos para o Tribunal Constitucional que a CRP admite.

À face do RJAT, o recurso é interposto através de requerimento apresentado no Tribunal Constitucional, acompanhado de cópia do processo arbitral, no prazo de 10 dias a contar da notificação da decisão arbitral (artigos 25º, nº 4, do RJAT e 75º da Lei nº 28/82, de 15 de novembro), o que afasta a aplicação do regime previsto no artigo 76º da Lei de Organização, Funcionamento e Processo do Tribunal Constitucional (LTC)[134], em que estabelece que «*compete ao tribunal que tiver proferido a decisão recorrida apreciar a admissão do respectivo recurso*».

O regime especial previsto no RJAT justifica-se pela dissolução do Tribunal Arbitral na sequência da notificação da decisão arbitral, prevista no artigo 23º do RJAT.

Este regime poderá ser considerado formal e organicamente inconstitucional, ao não prever a intervenção do tribunal recorrido na admissão do recurso, pois não resulta das normas próprias do recurso para o TC, previsto na Lei 28/82, de 15 de Outubro, nem no regime de apelação que nela se prevê que é de aplicação subsidiária. A legislação sobre processo do Tribunal Constitucional insere-se na reserva absoluta de competência legislativa da Assembleia da República, nos termos do artigo 164º, nº 1, alínea *c)*, da CRP e só pode ser objeto de lei orgânica (artigo 166º,

[134] Lei nº 28/82, de 15 de Novembro, alterada pelas Leis nºs 143/85, de 26 de novembro, 85/89, de 7 de setembro, 88/95, de 1 de setembro, e 13-A/98, de 26 de fevereiro, e pelas Leis Orgânicas nºs 1/2011, de 30 de novembro, 5/2015, de 10 de abril, e 11/2015, de 28 de Agosto.

nº 2, da CRP), pelo que não podiam ser introduzidas alterações ao regime dos recursos para o Tribunal Constitucional através de Decreto-Lei e o Governo não podia validamente legislar sobre esta matéria, em dissonância com o regime da apelação, mesmo com base em autorização legislativa, como resulta do artigo 198º da CRP.

O Tribunal Constitucional já tem considerado imprescindível a prolação de despacho sobre o requerimento de interposição de recurso, ordenando a baixa do processo ao Tribunal Arbitral já dissolvido, quando o recurso lhe é apresentado diretamente em observância do nº 4 do artigo 25º do RJAT, mas também, mais sensatamente, tem prescindido da prolação de tal despacho (ou aparência de despacho) a proferir por um órgão jurisdicional já inexistente, em face da sua natureza precária e da competência definitiva do Tribunal Constitucional para apreciar a admissibilidade do recurso (nº 3 do artigo 76º da LTC[135].

O requerimento não tem de ser acompanhado de alegações, que são apresentadas depois da interposição de recurso (artigo 79º da LTC).

O recurso tem efeito suspensivo, no todo ou em parte, da decisão recorrida (artigo 26º, nº 1, do RJAT)

O recurso para o Tribunal Constitucional interrompe o prazo para a interposição de recurso para o STA, que só pode ser interposto depois de cessada a interrupção (artigo 75º da LTC).

Se o Tribunal Constitucional der provimento ao recurso, ainda que só parcialmente, os autos baixam ao tribunal de onde provieram, a fim de que este, consoante for o caso, reforme a decisão ou a mande reformar em conformidade com o julgamento sobre a questão da inconstitucionalidade ou da ilegalidade (artigo 80º, nº 2, da LTC).

No caso de o juízo de constitucionalidade ou de legalidade sobre a norma que a decisão recorrida tiver aplicado, ou a que tiver recusado aplicação, se fundar em determinada interpretação da mesma norma, esta

[135] Por exemplo, no acórdão nº 42/2014, de 09-01-2014, processo nº 564/127, em que se afirma que «*qualquer que seja a posição que se assuma sobre esse problema, e bem assim quanto à conformidade constitucional nos planos orgânico e formal da norma contida no nº 4 do artigo 25º do DL nº 10/2011, de 20 de janeiro, certo é que a apreciação da admissibilidade do recurso feita pelo Tribunal recorrido comporta natureza liminar e precária, sempre cabendo, por força do disposto no nº 3, do artigo 76º da LTC, ao Tribunal Constitucional decidir em definitivo, sem prévia vinculação, sobre a verificação dos requisitos e pressupostos de que depende a admissibilidade e o conhecimento do recurso*».

deve ser aplicada com tal interpretação, no processo em causa (artigo 80º, nº 3, da mesma Lei).

A aplicação destas normas, específicas para os recursos para o Tribunal Constitucional, exigirá que o Tribunal Arbitral, que se considera dissolvido com a notificação do arquivamento do processo, prevista no artigo 23º do RJAT, tenha de se reconstituir.

A imperatividade deste regime poderá implicar que os poderes jurisdicionais do Tribunal Arbitral se estendam para além do prazo fixado nos termos do artigo 21º do RJAT.

15.4. Recurso para o Supremo Tribunal Administrativo

O recurso é interposto no prazo de 30 dias, a contar da notificação da decisão arbitral (nº 3 do artigo 25º do RJAT), regime este que é diferente do previsto no artigo 152º, nº 1, alínea *a)* do CPTA para os recursos para uniformização de jurisprudência, em que aquele prazo se conta apenas a partir do trânsito em julgado da decisão recorrida.

A petição de recurso tem de ser acompanhada de alegação na qual se identifiquem, de forma precisa e circunstanciada, os aspetos de identidade que determinam a contradição alegada e a infração imputada à decisão recorrida (artigo 152º, nº 2, do CPTA).

O recurso apenas é admissível quando esteja em oposição, quanto à mesma questão fundamental de direito, com acórdão proferido por um Tribunal Central Administrativo ou pelo Supremo Tribunal Administrativo.

O recurso tem efeito suspensivo, no todo ou em parte, da decisão recorrida (artigo 26º, nº 1, do RJAT) mas, se for interposto pela Administração Tributária caduca a garantia que tenha sido prestada para suspender a execução fiscal, mantendo-se a sua suspensão.

A decisão que verifique a existência da contradição alegada anula a decisão recorrida e substitui-a, decidindo a questão controvertida (artigo 152º, nº 6, do CPTA).

No entanto, se o Supremo Tribunal Administrativo não dispuser de todos os elementos necessários para substituir a decisão recorrida, decide a questão sobre a qual há oposição de julgados e manda decidir de novo o processo pelo tribunal recorrido.

15.4.1. Acórdãos invocáveis como fundamento do recurso para uniformização de jurisprudência

Não se faz referência, no artigo 152º do CPTA, ao requisito de que os acórdãos a invocar como estando em oposição com o recorrido tenham sido proferidos por secções dos tribunais centrais administrativos e do STA e respetivo Pleno da mesma área da que proferiu o acórdão recorrido, isto é, que para recorrer de acórdãos proferidos pela secção do contencioso tributário de um tribunal central administrativo ou do STA só sejam invocáveis acórdãos proferidos pelas mesmas secções ou do respetivo Pleno.

No entanto, é de entender que tal exigência está ínsita na atribuição aos Plenos de competência para o conhecimento destes recursos jurisdicionais, pois não é razoável que a apreciação de um conflito de jurisprudência seja efetuada por uma formação que não tenha competência especializada nas matérias que são apreciadas em ambas as decisões conflituantes.

O ETAF de 1984 confirma a razoabilidade deste entendimento, pois atribuía ao Plenário do STA, composto por juízes de ambas as secções do STA, a competência para os recursos em que estava em causa oposição entre acórdãos de diferentes secções e atribuía aos Plenos de cada Secção, formados por juízes apenas de uma Secção, a competência para os recursos em que estivesse em causa oposição entre acórdãos proferidos por Secções do TCA ou do STA da mesma área (artigos 22º, 23º, 24º, 25º, 30º e 31º daquele ETAF)[136].

15.4.2. Requisitos do recurso para uniformização de jurisprudência

O recurso é interposto para o Pleno do STA [artigos 27º, nº 1, alínea *b)*, do ETAF de 2002 e 152º, nº 4, do CPTA].

O único requisito explicitamente referido para a admissibilidade de recurso para uniformização de jurisprudência é a existência de contradição entre o acórdão recorrido e o acórdão fundamento sobre a mesma questão fundamental de direito.

Não se exige explicitamente, naquele artigo 152º do CPTA, que o acórdão anterior tenha transitado em julgado, embora a jurisprudência do Supremo Tribunal Administrativo venha fazendo tal exigência, que se justifica, pois um acórdão não transitado pode vir a ser revogado e ser decidido em sentido diferente.

[136] Sobre esta questão, pode ver-se o acórdão do STA de 14-07-2008, processo nº 764/07.

Não se exige expressamente que ambos os acórdãos sejam proferidos sem que sobreviesse qualquer alteração substancial da regulamentação jurídica, como sucede com os artigos 22º, alínea *a)*, 24º, alínea *b)*, e 30º, alínea *b)*, do Estatuto dos Tribunais Administrativos e Fiscais de 1984. No entanto, deve entender-se que é de fazer tal exigência, pois só há verdadeira contradição de julgados se os pressupostos fácticos e jurídicos das duas decisões forem essencialmente idênticos. Só assim se tratará da «***mesma*** questão fundamental de direito».

Não se exige que as decisões sejam ***expressas***, o que anteriormente se inferia da referência a «***solução oposta***» inserta nos artigos 22º, alíneas *a)*, a') e a"), 24º, nº 1, alíneas *b)* e b'), e 30º, alíneas *b)* e b'), do ETAF de 1984. No CPTA não se faz uma referência idêntica, pelo que parece que bastará que exista contradição de julgados mesmo que no acórdão fundamento a solução contrária seja apenas implícita. No entanto, já tem sido defendida a manutenção dessa exigência de que as decisões sejam expressas em ambas as decisões em conflito.[137]

Na petição tem de ser demonstrada a contradição e «a *infração imputada à sentença*» (artigo 152º, nº 3).

O recurso não é admitido se não se verificam esses requisitos a existência de contradição ou se a orientação perfilhada no acórdão recorrido está em sintonia com a jurisprudência mais recentemente consolidada do STA (artigo 152º, nº 3).

O Supremo Tribunal Administrativo entendeu, sobre o conceito de «*jurisprudência consolidada*» o seguinte:

> «*a diferença entre haver uma jurisprudência «tout court» e uma «jurisprudência consolidada» há-de necessariamente advir de um «plus» desta última, que cause ou revele uma estabilidade de julgamento; e esse acréscimo detetar-se-á por um critério quantitativo, significador de uma constância decisória – seja esse critério o do número dos Juízes subscritores da solução, seja o do número das decisões do STA que a acolheram. Assim, a consolidação jurisprudencial transparecerá, ou do facto de a pronúncia respetiva constar de um acórdão do Pleno assumido pela generalidade dos Conselheiros em exercício na Secção (consoante prevê o artigo 17º, nº 2, do atual ETAF), ou do facto de existir uma sequência*

[137] Neste sentido, pode ver-se Aroso de Almeida e Carlos Cadilha, *Comentário ao Código de Processo nos Tribunais Administrativos*, páginas 765-766, embora a única fundamentação seja o facto de tal exigência ser feita em relação aos recursos previstos na LPTA.

ininterrupta de várias decisões no mesmo sentido e obtidas por unanimidade ou por maiorias inquebráveis, exigindo-se um maior número delas se os acórdãos provierem das Subsecções e um seu menor número se forem do Pleno (na formação de nove Juízes, referida no artigo 25º, nº 1, do anterior ETAF)».[138]

Por outro lado, aquela referência a jurisprudência «***mais recentemente*** *consolidada*» indica que a consolidação da jurisprudência só é obstáculo à admissão do recurso se tiver sido recente essa uniformização. Este é um conceito a preencher em termos de razoabilidade. No entanto, poderá ter-se como seguro que será razoável não admitir novos recursos jurisdicionais por contradição de julgados contra jurisprudência uniformizada enquanto não se alterar a composição do Supremo ou não houver sinais de que algum dos seus juízes alterou a sua posição.

15.5. Impugnação da decisão arbitral

A decisão arbitral pode ser anulada pelo Tribunal Central Administrativo, nos termos do artigo 27º do RJAT[139].

É territorialmente competente para o conhecimento da impugnação o Tribunal Central Administrativo em cuja circunscrição se situe o local da arbitragem, como decorre do preceituado no artigo 59º, nºs 1, alínea *g)*, e 2, da LAV2011, subsidiariamente aplicável nos termos do artigo 29º, n. 1, alínea *c)*, do RJAT e do artigo 181º, nº 1, do CPTA.

A arbitragem tributária tem sempre lugar nas instalações do CAAD em Lisboa, pelo que será competente para conhecer das impugnações das decisões arbitrais o Tribunal Central Administrativo Sul.

O pedido de impugnação é apresentado no Tribunal Central Administrativo acompanhado de cópia do processo arbitral.

O prazo para apresentação do pedido de impugnação é de 15 dias, contado da notificação da decisão arbitral ou da notificação de arquivamento, prevista no artigo 23º do RJAT, no caso de decisão arbitral emitida por tribunal coletivo cuja intervenção tenha sido requerida com designação de árbitros pelo sujeito passivo (artigo 27º, nº 2, do RJAT). Esta diferença

[138] Acórdão do Pleno do STA de 18-09-2008, processo nº 0212/08.

[139] Sobre esta matéria cf. Tânia Carvalhais Pereira, "O Tribunal Central Administrativo Sul e a Jurisdição Arbitral", *Livro comemorativo do décimo aniversário do TCA-Sul*, Conferências Comemorativas, páginas 225-241.

de termo inicial do prazo de impugnação parece ter por base uma versão inicial do projeto de diploma que veio a ser o RJAT, em que a arbitragem com árbitros designados pelo sujeito passivo não tinha lugar no CAAD, mas, à face da versão que veio a ser aprovada, não parece haver qualquer razão para distinguir entre os dois tipos de arbitragens, para este efeito.

A impugnação da decisão arbitral tem efeito suspensivo e, se for apresentada pela Administração Tributária, faz caducar a garantia que tenha sido prestada para suspensão do processo de execução fiscal, mantendo-se esta suspensão sem qualquer garantia (artigos 28º, n. 2, e 26º, nºs 1 e 2, do RJAT).

A procedência da impugnação implica a anulação da decisão arbitral e atos que dela dependam, os termos subsequentes do processo que dependam absolutamente dos atos anulados, na terminologia do artigo 98º, nº 3, do CPPT.

Inclusivamente ficará anulado o arquivamento do processo e a dissolução que se referem no artigo 23º do RJAT.

Poderão ser anulados anteriores à decisão arbitral, no caso de violação dos princípios do contraditório e da igualdade das partes.

Haverá possibilidade de ser proferida nova decisão, desde que seja respeitado o prazo máximo de decisão.

15.5.1. Fundamentos de impugnação

No artigo 28º, nº 1, do RJAT indicam-se os seguintes fundamentos de impugnação da decisão arbitral:

a) Não especificação dos fundamentos de facto e de direito que justificam a decisão;
b) Oposição dos fundamentos com a decisão;
c) Pronúncia indevida ou na omissão de pronúncia;
d) Violação dos princípios do contraditório e da igualdade das partes, nos termos em que estes são estabelecidos no artigo 16º

A indicação explícita destes fundamentos e apenas destes, que não esgotam sequer a lista de nulidades de sentença arroladas no artigo 125º do CPPT e no artigo 615º, nº 1, do CPC (a que corresponde o artigo 668º, na redação anterior à revisão de 2013), inculca que se pretendeu fazer uma enumeração taxativa, decerto influenciada pela ideia de celeridade que se anseia concretizar com os processos arbitrais tributários.

No entanto, o conceito de «*pronúncia indevida*», utilizado na alínea *c)* do nº 1 do artigo 28º do RJAT, é diferente e potencialmente mais abrangente do que o conceito de pronúncia sobre «*questões de que não podia tomar conhecimento*» ou «*questões que não deva conhecer*» que é utilizado no artigo 615º, nº 1, alínea *d)*, do CPC e no artigo 125º do CPPT.

Na verdade, aquele conceito «*conhecimento de questões de que o tribunal não podia conhecer*», tem em vista a violação da regra do artigo 608º, nº 2, 2ª parte, do CPC, em que se estabelece que o tribunal «*não pode ocupar-se senão das questões suscitadas pelas partes, salvo se a lei lhe permitir ou impuser o conhecimento oficioso de outras*».

Mas, «*pronúncia indevida*» ocorrerá não só quando se conhecer de questões de que não se podia conhecer, mas também quando se conheceu de questões de que se podia conhecer, mas ultrapassando quaisquer limites legais a nível decisório (por exemplo, condenando além do pedido) e mesmo a pronúncia em situações em que o tribunal nem sequer podia decidir, por enfermar de vício na sua constituição.

Será eventualmente com uma interpretação deste tipo que se poderá compreender que não se indiquem no âmbito de uma enumeração taxativa dos fundamentos de impugnação das decisões arbitrais os vícios manifestamente mais graves de estas decisões podem enfermar, que têm a ver com a regularidade da constituição do Tribunal Arbitral e a competência para decidir.

Aliás, estes são tipos de vícios da decisão arbitral expressamente indicados no artigo 46º, n. 2, da LAV2012:

- a sentença se pronunciou sobre um litígio não abrangido pela convenção de arbitragem ou contém decisões que ultrapassam o âmbito desta; ou
- a composição do Tribunal Arbitral ou o processo arbitral não foram conformes com a convenção das partes, a menos que esta convenção contrarie uma disposição da presente lei que as partes não possam derrogar ou, na falta de uma tal convenção, que não foram conformes com a presente lei e, em qualquer dos casos, que essa desconformidade teve influência decisiva na resolução do litígio; ou
- o objeto do litígio não é suscetível de ser decidido por arbitragem nos termos do direito português;

A LAV1986 também indicava vícios deste tipo com fundamentos de anulação das decisões arbitrais, sendo mesmo os dois que iniciam a lista que consta do nº 1 do seu artigo 27º:

- não ser o litígio suscetível de resolução por via arbitral;
- ter sido proferida por tribunal incompetente ou irregularmente constituído;

Assim, sendo de presumir que o legislador consagrou a solução mais acertada (artigo 9º, nº 3, do Código Civil), parece que se deverão considerar como situações de «*pronúncia indevida*» aquelas em que o Tribunal Arbitral excedeu a sua competência ou a sua composição é irregular, para além daquelas em que decisão for proferida para além do prazo máximo aplicável, cujo decurso extingue o poder jurisdicional.[140]

15.5.2. Aplicação subsidiária à impugnação do regime da apelação definido no CPTA

No nº 2 do artigo 27º do RJAT estabelece-se que «*ao pedido de impugnação da decisão arbitral é aplicável, com as necessárias adaptações, o regime do recurso de apelação definido no Código do Processo dos Tribunais Administrativos*».

O regime especial do recurso de apelação regulado no CPTA consta do seu artigo 149º que estabelece o seguinte:

> *1 – Ainda que declare nula a sentença, o tribunal de recurso não deixa de decidir o objeto da causa, conhecendo do facto e do direito.*
>
> *2 – Se o tribunal recorrido tiver julgado do mérito da causa, mas deixado de conhecer de certas questões, designadamente por as considerar prejudicadas pela solução dada ao litígio, o tribunal superior, se entender que o recurso procede e que nada obsta à apreciação daquelas questões, conhece delas no mesmo acórdão em que revoga a decisão recorrida.*

[140] O Tribunal Constitucional, no acórdão nº 177/2016, publicado no Diário da República, I Série, de nº 85/2016, Série II, de 3 de maio, julgou inconstitucional a alínea *c)* do nº 1 do artigo 28º do Regime Jurídico da Arbitragem em Matéria Tributária, aprovado pelo Decreto-Lei nº 10/2011, de 20 de janeiro, na interpretação normativa de que o conceito de «pronúncia indevida» não abrange a impugnação da decisão arbitral com fundamento na incompetência material do tribunal arbitral.
No entanto, pelo que se referiu, a interpretação adequada não é esta que foi considerada inconstitucional.

3 – Se, por qualquer motivo, o tribunal recorrido não tiver conhecido do pedido, o tribunal de recurso, se julgar que o motivo não procede e que nenhum outro obsta a que se conheça do mérito da causa, conhece deste no mesmo acórdão em que revoga a decisão recorrida.

4 – Nas situações previstas nos números anteriores, há lugar, no tribunal superior, à produção da prova que, ouvidas as partes pelo prazo de cinco dias, for julgada necessária, sendo aplicável às diligências ordenadas, com as necessárias adaptações, o disposto quanto à instrução, discussão, alegações e julgamento em primeira instância.

5 – Na situação prevista no número anterior, o relator, antes de ser proferida decisão, ouve as partes pelo prazo de 10 dias.

Como se vê, todas as normas contidas neste regime especial de apelação se reportam ao conhecimento do mérito da causa, em segundo grau nas situações em que declare nula a sentença, e em primeiro grau, em substituição do tribunal recorrido, nas situações em que tiver deixado de conhecer de algumas questões e em que tiver deixado de conhecer do pedido.

Neste contexto, a interpretação a que objetivamente conduz a remissão que no nº 2 do artigo 27º do RJAT se faz para o regime de apelação, é a de a impugnação viabilizar a reapreciação do mérito da causa, nas situações em que declare nula a decisão arbitral, e a sua primeira apreciação, em substituição do Tribunal Arbitral, relativamente a questões não apreciadas, quando o Tribunal Arbitral tenha conhecido do mérito da causa deixando de conhecer de certas questões, ou não tenha conhecido do mérito por motivo improcedente.

Nas situações previstas nos nºs 3 e 4 do artigo 149º, uma solução normativa deste tipo (se é que se pretendeu adotar com a remissão feita no nº 2 do artigo 27º do RJAT), não conflituará com a regra da «*irrecorribilidade da sentença proferida pelo Tribunal Arbitral*», que se pretendeu impor na lei de autorização legislativa em que o Governo se baseou para aprovar o RJAT [artigo 124º, nº 4, alínea *h)*, da Lei nº 3-B/2010, de 28 de abril], uma vez que o conhecimento em substituição não abrange questões que tenham sido apreciadas pelo Tribunal Arbitral, mas apenas ***questões não conhecidas***. Mas, uma vez que o processo só pode chegar ao tribunal de recurso com invocação de uma das nulidades arroladas no artigo 28º, nº 1, do RJAT, não parece que se possa concluir que se pretendeu com a remissão para o regime da apelação, possibilitar a aplicação dos regimes previstos nos nºs 3 e 4 do artigo 149º.

Por outro lado, nos casos em que seja invocada e declarada a nulidade da decisão arbitral, a reapreciação do decidido pelo Tribunal Arbitral estará ao arrepio dessa regra da irrecorribilidade.

Assim, tendo em conta que a congruência valorativa da ordem jurídica impõe que se considere a unidade do sistema jurídico como elemento primacial da interpretação jurídica, de harmonia com o disposto no artigo 9º, nº 1, do Código Civil[141], parece que a interpretação adequada será no sentido de não se pretender abrir, através da impugnação, a porta ao conhecimento do mérito das decisões dos tribunais arbitrais[142].

Aliás, tem sido neste sentido a jurisprudência uniforme do Tribunal Central Administrativo Sul, que não apreciou o mérito em substituição.

No entanto, trata-se de questão sobre a qual seria manifestamente conveniente numa clarificação por via legislativa.

16. Compatibilização dos recursos e impugnação apresentados pelo vencido

Poderão ocorrer situações e que da mesma decisão arbitral seja apresentado pedido de impugnação e recurso.

16.1. Cumulação de recurso para o Supremo Tribunal Administrativo e impugnação dirigida ao Tribunal Central Administrativo

Na LAV1986, vigente quando foi aprovado o RJAT, estabelecia-se, no nº 3 do artigo 27º que «*se da sentença arbitral couber recurso e ele for interposto, a anulabilidade só poderá ser apreciada no âmbito desse recurso*».

[141] Neste sentido, ensina BAPTISTA MACHADO, *Introdução ao Direito e ao Discurso Legitimador*, página 182, sobre a unidade do sistema jurídico que «*dos três fatores interpretativos a que se refere o nº 1 do artigo 9º do CC, este é sem dúvida o mais importante. A sua consideração como fator decisivo ser-nos-ia sempre imposta pelo princípio da coerência valorativa ou axiológica da ordem jurídica*».

[142] Aliás, é essa a solução adotada no paralelo regime da LAV2011, se admite o recurso sem qualquer limitação quando as partes o tenham convencionado mas, proíbe-se absolutamente, mesmo nos casos em que foi convencionada a recorribilidade da decisão arbitral, o conhecimento do mérito das questões decididas, estabelecendo-se que «*o tribunal estadual que anule a sentença arbitral não pode conhecer do mérito da questão ou questões por aquela decididas, devendo tais questões, se alguma das partes o pretender, ser submetidas a outro tribunal arbitral para serem por este decididas*» (artigo 46º, nº 9. da LAV2011).

Uma solução deste tipo é inaplicável na arbitragem tributária, pois o recurso para uniformização de jurisprudência tem âmbito restrito, limitando-se à resolução da «*questão controvertida*» (artigo 152º, nº 6, CPTA), não abrangendo a apreciação de nulidades processuais ou de sentença.

Assim, nos casos em que tenha sido interposto recurso e apresentado pedido de impugnação da decisão arbitral, o recurso terá de ser apreciado pelo Pleno do Supremo Tribunal Administrativo e a impugnação pelo Tribunal Central Administrativo.

A ter de serem tramitados conjuntamente o recurso e a impugnação, esta teria prioridade lógica da impugnação, como resulta da regra do conhecimento prioritário das questões processuais que obstem ao conhecimento de mérito, que se extrai do artigo 608º, nº 1, do CPC.

Porém, não há obstáculo legal à tramitação simultânea do recurso e da impugnação, pois no RJAT não se prevê a subida do processo arbitral ao Supremo Tribunal Administrativo ou ao Tribunal Central Administrativo, sendo o recurso e a impugnação apresentados com cópia do processo arbitral, como se estabelece nos artigos 25º, nº 4, e 27º, nº 1, do RJAT.

Aliás, a possibilidade de tramitação simultânea de recursos em tribunais diferentes é mesmo expressamente admitida em situação paralela, no artigo 285º, nº 3, do CPPT, em que se estabelece que «*em caso de cumulação de impugnação do despacho interlocutório com fundamento em matéria de facto ou de facto e de direito e da impugnação judicial da decisão final com fundamento exclusivamente em matéria de direito, o recurso do despacho interlocutório é processado em separado*».

Por isso, não parece haver obstáculo a que o recurso e a impugnação sejam tramitados concomitantemente.

No entanto, em face da prioridade lógica da impugnação, poderá justificar-se que o Supremo Tribunal Administrativo suspenda a instância no recurso até decisão da impugnação.

16.2. Cumulação de recurso para o Tribunal Constitucional com recurso para o Supremo Tribunal Administrativo e impugnação dirigida ao Tribunal Central Administrativo

Nos casos em que seja interposto recurso da decisão arbitral para o Tribunal Constitucional consideram-se interrompidos os prazos para interposição de outros recursos que caibam da decisão, que só podem ser interpostos depois de cessada a interrupção (artigo 75º, nº 2, da LTC).

Adaptando esta norma à arbitragem tributária, interromper-se-ão tanto o prazo do recurso para o Supremo Tribunal Administrativo como o prazo para impugnação no Tribunal Central Administrativo, pois aquela norma da LTC, tem como pressuposto o regime dos tribunais judiciais, em que a impugnação das decisões com fundamento em nulidades se faz através de recursos.

Por isso, por interpretação declarativa, se conclui que aquela norma, ao referir a interrupção dos outros recursos, determina também a interrupção dos que meios processuais destinados à invocação de nulidades de sentença ou processuais.

De qualquer modo, a entender-se que aquela norma da LTC não abrange diretamente as situações em que o meio processual adequado para anular a decisão é o pedido de impugnação, ela sempre seria aplicável, por analogia.

17. Direito subsidiário

No artigo 29º, nº 1, do RJAT indica-se a legislação subsidiária, mas, no seu nº 2, dá-se liberdade ao Tribunal Arbitral para «*definir a tramitação mais adequada a cada processo especificamente considerado, nos termos do disposto nos artigos 18º e 19º e atendendo aos princípios da celeridade, simplificação e informalidade processuais*», como se estabelece no nº 2 do artigo 29º do RJAT.

Por isso, a aplicação da legislação subsidiária deverá ser efetuada tendo em conta a sua conveniência para a tramitação do processo arbitral, tendo em mente os princípios referidos.

A legislação subsidiária que deve ser aplicada ao processo arbitral tributário «*de acordo com a natureza dos casos omissos*».

Assim, a ordem por que tal legislação vem indicada não é relevante para determinação do regime aplicável, sendo as características do caso omisso que hão de levar à determinação da lei a aplicar.

Porém, quando houver remissões especiais no RJAT para outras normas ou blocos normativos, será em consonância com elas que haverá que procurar, em primeira linha, a regulamentação que não se encontre neste diploma.

Nas referências à legislação subsidiária deve ver-se contida também remissão para a legislação que nela é indicada como subsidiariamente aplicável.

Assim, perante um caso omisso não previsto na legislação subsidiária indicada no artigo 29º do RJAT, deverá procurar-se a solução à legislação para que esta mesma legislação subsidiária, eventualmente, remeta. Por esta via, por exemplo, é viável a aplicação subsidiária da Lei de Arbitragem Voluntária, apesar de ela não vir indicada no artigo 29º do RJAT, pois a alínea *c)* do seu nº 1 viabiliza a aplicação subsidiária do CPTA, em que se incluiu o artigo 181º, nº 1, que determina a aplicação subsidiária do regime da arbitragem voluntária.

Só na hipótese de, por estas vias, não ser possível encontrar regulamentação adequada, por nem a legislação subsidiária nem aquela para que ela remeta conterem a solução pretendida, se poderá fazer apelo às regras gerais sobre integração de lacunas, previstas no artigo 10º do CC.

18. Regime transitório

O artigo 30º do RJAT estabeleceu um regime transitório permitindo, até ao termo do prazo de um ano posterior à entrada em vigor do RJAT, submeter à apreciação de tribunais arbitrais que funcionam sob a égide do CAAD pretensões que tivessem por objeto atos tributários que se encontrassem pendentes de decisão em primeira instância nos tribunais judiciais tributários há mais de dois anos, com dispensa de pagamento de custas judiciais (artigo 30º nº 1 do RJAT). A dispensa do pagamento de custas judiciais não importava, todavia, a dispensa do pagamento das taxas de arbitragem devidas nos termos do Regulamento de Custas nos Processos de Arbitragem Tributária.

A utilização desta faculdade determinava, a partir do momento em que o processo arbitral se considerava iniciado, a alteração da causa de pedir ou a extinção da instância judicial, junto dos tribunais tributários, de acordo com os fundamentos apresentados no pedido de pronúncia arbitral, impondo-se ao impugnante promovê-la no prazo de 60 dias, juntando cópia do pedido de pronúncia arbitral (artigo 30º nº 2 do RJAT).

O regime transitório caducou em 25-01-2012. Assim, se tivermos presente que o regime da arbitragem tributária apenas se encontra plenamente em vigor desde 1 de julho de 2011, e se a estes descontarmos os cerca de dois meses de férias judiciais, tradicionalmente menos ativos do ponto de vista jurídico, somos forçados a concluir que o regime em apreço teve pouco mais de três meses de aplicação efetiva.

Como referido supra, o RJAT entrou formalmente em vigor cinco dias após a sua publicação, ou seja, no dia 25-01-2012. Todavia, de acordo com o disposto no artigo 4º do mesmo diploma, na redação que lhe foi dada pela Lei que aprovou o Orçamento de Estado para 2012, a plena vigência do regime da arbitragem em matéria tributária ficou dependente da aprovação de uma Portaria conjunta dos membros do Governo responsáveis pelas áreas das finanças e da justiça, que definiria a vinculação da administração tributária à jurisdição dos tribunais arbitrais e estabeleceria, designadamente, o tipo e o valor máximo dos litígios envolvidos. A Portaria em causa veio a ser publicada em 22 de março de 2011, sob o nº 112-A/2011, tendo entrado em vigor em 1 de julho de 2011, poucos dias antes do início das férias judiciais de verão. De acordo como o disposto no artigo 12º da Lei nº 3/99, de 13 de janeiro, na redação que lhe foi dada pela Lei nº 43/2010, de 3 de setembro, as férias judiciais de verão decorrem entre 16 de julho e 31 de agosto e as de inverno entre 22 de dezembro e 3 de janeiro. Estando em causa um regime inovador, sem paralelo nos sistemas jurídicos da mesma família, e que marca, em certa medida, a rutura com um entendimento fortemente enraizado de que a arbitragem tributária seria, alegadamente, inconciliável com a natureza indisponível do crédito tributário, não se estranha que, inicialmente, se tenha deparado com alguma resistência por parte de alguns operadores jurídicos. Por outro lado, e uma vez mais em face da novidade que o regime em apreço representa, muitos dos agentes económicos sentiram necessidade de "esperar para ver a máquina a carburar", o mesmo será dizer a operacionalidade e eficácia do sistema e regime gizado, assim como a qualidade da lista de árbitros. Dadas provas cabais da operacionalidade e eficácia do sistema e regime gizado, assim como da reconhecida qualidade técnica dos árbitros constantes da lista oficial do CAAD, o número de pedidos de constituição de Tribunal Arbitral cresceu exponencialmente.

A "renovação" ou um novo regime transitório afigura-se, assim, como um imperativo prático que não só vai de encontro aos interesses dos operadores económicos, como prossegue vários dos objetivos cometidos à arbitragem, a saber, o reforço da tutela eficaz dos direitos e interesses legalmente protegidos dos sujeitos passivos e o contributo para a redução da pendência de processos nos tribunais administrativos e fiscais.

Para mais desenvolvimentos sobre este regime conferir o capítulo seguinte.

Conselheiro Jorge Lopes de Sousa

Capítulo IV
O Regime de Migração de Processos para a Arbitragem Tributária

1. Considerações iniciais

Tantas vezes acusado de seguidismo no plano das soluções normativas em matéria tributária, Portugal pode hoje orgulhar-se de ter sido pioneiro na aprovação de um regime jurídico de arbitragem em matéria tributária, sem paralelo nos ordenamentos da mesma família jurídica. Ordenamentos esses em que o debate ainda se centra em torno do dogma da (in)disponibilidade do crédito tributário[1]. A compatibilidade entre o princípio da indisponibilidade do crédito tributário e a possibilidade de submissão de pretensões de Direito tributário à jurisdição de Tribunais Arbitrais foi ampla e longamente questionada na doutrina nacional. Invocaram-se argumentos de constitucionalidade, ainda que o princípio da indispo-

[1] O dogma da indisponibilidade do crédito tributário é apresentado como um dos obstáculos à introdução do regime de arbitragem tributária em Espanha, em São Tomé e Príncipe e no Brasil, para dar alguns exemplos. Entendimento que a doutrina começa agora a questionar, com fundamento no direito a uma tutela jurisdicional efetiva. Nesse sentido cf. Paula Vicente-Arche Coloma, *El Arbitraje en el ordenamento tributário Español: una proposta*, Marcial Pons, 2005, página 23; Osvaldo da Gama Afonso, "A arbitragem em São Tomé e Príncipe – da Constituição Santomense à inexistência/necessidade de um regime tributário", *Revista Arbitragem Tributária nº 3*, junho 2015, página 29; e Marciano Seabra de Godoi e Leonardo Varella Giannetti, "Arbitragem e Direito Tributário Brasileiro – a superação do dogma da indisponibilidade doo crédito tributário", *Revista Arbitragem Tributária nº 3*, junho 2015, página 36. O Comité Brasileiro de Arbitragem criou recentemente um grupo de estudo, a quem incumbiu a análise do "cabimento e dos desafios para a implementação da arbitragem tributária no Brasil (cf. http://www.conjur.com.br/2017-jul-11/opiniao-arbitragem-tributaria-caminho-explorado#author).

nibilidade dos créditos tributários não se encontre expressamente previsto na Constituição da República Portuguesa (CRP), podendo apenas ser entendido como corolário dos princípios da legalidade e da igualdade tributária. Defendeu-se uma reserva constitucional de *jurisdictio* em matéria tributária, prontamente refutada por Gomes Canotilho. Na opinião do autor, ao invés de uma reserva constitucional de "jurisdictio", a CRP prevê uma reserva legal, devendo ser notado que a "Constituição dá cobertura à criação de Tribunais Arbitrais (artigo 209º/2), entendendo-se que esta norma abrange os Tribunais voluntários (...) [e] ao admitir Tribunais Arbitrais, [a CRP] parece não afastar a ideia de reserva de juiz nas vestes de juiz arbitral"[2].

O nº 2 do artigo 209º da CRP prevê, expressamente, a possibilidade de criação de Tribunais Arbitrais "como uma das espécies da categoria Tribunais", a quem compete "administrar a justiça em nome do povo", sem qualquer restrição quanto ao respetivo objeto (artigo 202º, nº 1 da CRP). E como bem refere José Poças Falcão, se é certo que o artigo 212º nº 3 da CRP prevê que "compete aos Tribunais administrativos e fiscais o julgamento das ações e recursos contenciosos que tenham por objeto dirimir os litígios emergentes das relações jurídicas administrativas e fiscais, este preceito não pode ser interpretado no sentido da exclusividade dos Tribunais administrativos e fiscais para dirimir litígios administrativos e tributários". O autor refere mesmo que, pelo contrário, "não repudiaria um juízo de inconstitucionalidade [por omissão] a manter-se a inexistência destes Tribunais [Arbitrais] (na falta de melhor alternativa) como meio de dar execução plena à norma constitucional que confere o direito dos cidadãos (no caso, contribuinte) a uma decisão em (...) prazo razoável e com procedimentos judiciais caraterizados pela celeridade e prioridade de modo a obter a tutela efetiva e em tempo útil".[3]

No plano infraconstitucional, a admissibilidade da arbitragem em Direito tributário também foi contestada, tendo por base uma interpretação restritiva do nº 2 do artigo 30º da Lei Geral Tributária (LGT), que prevê a indisponibilidade do crédito tributário. Em sentido oposto, Jorge Lopes de Sousa defende que "numa interpretação holística, que tenha

[2] J.J. Gomes Canotilho, *Direito Constitucional e Teoria da Constituição*, 5ª Ed., 2002, página 665.

[3] José Poças Falcão, "Arbitragem Tributária", *Revista Portuguesa de Contabilidade*, 2011, Vol. I, nº 002, página 193.

em mente a globalidade do nosso sistema de administração executiva no âmbito das relações jurídicas tributárias, o princípio da indisponibilidade dos critérios tributários só poderá reportar-se a créditos consolidados, cuja existência esteja assente, depois de esgotados os meios normais de impugnação: até aí não haverá a certeza de haver direitos de crédito e, por isso, os atos que declaram a eliminação jurídica dos atos que definiram créditos tributários não implicam redução ou extinção desses créditos cuja existência na ordem jurídica ainda não está assente"[4]. E para Samuel Almeida "[d]ecidindo os árbitros de acordo com o Direito constituído, o princípio da indisponibilidade do crédito tributário não é posto em causa por um Tribunal Arbitral, tal como não é colocado em causa por qualquer órgão jurisdicional"[5]. Entendimento que viria então a consolidar-se na doutrina nacional e que abriu as portas para a superação do dogma da indisponibilidade do crédito tributário e a consequente aprovação de um regime de arbitragem em matéria tributária[6].

Em 2011, o Governo da República foi autorizado a legislar no sentido de instituir a arbitragem como forma alternativa de resolução jurisdicional de litígios em matéria tributária, prevista como um "direito potestativo dos contribuintes". A autorização legislativa constante do artigo 124º da Lei nº 3-B/2010, de 28 de abril, que aprovou o Orçamento de Estado para 2010, impunha ainda que o julgamento do Tribunal Arbitral fosse feito segundo o Direito constituído, ficando expressamente vedado o recurso à equidade.

No uso dessa autorização legislativa veio a ser aprovado o Decreto-Lei nº 10/2011, de 20 de janeiro, que introduziu no ordenamento jurídico por-

[4] Jorge Manuel Lopes de Sousa, "Comentário ao Regime Jurídico da Arbitragem Tributária", Guia da Arbitragem Tributária, 2013, Coord. Nuno Villa-Lobos e Mónica Brito Vieira, página 99.

[5] Samuel Almeida, "Primeiras reflexões sobre a lei de arbitragem em matéria tributária", Estudos em homenagem ao Prof. Doutor Saldanha Sanches, Vol V, Almedina, página 382.

[6] Cf. entre outros, António Sampaio Caramelo, "A disponibilidade do direito como critério de arbitrabilidade do litígio", http://www.oa.pt/Conteudos/Artigos/detalhe_artigo.aspx?idsc=54103&ida=54123; José Poça Falcão, "Arbitragem Tributária", ob. cit., pp. 193-194; Migrel Agrellos "O regime de arbitragem tributária português", Actualidad Jurídica Uría Menéndez, 29/11, p. 138; Susana Soutelinho "A Arbitragem Tributária – Uma Realidade?", A Arbitragem Administrativa e Tributária. Problemas e Desafios, Coord. Isabel Celeste Fonseca, 2013, pp. 408 e seguintes; e Jorge Lopes de Sousa, "Comentário ao Regime Jurídico da Arbitragem Tributária", ob cit., página 99.

tuguês o Regime Jurídico da Arbitragem Tributária (RJAT)[7], que entrou em vigor em 25 de janeiro de 2011, mas a sua efetiva aplicação ficou dependente da publicação de uma portaria de vinculação da Autoridade Tributária e Aduaneira à jurisdição dos Tribunais Arbitrais Tributários. O nº 1 do artigo 4º do RJAT previa que essa vinculação fosse aprovada por portaria dos membros do Governo responsáveis pelas áreas das Finanças e da Justiça, que poderia estabelecer o tipo e o valor máximo dos litígios abrangidos por essa vinculação[8]. A Portaria de Vinculação veio a ser aprovada em 22 de março de 2011, com o número 112-A/2011, e entrou em vigor em 1 de julho do mesmo ano.

Ao inovador regime jurídico da arbitragem em matéria tributária[9] foi cometida a prossecução de três objetivos essenciais, a saber: reforçar a tutela eficaz dos direitos e interesses legalmente protegidos dos sujeitos passivos, imprimir maior celeridade na resolução de litígios em matéria tributária e contribuir para a redução das pendências nos Tribunais Tributários. Objetivos assumidos expressamente no preâmbulo do RJAT, tendo em vista a garantia de uma tutela jurisdicional efetiva dos cidadãos, o que pressupõe a obtenção de decisões em tempo útil[10]. Um dos institutos de que o legislador se socorreu para a prosseguir, de uma assentada, os objetivos de imprimir maior celeridade na resolução de litígios em matéria tributária e contribuir para a redução das pendências nos Tribunais Tribuários foi, precisamente, o regime de migração de processos destes Tribunais para os Tribunais Arbitrais, objeto central de análise no presente

[7] O RJAT já foi objeto de alteração pela Lei nº 64-B/2011, de 30 de dezembro, pela Lei nº 20/2012, de 14 de maio, e pela Lei nº 66-B/2012, de 31 de dezembro.

[8] Sobre a interpretação do artigo 4º do RJAT cf. Leonardo Marques dos Santos, "Submission of contributions and levies to tax arbitration courts: presente or future", The Portuguese Tax Arbitration Regime, 2015, Coord. Nuno Villa-Lobos e Tânia Carvalhais Pereira, páginas 97-115.

[9] A natureza dos tribunais arbitrais tributários foi objeto de análise no artigo de Nuno Villa-Lobos e Tânia Carvalhais Pereira, "A natureza especial dos tribunais arbitrais tributários", *Revista Internacional de Arbitragem e Conciliação*, nº 7, 2014, páginas 87-122 e Nuno Villa-Lobos e Tânia Carvalhais Pereira, "Arbitragem Tributária: breves notas", A Arbitragem Administrativa e Tributária: problemas e desafios", 2013, páginas 375-388.

[10] O tempo médio de decisão e os custos inerentes aos atrasos da máquina judicial foram analisados por Francisco Sousa da Câmara no artigo "Tax Arbitration Courts or Tax Judiccial Courts: which to choose and what to consider?", *The Portuguese Tax Arbitration Regime*, 2015, Coord. Nuno Villa-Lobos e Tânia Carvalhais Pereira, páginas 147 e ss.

artigo. Regime de que se esperava mais do que, na prática, lhe foi possível alcançar, atento no respetivo carácter transitório.

2. Regime de migração de processos para a arbitragem tributária

O RJAT previu um regime transitório de migração de processos sem tradição no ordenamento nacional e sem paralelo em matéria tributária, ainda que se aproxime de regimes de migração de processos previstos noutros ordenamentos da mesma família jurídica, como é o caso do regime italiano no âmbito do Direito civil[11].

O regime de migração de processos previsto no artigo 30º do RJAT estabelece a possibilidade do sujeito passivo, "a partir da entrada em vigor do presente decreto-lei e até ao termo do prazo de um ano, submeter à apreciação de Tribunais Arbitrais constituídos nos termos do nº 1 e da alínea *a)* do nº 2 do artigo 6º, pretensões que tenham por objeto atos tributários que se encontrem pendentes de decisão em primeira instância nos Tribunais judiciais tributários há mais de dois anos, com dispensa de pagamento de custas judiciais" (nº 1). E a utilização desta faculdade determinava "a partir do momento em que o processo arbitral se considera iniciado, a alteração da causa de pedir ou a extinção da instância, de acordo com os fundamentos apresentados no pedido de pronúncia arbitral, impondo-se ao impugnante promovê-la no prazo de 60 dias, juntando cópia do pedido de pronúncia arbitral" (nº 2).

A migração de processos pendentes nos Tribunais Tributários para os Tribunais Arbitrais foi prevista como "uma faculdade transitória" dos sujeitos passivos, subordinada à verificação de requisitos materiais e temporais e com efeitos jurídicos que cumpre analisar.

2.1. Carácter transitório

O regime de migração de processos foi previsto como uma medida transitória, para vigorar durante um ano após a entrada em vigor do RJAT. Todavia, como já se referiu, o RJAT entrou em vigor em 25 de janeiro de 2011,

[11] Sobre o regime de migração de processos em matéria civil em vigor em Itália DL nº 132/2014, de 12-09-2014, e Paolo Fortunato cuzzola e Valentina Maria siclari, "D.L. 132/2014: trasferimento in sede arbitrale dei procedimenti pendenti dinanzi all'autorità giudiziaria. Commento a caldo", La Nuova Procedura civile, *Revista Scientifica bimestrale di Diritto Processuale Civile*, nº 5, 2014, e Chiara Maria Ciarla, "L'Arbitrato tributário in Italia", Revista Arbitragem Tributária nº 7, 2017, páginas 22 e ss.

mas só se tornou efetivamente aplicável a 1 de julho do mesmo ano, na data da entrada em vigor da Portaria de Vinculação da Autoridade Tributária e Aduaneira à jurisdição dos Tribunais Arbitrais. Com efeito, um regime que deveria vigorar durante 365 dias apenas foi efetivamente aplicável 209 dias. Isto se não descontarmos os dois períodos de férias judiciais, tradicionalmente menos "produtivos", caso em que o prazo de aplicabilidade do regime seria reduzido para 165 dias.

Neste âmbito, dever-se-á ainda ter em consideração que, em 2011, o regime da arbitragem tributária representava uma inovação jurídica sem paralelo e que o regime de migração de processos era relativamente inaudito em Portugal. O desconhecimento da própria existência do regime e o compreensível receio do que é novo, também concorreram, de forma decisiva, para os resultados limitados de uma medida cheia de boas intensões, mas cuja viabilidade prática foi coartada pela limitação temporal da respetiva vigência e aplicabilidade.

Entre 1 de julho de 2011 e 25 de janeiro de 2012, data em que o regime caducou, entraram no CAAD – Centro de Arbitragem Administrativa 32 processos ao abrigo do regime de migração de processos, dos quais 26 foram apresentados nos últimos dias de vigência do regime.

2.2. Requisitos materiais e temporais

O artigo 30º nº 1 do RJAT limita a faculdade de migração para os Tribunais Arbitrais aos processos que tenham por objeto *atos tributários*, em conformidade com a delimitação do âmbito de competência prevista no artigo 2º nº 1 alínea *a)*, primeira parte, do mesmo diploma legal, não se referindo expressamente à retenção na fonte e pagamentos por conta.

De notar, ainda, que nos termos da alínea *b)* do nº 1 do artigo 2º do RJAT, a competência dos Tribunais Arbitrais também compreende a apreciação da ilegalidade de atos de fixação da matéria tributável, quando não dê origem à liquidação de qualquer tributo, de atos de fixação da matéria coletável e de atos de fixação de valores patrimoniais; matérias que, numa interpretação estritamente literal, ficariam de fora do âmbito do regime de migração de processos, ainda que não se vislumbre qualquer fundamento de política legislativa para esse efeito.

O âmbito material do regime de migração de processos deve coincidir, por razões de coerência sistemática e igualdade, ao âmbito material de competência dos Tribunais Arbitrais, tal como se encontra definido no artigo 2º nº 1 do RJAT. Idêntica solução encontra ainda apoio nos fundamentos que presidiram à aprovação do próprio regime de migração de processos e que o RJAT assume como objetivos essenciais – garantia de uma tutela jurisdicional efetiva e imprimir maior celeridade na resolução dos conflitos que opõem a Administração Tributária aos contribuintes. Poder-se-á ainda dizer, sem grande margem para erro, que nos processos pendentes há mais de dois anos em primeira instância a celeridade já foi francamente sacrificada.

A celeridade, em si mesma, poderia ser entendida como fundamento bastante para justificar um regime de migração de processos, na medida em que a ausência de decisão num prazo razoável compromete a garantia de uma tutela jurisdicional efetiva constitucionalmente garantida, nos termos do artigo 20º da Constituição. Mas para além desta "refração subjetiva", num determinado caso concreto, ou em relação a um determinado contribuinte, a celeridade da resposta judicial tem efeitos positivos nos mais diversos domínios. Permite, desde logo, assegurar a contemporaneidade entre duas "fontes de Direito" – a jurisprudência e a legislação em vigor. A atual falta de sintonia entre a jurisprudência e a legislação vem contribuindo para a diminuição da relevância prática da jurisprudência enquanto fonte mediata de Direito no plano da prevenção de litígios tributários, com custos não despiciendos.[12] João Taborda da Gama alerta ainda para o facto de que a "inadmissível demora da decisão na primeira instância fiscal é acompanhada da não publicação das suas decisões. Isto quer dizer que as primeiras decisões publicitadas são as dos TCAs ou do STA – na prática, temos decisões sobre normas que estavam em vigor há mais de dez anos. Dito de outro modo, aconselham-se clientes, formam-se magistrados, advogados ou consultores fiscais, sem o apoio imprescindível da jurisprudência fiscal". Outro efeito positivo encontra-se na possibilidade da administração tributária poder "emendar a mão" e alterar procedimentos e/ou entendimentos, sustendo a emissão de novos atos desconformes com a jurisprudência entretanto firmada ou corrigindo/decidindo os processos pendentes em favor do sujeito passivo, como foram os casos da tributação em sede de imposto do selo, verba 28 da Tabela Geral do Código do Imposto do Selo, da isenção do IMT no âmbito dos processos de insol-

[12] João Taborda da Gama, "As Virtudes Escondidas da Arbitragem Fiscal", Revista Arbitragem Tributária nº 1, p. 13.

vência ou da tributação em IVA de peças de próteses dentárias. Nestes casos a Autoridade Tributária determinou que fosse proferido despacho favorável ao contribuinte nos procedimentos administrativos pendentes de decisão ou, sendo o caso, se procedesse à revisão oficiosa da liquidação que se encontrasse pendente nos tribunais e que não fosse apresentado recurso nos processos judiciais decididos em primeira instância[13]. De acordo com os dados divulgados pela Autoridade Tributária[14], no caso da verba 28, a título de exemplo, foram retirados dos Tribunais 240 processos. A celeridade da resposta jurisdicional também permite a adaptação e alteração de procedimentos pelo próprio contribuinte.

Os atrasos na justiça não são um problema recente, nem são exclusivos da jurisdição tributária, assumindo um com caráter mais estrutural do que circunstancial. De acordo com dados divulgados pelo Tribunal Europeu dos Direitos do Homem (TEDH), entre 1959 e 2015 foram julgados 139 processos contra Portugal com fundamento em atrasos na justiça[15]. Em 2013, a título de exemplo, os atrasos na justiça foram amplamente divulgados na imprensa nacional, quando fundamentaram a condenação de Portugal no pagamento de indemnizações que excederam os 2,5 milhões de euros[16]. E em 2015 foi conhecida mais uma condenação do Estado Português pelo TEDH no pagamento de uma avultada indeminização, novamente com fundamento em atrasos na justiça (Acórdão do TEDH proferido no processo nº 73798/13, de 29 de outubro de 2015).

O que entender por *prazo razoável* para a obtenção de uma decisão que ponha termo, a título definitivo, a um litígio não está isento de dificulda-

[13] Cf. os Despachos do Secretário de Estado dos Assuntos Fiscais nº 6/2017-XXI, de 13 de janeiro, e nº 14/2017-XXI, de 26 de janeiro (que alterou o ponto II da Circular nº 10/2015), os Processos Arbitrais nº 769/2016-T, e 4/2017-T, 26/2017-T e os recursos para o TCA-Sul nº 09741/16 e nº 8994/15.

[14] Cf. intervenção da Dra. Cristina Bicho, Subdiretora-geral da área da Justiça Tributária e Aduaneira, na conferência "Pacto para a justiça fiscal" promovida pelo CAAD e pela Nova Direito, disponível https://www.youtube.com/watch?v=tTZYe91FdTI.

[15] Cf. http://www.echr.coe.int/Documents/Stats_violation_1959_2016_ENG.pdf.

[16] Cf. imprensa nacional, https://www.publico.pt/2015/10/29/sociedade/noticia/ficou-mais--dificil-denunciar-atrasos-da-justica-ao-tribunal-dos-direitos-humanos-1712782; http://www.jn.pt/nacional/interior/tribunal-europeu-condena-portugal-por-atraso-na-justica-4861441.html; https://tretas.org/Justi%C3%A7a/ArtigosCondena%C3%A7%C3%B5esInternacionais. O Gabinete de Documentação e Direito comparado disponibiliza uma lista de todos os processos em que Portugal foi parte no TEDH (http://www.gddc.pt/direitos-humanos/portugal-dh/acordaos-tedh.html).

des inerentes à complexidade da matéria ou ao contexto socioeconómico do Estado em causa. No acórdão Trevisan, de 26 de fevereiro de 1993, o TEDH esclareceu que numa situação de crise económica ou política, que tenha como consequência uma sobrecarga de trabalho para os juízes, essas circunstâncias possam ser invocadas para justificar um prazo mais alargado de decisão, desde que esse Estado adote, com a brevidade possível, as medidas necessárias à superação dessa situação extraordinária. Esta justificação não será, todavia, aceite pelo TEDH quando os atrasos na justiça assumam um caráter estrutural, como malogradamente o TEDH parece assumir ser o caso português.

De acordo com o disposto no artigo 96º do Código de Procedimento e de Processo Tributário (CPPT), o "processo judicial tributário tem por função a tutela plena, efetiva e em tempo útil dos direitos e interesses legalmente protegidos em matéria tributária". E para "cumprir em tempo útil a função que lhe é cometida (...) o processo judicial tributário não deve ter duração acumulada superior a dois anos contados entre a data da respetiva instauração e a da decisão proferida em 1ª instância que lhe ponha termo". Ainda que se defenda que o prazo previsto no normativo em apreço deva ser qualificado como um prazo meramente ordenador[17], não se pode deixar de entender que delimita o horizonte temporal a partir do qual o próprio legislador considera ser posta em causa a "tutela plena, efetiva e em tempo útil dos direitos e interesses legalmente protegidos em matéria tributária". Facto que legitima o recurso, entre outras medidas, ao expediente da migração de processos para a arbitragem tributária, até para conferir uma certa margem de gestão aos Tribunais Tributários, enquanto não forem dotados dos recursos materiais e humanos e das medidas de gestão da carga processual que lhes permitam dar uma resposta no prazo previsto no CPPT.

Para além dos requisitos materiais, o artigo 30º do RJAT prevê ainda um limite temporal mínimo de pendência como pressuposto para admissibilidade da migração de processos dos Tribunais Tributários para os Tribunais Arbitrais – a pendência do processo há mais de dois anos em primeira instância. Em termos estritamente literais, para efeitos do cumprimento deste requisito temporal bastará então uma pendência de 2 anos e um dia,

[17] Neste sentido, entre outros, cf. o acórdão do TCA-Sul, proferido no processo nº 08513/15, de 16 de janeiro de 2016.

não sendo, todavia, claro o termo inicial da contagem deste prazo. O legislador foi omisso no que respeita à delimitação do termo inicial da contagem do "prazo de pendência". Numa interpretação sistemática, tomando em consideração os princípios da igualdade e da praticabilidade, dir-se-á que o prazo de pendência deve ter como termo inicial de contagem a data de apresentação da petição inicial de impugnação judicial. Data que será facilmente comprovável pelos contribuintes/impugnantes e controlável pelos Tribunais, nos termos gerais.

No que respeita à migração do processo, o legislador também não restringiu a respetiva admissibilidade a uma determinada fase processual. Com efeito, a migração poderá operar independentemente de ter havido lugar à prática de qualquer ato, já terem sido praticados atos de produção de prova ou de o processo já se encontrar concluso para decisão. Onde o legislador não distingue não deve o intérprete fazê-lo, de modo a restringir o âmbito de um regime especial que visa a garantia de uma tutela jurisdicional efetiva. Em qualquer caso, deve admitir-se a possibilidade de aproveitamento da prova produzida em processo tributário, sem prejuízo dos princípios gerais aplicáveis.

2.3. Regime de designação de árbitro

A arbitragem tributária foi instituída como um direito potestativo dos contribuintes, prevendo para o efeito uma pré-vinculação da Autoridade Tributária e Aduaneira através de portaria dos membros do Governo responsáveis pelas áreas das Finanças e da Justiça (artigo 4º nº 1 do RJAT). No que respeita à interpretação do artigo 4º nº 1 do RJAT, e partindo da letra da lei, dir-se-á que se limita a prever o instrumento normativo e os termos da vinculação da AT à jurisdição dos Tribunais Arbitrais, não prevendo qualquer delimitação das entidades com capacidade tributária ativa que se possam vincular à arbitragem tributária.

De referir, ainda, que à data da aprovação do RJAT, a administração dos impostos competia, em exclusivo, à Autoridade Tributária e Aduaneira, o que não acontece hoje, por exemplo, no imposto especial sobre o jogo. E no que respeita ao caso especial dos impostos que constituem receita própria da Região Autónoma da Madeira, chamado a pronunciar-se, o Tribunal Arbitral concluiu, no Processo Arbitral nº 247/2015-T, que "o artigo 1º, nº 2, do Decreto-Lei nº 18/2005, de 18 de Janeiro, transferiu expressamente para o Governo Regional da Região Autónoma da Madeira a competência para «exercer a plenitude das competências previstas na Constituição e na lei em relação às receitas fiscais próprias, praticando todos os atos necessários à sua administração e gestão» e o nº 3 do mesmo artigo extingue a Direção de Finanças da Região Autónoma da Madeira e os serviços locais dela dependentes. No entanto, este regime não foi imediatamente implementado, pois o artigo 2º do mesmo Decreto-Lei nº 18/2005 estabeleceu que «por decreto regulamentar regional será criado um organismo com vista à prossecução na Região Autónoma da Madeira das atribuições e competências cometidas à Direção de Finanças da Região Autónoma da Madeira (...)» e o artigo 4º estabeleceu que «enquanto não for criado o novo organismo de âmbito regional, manter-se-ão as estruturas organizacionais da Direção de Finanças da Região Autónoma da Madeira (...)». Posteriormente, o Decreto Regulamentar Regional nº 29-A/2005/M, de 31 de Agosto, aprovou a estrutura orgânica da Direção Regional dos Assunto Fiscais", dispondo, no artigo 46º (...) que "«até que se encontrem instalados todos os meios logísticos necessários ao exercício da plenitude das competências e atribuições previstas nos artigos 1º e 2º deste diploma, a DGCI, através dos seus departamentos e serviços, continuará a assegurar a realização dos procedimentos em matéria administrativa necessários ao exercício das atribuições e competências transferidas para a Região Autónoma da Madeira, incluindo os relativos à liquidação e cobrança dos impostos que constituem receita própria da Região Autónoma da Madeira». Na mesma linha, o Decreto Legislativo Regional nº 27/2008/M (...)». Posteriormente, o Decreto Regulamentar Regional nº 2/2013/M (...), que aprovou a Orgânica da Direção Regional dos Assuntos Fiscais atribuiu-lhe, no seu artigo 3º, a competência para assegurar a liquidação e cobrança dos impostos sobre o rendimento, relativamente às receitas fiscais próprias, e no seu artigo 12º, nº 1, estabeleceu que «até que se encontrem instalados todos os meios logísticos necessários ao exercício da plenitude das atribuições e competências previstas no artigo 2º do presente diploma, a AT, através dos seus departamentos e serviços, continuará a assegurar a realização dos procedimentos em matéria administrativa e informática necessários ao exercício das atribuições e competências transferidas para a RAM, incluindo os relativos à liquidação e cobrança dos impostos que constituem receita própria da RAM.»". No mesmo sentido, o Decreto Regulamentar Regional nº14/2015/M (...) previu no artigo 15º, nº 1, que «até que se encontrem instalados todos os meios logísticos necessários ao exercício da plenitude das atribuições e competências previstas no artigo 2º do presente diploma, a AT, (...), incluindo os relativos à liquidação e cobrança dos impostos que constituem receita própria da Região Autónoma da Madeira» (...). Porém, a atribuição de competências à Autoridade Tributária e Aduaneira que se faz no artigo 12º, nº 1, do Decreto Regulamentar Regional nº 2/2013/M não é total, abrangendo apenas «a realização dos procedimentos em matéria administrativa e informática necessários ao exercício das atribuições e competências transferidas para a RAM, incluindo os relativos à liquidação e cobrança dos impostos que constituem receita própria da RAM»".

Para além da faculdade de opção entre a impugnação junto dos Tribunais Tributários ou dos Tribunais Arbitrais, na arbitragem tributária, os contribuintes podem ainda optar por designar árbitro ou por remeter tal designação para o Conselho Deontológico do CAAD. Opção que não está, todavia, isenta de consequências. Desde logo, se o contribuinte optar por designar árbitro o RJAT impõe, na versão à data em que se escreve, que indique o nome do árbitro designado no pedido de constituição de Tribunal Arbitral, no campo observações constante da primeira folha do respetivo requerimento (artigo 11º nº 2). Nesse caso o Tribunal Arbitral é sempre constituído como coletivo, independentemente do valor da causa, cabendo ao sujeito passivo designar um dos árbitros e à Autoridade Tributária e Aduaneira designar o segundo árbitro. Os árbitros designados pelas partes devem, então, cooptar o terceiro árbitro, que exercerá as funções de árbitro presidente (artigo 6º nº 2 alínea *b)* do RJAT)). Caso o sujeito passivo opte por designar árbitro deve liquidar o valor total da taxa de arbitragem devida à cabeça e a título definitivo, não reembolsável ainda que em caso de vencimento, nos termos da tabela II anexa ao Regulamento de Custas nos Processos de Arbitragem Tributária, juntando o comprovativo do pagamento ao pedido de constituição de Tribunal Arbitral.

Se o sujeito passivo não optar por designar árbitro, essa designação compete ao Conselho Deontológico do CAAD, de entre uma lista de árbitros sujeita ao escrutínio público, em conformidade com o disposto no Regulamento de seleção e designação de árbitros do CAAD. Neste caso, se o valor da ação for igual ou inferior a duas vezes o valor da alçada do Tribunal Central Administrativo[18], o Tribunal Arbitral será constituído como

[18] Atualmente fixada em 60 mil euros (cf. artigo 6º nº 4 do Estatuto dos Tribunais Administrativos e Fiscais e artigo 44º nº 1 da Lei de Organização do Sistema Judiciário).

singular, e acima desse valor como coletivo de três árbitros, com reflexo natural ao nível das custas. Não tendo sido exercida a opção de designação de árbitro, o sujeito passivo apenas deve liquidar 50% do valor das custas devidas com a apresentação do requerimento de constituição de Tribunal Arbitral, devendo liquidar o remanescente entre a data da realização da reunião prevista no artigo 18º do RJAT, ou a sua dispensa, e a data agendada para a prolação da decisão arbitral, aplicando-se, neste caso, a tabela I anexa ao Regulamento de Custas nos Processos de Arbitragem Tributária.

O valor das custas nos processos de arbitragem tributária varia, assim, em função de dois critérios: (i) o exercício da opção de designação de árbitro pelo sujeito passivo e (ii) o valor da utilidade económica do pedido, calculado nos termos do artigo 97º-A do CPPT, aplicável *ex vi* artigo 29º nº 1 alínea *a)* do RJAT. Neste caso o valor das custas a pagar em sede arbitral corresponde, a final, ao valor das custas que o sujeito passivo/impugnante pagaria nos Tribunais Tributários, ainda que em sede arbitral seja pago em apenas dois momentos, mais próximos da data de apresentação do pedido[19].

Numa primeira fase de implementação do regime colocou-se ainda a questão da exigibilidade, em sede arbitral, de custas de parte na arbitragem, que não encontram acolhimento expresso no Regulamento de Custas do CAAD, para o qual remete expressamente o RJAT. Tendo em conta que se trata de um regime especial, acompanha-se a estrutura argumentativa do acórdão do STJ proferido no processo nº 538/13.0YRLSB,S1, de 26 de novembro de 2015, em matéria de arbitragem comercial.

Independentemente da opção de designação de árbitro pelo sujeito passivo ou da remissão da designação para o Conselho Deontológico, os árbitros designados devem preencher os requisitos previstos nos artigos 6º e 7º

[19] Nos termos do artigo 2º nº 1 do Regulamento de Custas nos Processos de Arbitragem Tributária do CAAD "As custas do processo arbitral, genericamente designadas como taxa de arbitragem, compreendem todas as despesas resultantes da condução do processo arbitral e os honorários dos árbitros". E de acordo com o nº 6 do artigo 4º do mesmo regulamento, "Para além dos casos expressamente previstos neste regulamento, não há lugar a reembolso, devolução ou compensação, a qualquer título". Por sua vez, o artigo 3º do Regulamento das Custas Processuais, que não é diretamente aplicável em sede arbitral, dispõe, em contraponto, que "As custas processuais abrangem a taxa de justiça, os encargos e as custas de parte". E nos termos dos artigos 25º e 26º do Regulamento das Custas Processuais, as custas de parte compreendem, designadamente, as quantias pagas pela parte vencedora a título de honorários de mandatário, até 50% do somatório das taxas de justiça pagas pela parte venida e pela parte vencedora.

do RJAT e observar as exigências deontológicas previstas no RJAT e densificadas no Código Deontológico do CAAD. Como bem refere Manuel Fernando dos Santos Serra, compete ao Conselho Deontológico "impor (...) um elevado nível de exigência quanto à isenção, independência, imparcialidade e competência dos árbitros quer, desde logo, no momento do respetivo recrutamento, quer, depois, no acompanhamento até final do processo arbitral"[20].

A opção de designação de árbitro pelo sujeito passivo ficou, contudo, limitada aos "processos novos", não se aplicando em caso de migração de processos. Nos termos do nº 1 do artigo 30º do RJAT, os processos migrados apenas podem ser submetidos à "apreciação de Tribunais Arbitrais constituídos nos termos do nº 1 e da alínea *a)* do nº 2 do artigo 6º" do RJAT.

Com efeito, na ponderação sobre o exercício (ou não) da opção de migração de um processo dos Tribunais Tributários para os Tribunais Arbitrais, para além da verificação dos requisitos materiais e temporais, o sujeito passivo deve ter igualmente em consideração a limitação legal à designação de árbitro.

2.4. Efeitos e prazo de promoção da comunicação

Nos termos do nº 2 do artigo 30º do RJAT, a utilização da faculdade de migração de processos determina, "a partir do momento em que o processo arbitral se considera iniciado, a alteração da causa de pedir ou a extinção da instância, de acordo com os fundamentos apresentados no pedido de pronúncia arbitral", competindo ao impugnante/requerente promover a comunicação ao Tribunal Tributário, no prazo de 60 dias, juntando cópia do pedido de pronúncia arbitral.

Os efeitos da migração do processo são facilmente compreensíveis quando o sujeito passivo opta por "desaforar" o processo na íntegra. Nesse caso haverá lugar à extinção da instância junto do Tribunal Tributário e à consequente abertura da instância no Tribunal Arbitral, tudo se passando, neste último, como se se tratasse de um "processo novo", sem prejuízo da possibilidade de um eventual aproveitamento da prova produzida. Diferente será, todavia, o caso da mera alteração da causa de pedir se o sujeito passivo optar por uma "migração parcial", em que deverá ser ponderado o eventual risco de litispendência.

[20] Manuel Fernando dos Santos Serra, "Conselho(s) Deontológicos", *Newsletter do CAAD nº 1*, 2015, páginas 3-4.

De referir, ainda, que na versão em vigor até 25 de janeiro de 2012, a alteração da causa de pedir ou a extinção da instância operavam a partir do momento em que o processo arbitral se considerava iniciado, ou seja, da data da constituição do Tribunal Arbitral (artigo 15º do RJAT). Uma opção normativa compreensível à luz da versão originária do RJAT, em que a fase de procedimento arbitral, anterior à constituição do Tribunal Arbitral, era relativamente curta. Alterações normativas posteriores vieram alargar a fase do procedimento arbitral tributário, por duas vias. Por um lado, o prazo para a Autoridade Tributária e Aduaneira poder proceder à revogação, ratificação, reforma ou conversão do ato tributário passou da fase do processo para a fase do procedimento arbitral, retificando-se o que se entendeu ser um lapso da redação originária do diploma ([21]). Por outro, os prazos do procedimento passaram a dever ser contados nos termos do Código de Procedimento Administrativo (CPA), e não nos termos do CPPT. O RJAT prevê um prazo de 2 dias úteis para o Presidente do CAAD notificar o pedido à Autoridade Tributária e Aduaneira que dispõe, então, de um prazo de 30 dias úteis para analisar o pedido nos termos do artigo 13º do RJAT. Terminado esse prazo, as partes gozam do prazo de 10 dias úteis para, querendo, se pronunciarem sobre os árbitros designados. O Tribunal Arbitral será constituído no 11º dia útil seguinte à notificação dos árbitros designados.

Uma eventual "renovação" ou "repristinação" do regime de migração deverá, assim, ter em atenção as alterações normativas entretanto operadas no RJAT, sob pena dos efeitos da migração de processos se verificar num prazo que pode exceder os 40 dias úteis após a apresentação do requerimento do pedido de constituição de Tribunal Arbitral. À luz do regime em vigor, a utilização da faculdade de migração de processos deverá determinar a alteração da causa de pedir ou a extinção da instância a partir do momento em que o procedimento arbitral (e não o processo arbitral) se considera iniciado, minimizando o risco de litispendência.

De notar, todavia, que contrariamente ao que acontece na delimitação da fase do processo arbitral, o RJAT não define expressamente o termo inicial da fase do procedimento arbitral, com consequências várias. Refira-se, desde logo, que a questão de saber se a apresentação do pedido de constituição de Tribunal Arbitral se enquadra, ou não, no âmbito do procedi-

[21] Alteração normativa promovida pela Lei nº 66-B/2012, de 31 e dezembro.

mento arbitral determina a contagem do prazo de apresentação nos termos do CPA ou do Código Civil, respetivamente. A diferença está em saber se o prazo para a apresentação dos pedidos de constituição de Tribunal Arbitral e de pronúncia arbitral deve ser entendido como um prazo administrativo, contado em dias úteis, que não suspende em férias judiciais (artigo 87º do CPA), ou um prazo substantivo, corrido, que não suspende em férias judiciais, mas que se terminar em período de férias judiciais passa para o dia útil seguinte (artigo 20º do CPPT, que remete para o artigo 279º do Código Civil). Aqui se podendo "jogar" a tempestividade ou intempestividade do pedido de pronúncia arbitral.

Chamado a pronunciar-se sobre a tempestividade do pedido no Processo Arbitral nº 714/2015-T, o Tribunal Arbitral considerou que "[t]al como o prazo para deduzir impugnação judicial, o prazo para deduzir pedido de pronúncia arbitral é um prazo de caducidade e tem natureza substantiva, conforme se estabelece no artigo 20º do CPPT, contando-se de acordo com o disposto no artigo 279º do CCivil, ou seja, de forma contínua, sem suspensões, designadamente, nos sábados, domingos e feriados ou nos períodos de férias judiciais, apenas acontecendo que se o prazo terminar durante esses dias ou período, o seu termo se transfere para o primeiro dia útil após os mesmos". No mesmo sentido Jorge Lopes de Sousa defende que o "Regime Jurídico da Arbitragem em Matéria Tributária (...) contém regras sobre a contagem de prazos no procedimento arbitral e no processo arbitral, estabelecendo que, «no procedimento arbitral, os prazos contam-se nos termos do Código do Procedimento Administrativo, com as necessárias adaptações», e que «os prazos para a prática de atos no processo arbitral contam-se nos termos do Código de Processo Civil» (artigo 3º-A, aditado pela Lei nº 66-B/2012, de 31 de Dezembro). No artigo 17º-A do RJAT, aditado pela mesma Lei nº 66-B/2012, estabelece-se que «o prazo processual, estabelecido por lei ou fixado por despacho arbitral, suspende-se durante as férias judiciais, nos termos do artigo 144º do Código de Processo Civil, com as necessárias adaptações». Nenhuma destas normas indica qual o regime aplicável aos prazos para a apresentação de pedido de constituição do Tribunal Arbitral, previstos no artigo 10º, nº 1, do RJAT. Perante a omissão de regulamentação, será de fazer apelo ao artigo 20º, nº 1, do Código de Procedimento e de Processo Tributário (doravante designado como "CPPT"), aplicável subsidiariamente aos processos arbitrais tributários por força do disposto no artigo 29º, nº 1, alínea *c)*, do RJAT, que estabelece que os prazos de impugnação judicial contam-se nos termos do artigo 279º do Código Civil"[22]. O referido artigo 279º, alínea *e)*, do Código Civil prevê que "o prazo que termine em domingo ou dia feriado transfere-se para o primeiro dia útil; aos domingos e dias feriados são equiparadas as férias judiciais, se o ato sujeito a prazo tiver de ser praticado em juízo". Jorge Lopes de Sousa defende ainda que esta "norma faz equiparação das férias judiciais aos domingos e feriados nos casos em que o ato tiver de ser praticado em juízo, pelo que, aplicando-a ao processo de impugnação judicial, conclui-se que o prazo que termine em férias judiciais transfere-se para o primeiro dia útil subsequente ao seu termo".

A previsão da arbitragem tributária como meio alternativo à impugnação judicial pode apresentar-se como argumento adicional na defesa da igualdade de regime no que respeita à contagem do prazo de apresentação do pedido. Prazo esse que, à data da aprovação do RJAT, coincidia com o prazo de impugnação previsto no artigo 102º do CPPT, entretanto alterado. À luz do regime em vigor, a impugnação deve ser apresentada num Tribunal Tributário no prazo de três meses a contar dos factos previstos no artigo 102º do CPPT, enquanto o pedido de constituição de Tribunal Arbitral deve ser apresentado no prazo de noventa dias, a contar dos mesmos factos previstos no referido artigo do CPPT.

De modo a evitar o potencial risco de litispendência numa eventual renovação/repristinação do regime de migração de processos, deverá ainda ser reduzido o prazo para o sujeito passivo/requerente promover a comunicação da migração junto do Tribunal Tributário, juntando cópia do pedido de pronúncia arbitral. O artigo 30º do RJAT refere expressamente à junção do pedido de pronúncia arbitral e não do pedido de constituição de Tribunal Arbitral, lançando alguma luz sobre a distinção entre os pedidos. O pedido de pronúncia arbitral corresponde materialmente à petição inicial num processo de impugnação, enquanto o pedido de constituição de Tribunal Arbitral é corporizado num requerimento eletrónico, previsto no nº 2 do artigo 10º do RJAT, a que deve ser junto o pedido de pronúncia arbitral, que com ele não se confunde. Com efeito, enquanto o pedido de constituição de Tribunal Arbitral é dirigido ao Presidente do CAAD, o pedido de pronúncia arbitral deve ser dirigido ao Tribunal Arbitral a cons-

[22] Jorge Lopes de Sousa, "A aplicação da regra do artigo 279º do código civil aos prazos de apresentação de pedidos de constituição de tribunais arbitrais", CJT nº 11, p. 3.

tituir, o órgão constitucional competente para apreciar a legalidade do ato cuja apreciação é requerida. Entre nós, a simultaneidade da apresentação dos pedidos de constituição de Tribunal Arbitral e de pronúncia arbitral gerou dúvidas quanto à entidade a quem deveria ser dirigido o pedido de pronúncia arbitral. Dúvidas que a Lei nº 108/VIII/2016, de 28 de janeiro, que aprovou o regime jurídico da arbitragem de Cabo Verde, resolveu, ao distinguir claramente pedido de constituição de Tribunal Arbitral de pedido de pronúncia arbitral, em termos materiais e temporais. O primeiro corresponde ao impulso processual mediante a apresentação de um requerimento dirigido ao Presidente do Centro de Arbitragem, enquanto o segundo apenas deverá ser apresentado após a constituição do Tribunal Arbitral e a este dirigido.

2.5. Custas

A migração de processos dos Tribunais Tributários para os Tribunais Arbitrais importa a dispensa do pagamento de custas judiciais, mas não desobriga o sujeito passivo/requerente do pagamento da taxa de arbitragem que se mostrar devida. Neste caso, como a lei impõe a constituição do Tribunal Arbitral nos termos do nº 1 e da alínea *a)* do nº 2 do artigo 6º do RJAT, será aplicável a tabela I anexa ao Regulamento de Custas nos Processos de Arbitragem Tributária, em que o valor da taxa de arbitragem devida varia em função da utilidade económica do pedido. Como acima referido, o requerente deverá liquidar 50% do valor devido no momento da apresentação do pedido de constituição de Tribunal Arbitral, sendo os remanescentes 50% liquidados entre a data da realização da reunião prevista no artigo 18º do RJAT, ou do despacho do Tribunal Arbitral que a dispense, e a data fixada para a prolação da decisão nessa reunião, ou no despacho que a dispense.

A dispensa da reunião prevista no artigo 18º não se encontra expressamente prevista no RJAT, mas tem vindo a ser admitida pelos Tribunais Arbitrais ao abrigo dos princípios da autonomia processual e da liberdade do Tribunal na condução do processo, com o objetivo de promover a celeridade, a simplicidade e a informalidade do processo[23]. De referir, ainda,

[23] Cf. artigos 19º, nº 2, e 29º, nº 2, do RJAT. Sobre os princípios que regem o processo arbitral tributário cf. João Sérgio Ribeiro, "Principles of tax arbitration" The Portuguese Tax Arbitration Regime, Coord. Nuno Villa-Lobos e Tânia Carvalhais Pereira, pp. 37 e seguintes.

que o Código de Processo Civil (CPC) proíbe a prática de atos inúteis, como será o caso da realização de uma reunião presencial que tenha por objeto único o agendamento da produção de prova ou da realização de alegações escritas pelas partes. Na opinião de José Lebre de Freitas, a norma que proíbe a prática de atos inúteis impõe-se a todos, juiz, secretaria e partes, visando proibir os atos que apenas tenham o efeito de complicar o processo, impedindo-o de rapidamente chegar a seu termo[24].

2.6. Renovação do regime de migração de processos

O regime de migração de processos nasceu, desde logo, com uma "morte anunciada". Previsto para vigorar durante um ano, o regime de migração de processos apenas foi aplicável durante cerca de seis meses, com resultados práticos bastante modestos no confronto com os objetivos que presidiram à respetiva previsão. Objetivos que se mantêm atuais e que justificaram a previsão da promoção de "novas possibilidades de migração de processos dos Tribunais Tributários para a arbitragem" no programa do Governo em exercício de funções. A migração de processos para a Arbitragem Tributária foi mesmo assumida, pelo atual Governo, como uma medida necessária para a garantia de uma "Melhor justiça fiscal". Na prática, pese embora o Governo esteja em funções há mais de um ano, essa "promoção de novas possibilidades de migração de processos" ainda não viu a luz do dia. Facto que justifica, por ora, o desconhecimento dos exatos contornos desta medida, não se sabendo se o Governo vai optar por uma pura e simples repristinação do regime com um novo prazo de vigência, com caráter transitório, ou estará a ponderar a previsão de uma medida estrutural, que possa contribuir, de forma decisiva, para libertar os Tribunais Tributários de processos pendentes há mais de 2, 3 ou 4 anos. De entre as duas opções configuradas entende-se que esta última se demonstra mais adequada à prossecução dos objetivos a que o Governo se propõe de uma "melhor justiça fiscal", porque a justiça deixa de efetivamente ser justa quando não é tempestiva.

Independentemente da opção normativa que venha a ser tomada, devem ser ponderados aspetos práticos e de regime que a experiência anterior, ainda que curta, demonstrou carecerem de revisão e de que já se deu nota. Desde logo, deverá ser revisto o termo inicial dos efeitos da migração dos

[24] José Lebre de Freitas, *Código de Processo Civil Anotado*, I, p. 240

processos, assim como o prazo para a respetiva promoção pelo sujeito passivo, nos termos acima expostos. Cumpre ainda articular o disposto no regime de migração de processos com o artigo 10º do RJAT, que impõe a tramitação eletrónica do procedimento e do processo arbitral tributário. Muitos dos processos pendentes nos Tribunais Tributários, e especialmente os mais antigos, foram objeto de tramitação em papel. Competirá ao sujeito passivo/requerente que promova a migração do processo realizar a correspondente digitalização do processo, nos exatos termos dos demais processos arbitrais.

Promovida a migração do processo para os Tribunais Arbitrais tudo se passa, em termos da tramitação, como se de um processo arbitral novo se tratasse. A Autoridade Tributária e Aduaneira, requerida no processo arbitral, poderá então revogar, ratificar, reformar ou converter o ato cuja legalidade foi suscitada, ao abrigo do artigo 13º do RJAT. Não sendo revogado, ou havendo lugar a uma mera revogação parcial do ato objeto do litígio, o Tribunal Arbitral será constituído, *ope legis*, no décimo primeiro dia útil seguinte à notificação das partes da designação dos árbitros, se a isso não se opuserem no prazo legal de acordo com o disposto no artigo 11 nº 1 alínea *c)* e no nº 8 do RJAT.

Na versão originária do RJAT o Tribunal Arbitral considerava-se constituído com a realização de uma reunião presencial, expressamente prevista para esse efeito. A aplicação prática do regime veio a revelar que essa reunião de constituição não se figurava um ato útil, uma vez que, até então, o(s) Árbitro(s) não tinha(m) acesso ao processo e ainda não havia sido apresentada a resposta da Requerida. Além disso, a reunião constituía um encargo adicional para o requerente, a requerida, os árbitros e o próprio CAAD, com deslocações e afetação de tempo produtivo, sem qualquer ganho de eficiência ou garantia de uma melhor tutela dos direitos ou interesses legítimos das partes. Em face da experiência nacional e do consenso gerado quanto à ausência de efeito útil da reunião de constituição, não deixa de se estranhar que tal reunião tenha sido prevista na Lei de Arbitragem de Cabo Verde (artigo 12º, nºs 6 e 7), tendo em conta a própria geografia do país e o facto de, à luz do regime cabo-verdiano, à data da reunião de constituição, o Tribunal Arbitral não ter acesso a qualquer peça processual das partes. Nos termos do artigo 17º da Lei de Arbitragem de Cabo Verde, compete ao Tribunal Arbitral notificar o sujeito passivo, no prazo de 30 dias após a constituição, para apresentar o pedido de pronúncia arbitral.

De acordo com o disposto no nº 2 do artigo 2º do RJAT, os Tribunais Arbitrais decidem, nos processos migrados, como nos demais, de acordo com o Direito constituído, podendo, em ambos os casos, julgar-se incompetentes em razão da matéria ou do valor, nos termos gerais. Decidindo pela respetiva incompetência, o Tribunal não chega a apreciar o mérito da pretensão objeto do pedido arbitral. Neste caso, artigo 24º nº 3 do RJAT prevê que "quando a decisão arbitral ponha termo ao processo sem conhecer do mérito da pretensão por facto não imputável ao sujeito passivo, os prazos para a (...) impugnação contam-se a partir da notificação da decisão arbitral".

O que entender por "facto não imputável ao sujeito passivo" não resulta expressamente do RJAT, cabendo tal apreciação, em última instância, ao Tribunal chamado a pronunciar-se sobre o novo pedido. Em termos abstratos, entender-se-á que a desistência da instância ou a ineptidão da petição, por exemplo, poderão ser consideradas imputáveis ao sujeito passivo/requerente[25]. Em sentido contrário, dever-se-á considerar aplicável a previsão da "renovação" do prazo de defesa previsto no artigo 24º nº 3 do RJAT sempre que a decisão de incompetência resulte de uma divergência hermenêutica. No mesmo sentido vejam-se as decisões arbitrais proferidas nos Processos nº 207/2016-T, nº 270/2015-T e nº 617/2015-T.

3. Considerações finais

O regime de migração de processos pode contribuir grandemente para a redução das pendências, retirando dos Tribunais Tributários processos "mais antigos". Processos para os quais os árbitros do CAAD estão especialmente aptos, uma vez que, por imposição legal, possuem, pelo menos, 10 anos de comprovada experiência em Direito tributário. As virtudes próprias do regime jurídico da arbitragem tributária privilegiam a opção por uma medida de caráter mais estrutural, em detrimento de uma medida transitória.

De acordo com as estatísticas divulgadas pela Direção Geral de Política da Justiça (DGPJ), em 2016 entraram nos Tribunais Tributários 4143 processos de impugnação, com uma pendência acumulada de 22693, um problema estrutural com causas várias, cuja resolução não passa, exclusi-

[25] Neste sentido, a propósito da ineptidão da petição inicial, veja-se o acórdão proferido pelo STA no processo nº 0180/15.

vamente, pelo aumento da capacidade de resposta a jusante. Francisco José Domingos, identificou como principais causas para a crescente litigância em matéria tributária a "complexidade das normas tributárias; irrequietude da legislação; prepotência de atuação da Administração Tributária; a crescente consciência por parte dos Administrados dos direitos que podem exercer perante a administração tributária; falta de cultura decisória da administração tributária perante as impugnações administrativas; pressão fiscal; avaliação da possibilidade de êxito na sua pretensão; a utilização de novas tecnologias; relação comunicante entre a prepotência da administração tributária e o privilégio de execução prévia."[26] Muito do trabalho a fazer deve, assim, centrar-se na "fonte" da elevada litigiosidade, sem descurar, claro está, da resolução das pendências acumuladas, para o que a arbitragem tributária pode contribuir dentro dos respetivos limites de competência.

A aplicação prática do regime jurídico da arbitragem tributária nos últimos seis anos, com provas dadas e merecido reconhecimento internacional[27], também permitiu a superação dos receios e dúvidas iniciais em face de um regime que, em 2011, era único no mundo. Mas não se pense, contudo, que o regime de migração de processos será a solução milagrosa que vai acabar com as pendências em matéria tributária do dia para a noite. O contributo do regime de migração de processos tem de ser aferido à luz do âmbito de competência dos Tribunais Arbitrais, significativamente mais restrito que o dos Tribunais Tributários, em razão da matéria e do valor, sob pena de um juízo parcial e necessariamente redutor.

A arbitragem tributária foi legalmente configurada como um meio (parcialmente) alternativo à impugnação judicial. E de acordo com os dados disponíveis sobre a distribuição, por espécie, dos processos pendentes nos Tribunais Tributários em 2016 verifica-se que os processos de impugnação representam menos de metade do total do volume de processos pendentes[28]. O maior volume de processos pendentes corresponde, hoje, ao contencioso de contraordenações e de execução, matérias que não cabem dentro do âmbito de competência dos Tribunais Arbitrais.

[26] *Os Métodos Alternativos de Resolução de Conflitos Tributários. Novas Tendências Dogmáticas*, 2016.

[27] Cf. Acórdão Ascendi do TJUE e Ricardo García Antón, «"Ceci nést pas une Pipe", The notion of tax court under article 267 of the TFEU», European taxation, november, 2015, p. 515-521.

[28] Cf. http://www.siej.dgpj.mj.pt/SIEJ/PDFs/tribunais/SITAF_Especies.pdf.

O RJAT delimita o âmbito de competência dos Tribunais Arbitrais no respetivo artigo 2º nº 1, num recorte fino, compreensível à luz do contexto em que foi aprovado. Como se refere, de forma impressiva, no Processo Arbitral nº 48/2012-T, a "competência dos tribunais arbitrais que funcionam no CAAD é, em primeiro lugar, limitada às matérias indicadas no artigo 2º, nº 1, do DL nº 10/2011, de 20 de janeiro (...). Numa segunda linha, a competência dos tribunais arbitrais que funcionam no CAAD é também limitada pelos termos em que Administração Tributária se vinculou àquela jurisdição, concretizados na Portaria nº 112-A/2011 (...)". E nos termos do "artigo 2ª nº 1 alínea *a)*, a competência dos Tribunais Arbitrais compreende a apreciação das seguintes pretensões: "a) A declaração de ilegalidade de atos de liquidação de tributos, de autoliquidação, de retenção na fonte e de pagamento por conta; e *b)* A declaração de ilegalidade de atos de fixação da matéria tributável quando não dê origem à liquidação de qualquer tributo, de atos de determinação da matéria coletável e de atos de fixação de valores patrimoniais". Todavia, o artigo 2º da Portaria de Vinculação limita a vinculação da Autoridade Tributária e Aduaneira jurisdição dos Tribunais Arbitrais que funcionam no CAAD às pretensões às que tenham por objeto a apreciação da legalidade de atos de liquidação de "impostos cuja administração lhe esteja cometida, referidas no nº 1 do artigo 2º RJAT". Vinculação genérica de que exclui, expressamente, "a) Pretensões relativas à declaração de ilegalidade de atos de autoliquidação, de retenção na fonte e de pagamento por conta que não tenham sido precedidos de recurso à via administrativa nos termos dos artigos 131º a 133º do CPPT; *b)* Pretensões relativas a atos de determinação da matéria coletável e atos de determinação da matéria tributável, ambos por métodos indiretos, incluindo a decisão do procedimento de revisão; *c)* Pretensões relativas a direitos aduaneiros sobre a importação e demais impostos indiretos que incidam sobre mercadorias sujeitas a direitos de importação; e *d)* Pretensões relativas à classificação pautal, origem e valor aduaneiro, a contingentes pautais ou cuja resolução dependa de análise laboratorial ou de diligências a efetuar por outro EM no âmbito da cooperação aduaneira".

De referir, ainda, a exclusão expressa do âmbito de vinculação quando estejam em causa pretensões cujo valor económico seja superior a 10 milhões de euros, um valor que se julga relativamente baixo, tanto mais quando resulta do regime uma intenção clara de promoção da cumulação de pedidos independentemente da identidade do tributo (artigo 3º do RJAT).

No confronto entre a delimitação da competência dos Tribunais Arbitrais e o disposto no artigo 97. º do CPPT, facilmente se compreender que a arbitragem tributária foi configurada como um *meio parcialmente alternativo* à impugnação judicial, ficando de fora da jurisdição arbitral a apreciação de atos administrativos em matéria tributária. Ficaram igualmente de fora do âmbito da arbitragem tributária a impugnação das providências cautelares adotadas pela Administração Tributária, as ações para o reconhecimento de um direito ou interesse em matéria tributária, as providências cautelares de natureza judicial, os meios acessórios de intimação para consulta de processos ou documentos administrativos e a passagem de certidões. De fora ficaram ainda a intimação para um comportamento, o recurso dos atos praticados na execução fiscal, a oposição, os embargos de terceiros, bem como a reclamação da decisão da verificação e graduação de créditos e a ação administrativa do indeferimento total ou parcial ou da revogação de isenções ou outros benefícios fiscais. Não serão igualmente arbitráveis os outros atos administrativos relativos a questões tributárias que não comportem apreciação da legalidade do ato de liquidação, assim como não caberão outros meios processuais previstos na lei e os processos cuja utilidade económica exceda os 10 milhões de euros.

No plano doutrinário levantam-se, ainda, dúvidas no respeita à arbitrabilidade das contribuições administradas pela Autoridade Tributária e Aduaneira, que foi, entretanto, admitida no Processo Arbitral nº 312/2015-T, ainda não transitado em julgado. Não é igualmente consensual na doutrina a arbitrabilidade das taxas[29], que ainda não foi suscitada junto dos Tribunais Arbitrais, e do IVA devido na importação de mercadorias, negada em dois arestos arbitrais – Processos Arbitrais nº 94/2013-T e nº 123/2013-T[30].

Seis anos volvidos sobre a entrada em vigor do regime jurídico da arbitragem tributária, superados os naturais receios do que era novo e

[29] Sobre a arbitrabilidade das taxas, num plano doutrinário, cf., em sentido não inteiramente convergente, LEONARDO MARQUES DOS SANTOS, "Submission of contributions and levies to tax arbitration courts: presente or future", ob. cit, pp. 97-115; e CONCEIÇÃO GAMITO e TERESA MOTTA, "A arbitrabilidade das taxas", Revista Arbitragem Tributária nº 2, janeiro 2015, Coord. Nuno Villa-Lobos e Tânia Carvalhais Pereira, pp. 18-22.

[30] Em sentido oposto cf. TÂNIA CARVALHAIS PEREIRA, "Arbitrabilidade do IVA na Importação", Cadernos IVA 2015, Almedina.

desconhecido, reconhecida a qualidade das decisões arbitrais, objeto de publicação obrigatória, e garantido o escrupuloso cumprimentos das obrigações deontológicas dos árbitros, a arbitragem tributária está apta a dar um contributo mais efetivo na redução das pendencias, seja das pendências acumuladas, por via de um regime de migração de processos não transitório, seja pelo "desvio" de processos novos, de âmbito alargado, para uma via que se assume hoje como complementar do recurso aos Tribunais Tributários.

Tânia Carvalhais Pereira

ESTATÍSTICAS

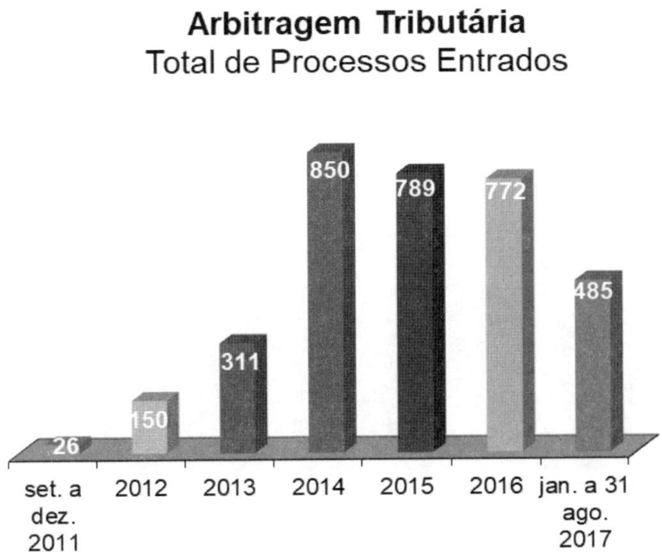
Arbitragem Tributária
Total de Processos Entrados
26
150
311
850
789
772
485
set. a dez. 2011
2012
2013
2014
2015
2016
jan. a 31 ago. 2017

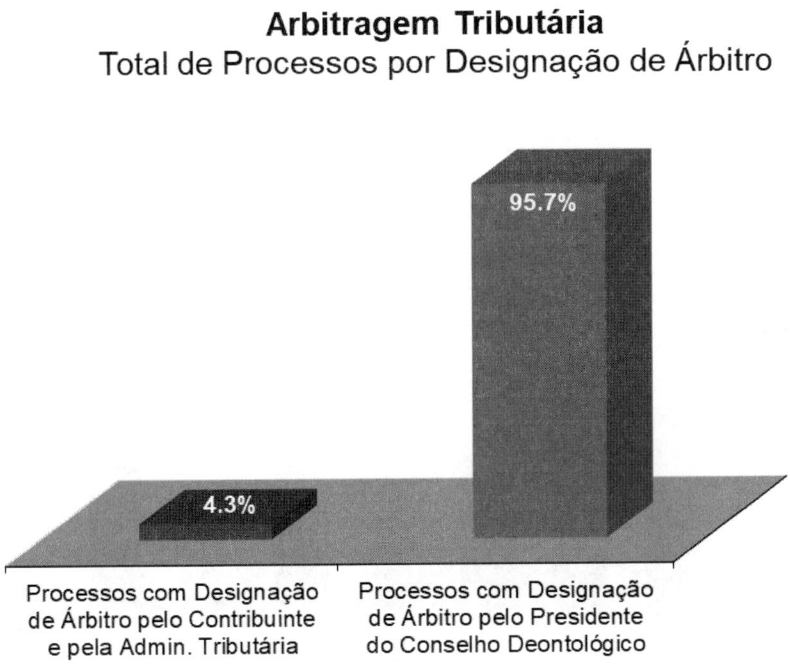
Arbitragem Tributária
Total de Processos por Designação de Árbitro
4.3%
95.7%
Processos com Designação de Árbitro pelo Contribuinte e pela Admin. Tributária
Processos com Designação de Árbitro pelo Presidente do Conselho Deontológico

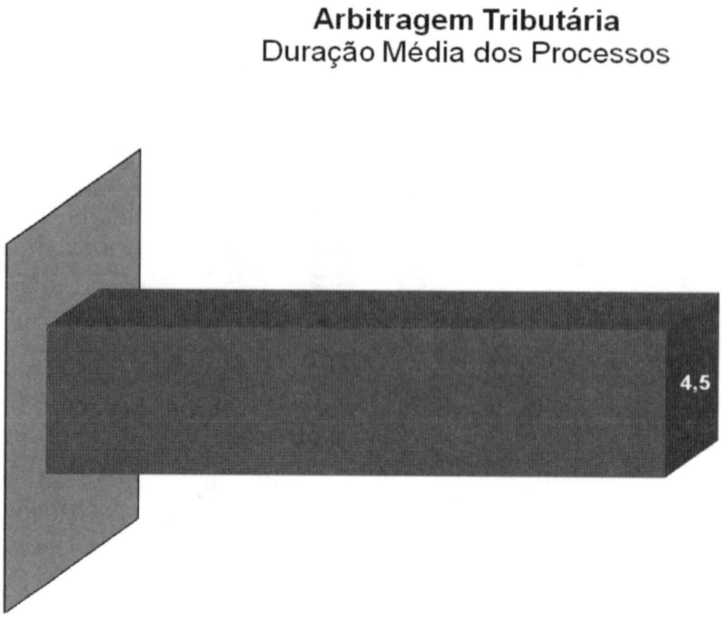

Obs. 4,5 meses = 4 meses e 18 dias, ou seja, a média do prazo de decisão é de cerca de 4 meses.

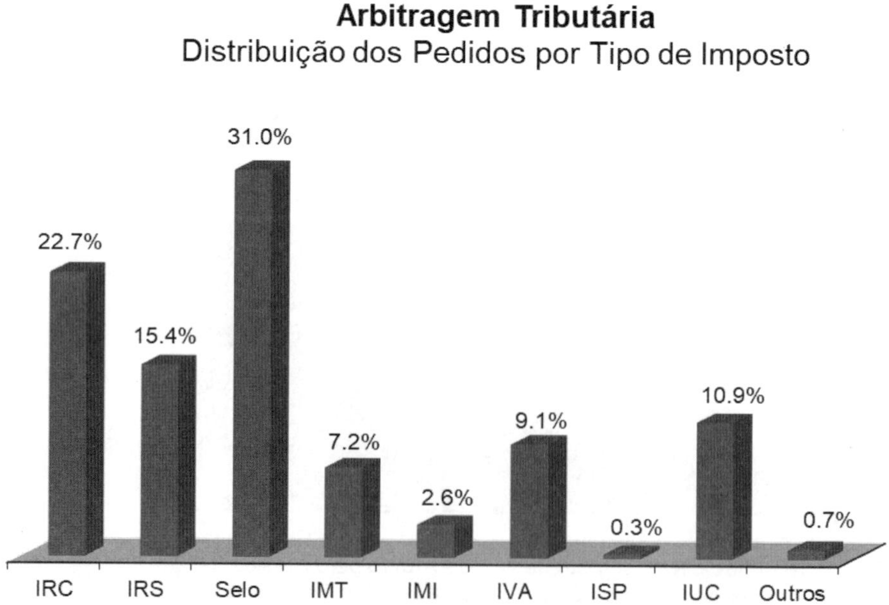

Arbitragem Tributária
Distribuição dos Pedidos por Intervalo de Valor

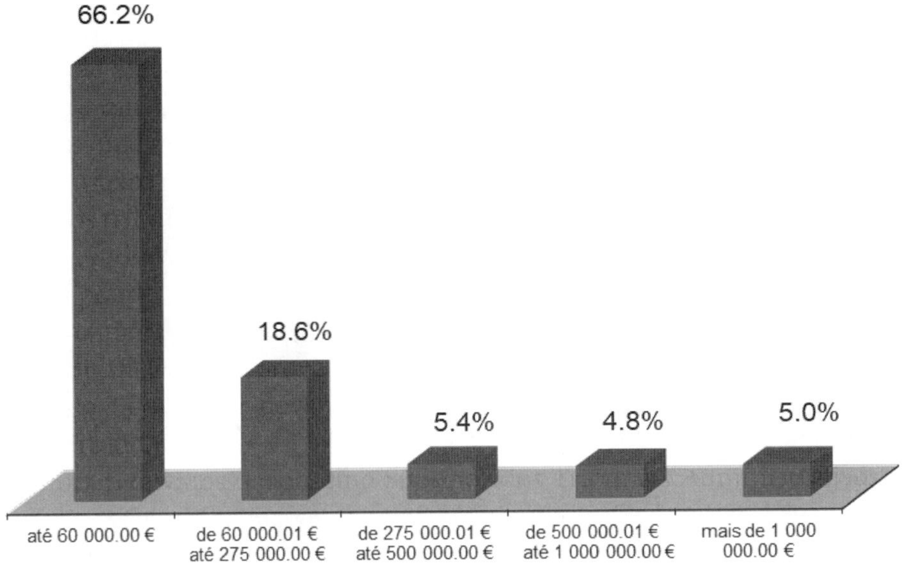

Arbitragem Tributária Estatísticas GLOBAIS		
Processos ENTRADOS		3 383
Processos FINDOS		2 954
com DECISÃO ARBITRAL	**2 820**	**95,5 %**
com REVOGAÇÃO pela Administração Tributária ou Arquivados em fase de Procedimento Arbitral	**134**	**4,5 %**

BIBLIOGRAFIA

ABRANTES GERALDES, *Temas da Reforma do Processo Civil*, I Volume, Almedina, Coimbra:151 e 242

ALBERTO DOS REIS, *Código de Processo Civil Anotado*, volume III, Coimbra Editora, 2012

ALBERTO XAVIER, *Conceito e Natureza do Ato Tributário*, 1972

ANDRÉ GONÇALVES PEREIRA, *Erro e Ilegalidade no Acto Administrativo*, Ática, 1962

ANTÓNIO SAMPAIO CARAMELO, *A disponibilidade do direito como critério de arbitrabilidade do litígio*, disponível no site da Ordem dos Advogados, em http://www.oa.pt/Conteudos/Artigos/detalhe_artigo.aspx?idsc=54103&ida=54123

ANSELMO DE CASTRO, *Direito Processual Civil Declaratório*, volume I, Almedina, 1981

BAPTISTA MACHADO, *Introdução ao Direito e ao Discurso Legitimador*, Almedina, 2016

BAPTISTA MACHADO, *Lições de Direito Internacional Privado*, 4ª edição, Almedina

CASTANHEIRA NEVES, *Sumários de Processo Criminal*, Coimbra, 1968

CHIARA MARIA CIARLA, "L'Arbitrato tributário in Italia", Revista Arbitragem Tributária nº 7, 2017, p. 22.

CONCEIÇÃO GAMITO e TERESA MOTTA, "A arbitrabilidade das taxas", *Revista Arbitragem Tributária nº 2*, Janeiro 2015, Coord. Nuno Villa-Lobos e Tânia Carvalhais Pereira

DIOGO LEITE DE CAMPOS, BENJAMIM SILVA RODRIGUES e JORGE LOPES DE SOUSA, *Lei Geral Tributária Comentada e Anotada*, 4ª edição, Encontro da Escrita Editora, 2012

FRANCISCO JOSÉ DOMINGOS, em *Os Métodos Alternativos de Resolução de Conflitos Tributários. Novas Tendências Dogmáticas*, 2016

FRANCISCO SOUSA DA CÂMARA, "Tax Arbitration Courts or Tax Judiccial Courts: which to choose and what to consider?", *The Portuguese Tax Arbitration Regime*, Coord. Nuno Villa-Lobos e Tânia Carvalhais Pereira, 2015

FREITAS DO AMARAL, *Curso de Direito Administrativo*, Volume II, 2016

J. J. GOMES CANOTILHO e VITAL MOREIRA, *Constituição da República Portuguesa Anotada*, 2014

JOÃO SÉRGIO RIBEIRO, "Principles of tax arbitration", *The Portuguese Tax Arbitration Regime*, Coord. Nuno Villa-Lobos e Tânia Carvalhais Pereira

JOÃO TABORDA DA GAMA, "As Virtudes Escondidas da Arbitragem Fiscal", *Revista Arbitragem Tributária nº 1*, CAAD, Coord. Nuno Villa-Lobos e Tânia Carvalhais Pereira

JOAQUIM FREITAS DA ROCHA, "A desestadualização do direito tributário. Em particular, a privatização do procedimento e a arbitragem", *A arbitragem Administrativa e Tributária*, Almedina

JORGE LOPES DE SOUSA, "Comentário ao Regime Jurídico da Arbitragem Tributária", Guia da Arbitragem Tributária, Coord. Nuno Villa-Lobos e Mónica Brito Vieira, 2013

JORGE LOPES DE SOUSA, "A aplicação da regra do artigo 279º do código civil aos prazos de apresentação de pedidos de constituição de tribunais arbitrais", *CJT nº 11*, CEJUR

JORGE LOPES DE SOUSA, "Preclusão do direito de praticar actos de liquidação à face do Regime Jurídico da Arbitragem em Matéria Tributária", *Cadernos de Justiça Tributária, nº 16*, CEJUR

JORGE LOPES DE SOUSA, "Obstáculos práticos à tutela judicial efectiva no contencioso administrativo", *Scientia Ivridica*, nº 325, pp. 61 e segs., especialmente pp. 74-80, e em Código de Procedimento e de Processo Tributário Anotado e Comentado, 2011, vol. II

JORGE MIRANDA, *Manual de Direito Constitucional*, Tomo IV, 2012

JOSÉ LEBRE DE FREITAS, Código de Processo Civil – Anotado, vol. I, 2014

JOSÉ POÇA FALCÃO, *"Arbitragem Tributária"*, Revista Portuguesa de Contabilidade, 2011, Vol. I, nº 002

LEONARDO MARQUES DOS SANTOS, *"Submission of contributions and levies to tax arbitration courts: presente or future"*, The Portuguese Tax Arbitration Regime, Coord. Nuno Villa-Lobos e Tânia Carvalhais Pereira, 2015

MANUEL FERNANDO DOS SANTOS SERRA, "Conselho(s) Deontológicos", *Newsletter do CAAD nº 1*, 2015

MARCELLO CAETANO, *Manual de Direito Administrativo*, volume I, 2016

MARCIANO SEABRA DE GODOI e LEONARDO VARELLA GIANNETTI, *"Arbitragem e Direito Tributário Brasileiro – a superação do dogma da indisponibilidade doo crédito tributário"*, Revista Arbitragem Tributária nº 3, junho 2015

MARIA DO ROSÁRIO ANJOS, *"O âmbito material da arbitragem tributária à luz da jurisprudência arbitral"*, Revista Arbitragem Tributária nº 2, Coord. Nuno Villa-Lobos e Tânia Carvalhais Pereira, janeiro 2015

MÁRIO AROSO DE ALMEIDA, *Sobre a Autoridade do Caso Julgado das Sentenças de Anulação de Atos Administrativos*, Almedina, 2004

MÁRIO AROSO DE ALMEIDA, *O objeto do processo no novo contencioso administrativo, Cadernos de Justiça Administrativa*, nº 36, 2003

MÁRIO AROSO DE ALMEIDA e CARLOS CADILHA, *Comentário ao Código de Processo nos Tribunais Administrativos*, 2010

MÁRIO ESTEVES DE OLIVEIRA, *Direito Administrativo*, volume I, 1980

MIGUEL AGRELLOS, *"O regime de arbitragem tributária português"*, Actualidad Jurídica Uría Menéndez, 29/11

MIGUEL TEIXEIRA DE SOUSA, *Cumulação de pedidos e cumulação aparente no contencioso administrativo, Cadernos de Justiça Administrativa*, nº 34, 2002

NUNO VILLA-LOBOS e TÂNIA CARVALHAIS PEREIRA, "Arbitragem Tributária: breves notas", *A Arbitragem Administrativa e Tributária: problemas e desafios*, 2013

NUNO VILLA-LOBOS e TÂNIA CARVALHAIS PEREIRA, "A natureza especial dos tribunais arbitrais tributários", *Revista Internacional de Arbitragem e Conciliação*, nº 7, 2014

Osvaldo da Gama Afonso, "A arbitragem em São Tomé e Príncipe – da Constituição Santomense à inexistência/necessidade de um regime tributário", *Revista Arbitragem Tributária nº 3,* junho 2015

Paolo Fortunato Cuzzola e Valentina Maria Siclari, "D.L. 132/2014: trasferimento in sede arbitrale dei procedimenti pendenti dinanzi all'autorità giudiziaria. Commento a caldo", *La Nuova Procedura civile, Revista Scientifica bimestrale di Diritto Processuale Civile,* nº 5, 2014

Paula Vicente-Arche Coloma, *El Arbitraje en el ordenamento tributário Español: una proposta,* Marcial Pons, 2005

Pires de Lima e Antunes Varela, *Noções Fundamentais de Direito Civil,* 1965

Ricardo García Antón, «*"Ceci nést pas une Pipe", The notion of tax court under article 267 of the TFEU*», European taxation, november, 2015

Samuel Almeida, "Primeiras reflexões sobre a lei de arbitragem em matéria tributária", Estudos em homenagem ao Prof. Doutor Saldanha Sanches, Vol V, Almedina

Susana Soutelinho "A Arbitragem Tributária – Uma Realidade?", A Arbitragem Administrativa e Tributária. Problemas e Desafios, Coord. Isabel Celeste Fonseca, 2013

Tânia Carvalhais Pereira, "Arbitrabilidade do IVA na Importação", *Cadernos IVA 2015,* Almedina, 2015

Tânia Carvalhais Pereira, "O Tribunal Central Administrativo Sul e a Jurisdição Arbitral", Livro comemorativo do décimo aniversário do TCA-Sul, Conferências Comemorativas

ÍNDICE